《新中国职业教育发展变迁》

编委会

主　编：孙　诚　王敬杰
参编人员：（按笔画排序）
　　　　马延伟　王小梅　王廷梅　王春燕　王莉方
　　　　王娟娟　王敬杰　车如山　卢彩晨　杨　钋
　　　　邱　红　陈　柳　宗　诚　谢　鑫

中国教育科学研究院2019年度基本科研业务费专项资金所级部门项目
"新中国70年职业教育发展变迁研究"（项目编号：GYH2019013）研究成果

新中国职业教育发展变迁

XINZHONGGUO ZHIYE JIAOYU FAZHAN BIANQIAN

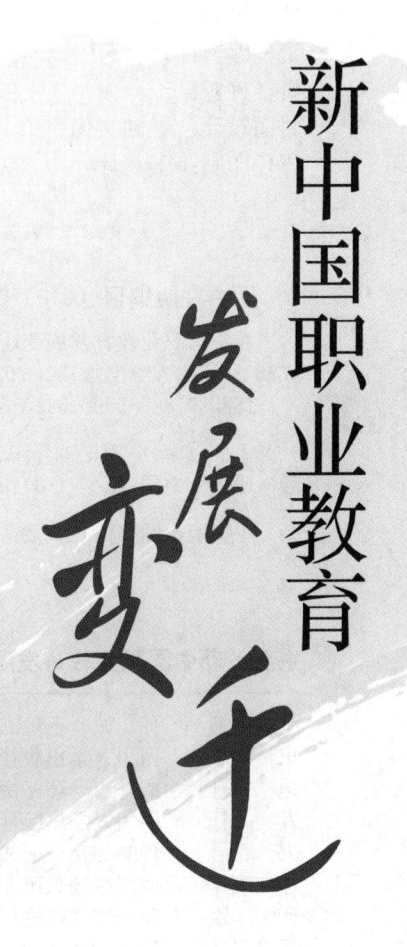

四川大学出版社

项目策划：余　芳
责任编辑：余　芳
责任校对：于　俊
封面设计：墨创文化
责任印制：王　炜

图书在版编目（CIP）数据

新中国职业教育发展变迁 / 孙诚，王敬杰主编. —成都：四川大学出版社，2022.3
ISBN 978-7-5690-5412-5

Ⅰ．①新… Ⅱ．①孙… ②王… Ⅲ．①职业教育－发展－研究－中国 Ⅳ．① G719.2

中国版本图书馆 CIP 数据核字（2022）第 050035 号

书名	新中国职业教育发展变迁
主　　编	孙　诚　王敬杰
出　　版	四川大学出版社
地　　址	成都市一环路南一段 24 号（610065）
发　　行	四川大学出版社
书　　号	ISBN 978-7-5690-5412-5
印前制作	四川胜翔数码印务设计有限公司
印　　刷	郫县犀浦印刷厂
成品尺寸	170mm×240mm
印　　张	18
字　　数	403 千字
版　　次	2022 年 5 月第 1 版
印　　次	2022 年 5 月第 1 次印刷
定　　价	88.00 元

版权所有 ◆ 侵权必究

◆ 读者邮购本书，请与本社发行科联系。
　电话：(028)85408408/(028)85401670/
　(028)86408023　邮政编码：610065
◆ 本社图书如有印装质量问题，请寄回出版社调换。
◆ 网址：http://press.scu.edu.cn

四川大学出版社
微信公众号

前　言

　　职业教育作为国民教育体系和人力资源开发的重要组成部分，是教育发展和分化的产物，不仅关乎人民群众通过高质量就业满足对美好生活的向往和需要，还是推进教育现代化、建设教育强国和办好人民满意的教育的重要抓手，在推动经济社会发展、服务产业转型升级、培养劳动技能人才、传承技术技能和促进就业创业等方面发挥着重要作用。经过漫长的持续发展，我国职业教育规模不断扩大，质量日益提升，体系结构日趋完善，逐渐形成了具有中国特色的现代职业教育体系。纵观职业教育发展历史，我国职业教育先后经历了古代职业教育思想萌芽、近代工艺技术教育和实业教育、现代专业技术教育等阶段的发展更迭和演变历程，在育人思想、办学理念、体系建构、内涵发展和教育成效等方面均取得了显著成绩，实现了新的突破，逐渐探索出一条彰显国情特色、与国际职业教育发展接轨的现代职业教育发展之路。

　　当前，我国职业教育已迈入提质培优、增值赋能的高质量发展新阶段。无论是国家对职业教育改革发展的决策部署，国际职业教育、继续教育发展经验的辐射带动，全球新一轮科技革命和工业变革的日益加剧，还是学生、家长、企业、行业等社会各界对职业教育持续高质量发展的殷切期盼，均对我国职业教育和继续教育改革发展提出了新的更高要求。立足我国发展新阶段、新理念、新格局，有必要对新中国成立以来我国职业教育改革发展历程进行全面梳理和系统总结，对实践探索中的典型做法、成就经验、存在局限、应对策略等进行深度分析。这将是新时代尤其是"十四五"时期我国职业教育持续高质量发展的关键。

　　基于上述背景，同时也为了全面展现新中国成立以来我国职业教育改革发展取得的巨大成就，我们组织编写了《新中国职业教育发展变迁》这本书。作为一本以中国职业教育发展史为题材的图书，在尊重我国职业教育发展史实和遵循发展历史时间脉络的基础上，本书竭力寻求新的研究视角，尝试着以"时间脉络和独立专题"嵌套融合的方式对新中国成立以来我国职业教育发展轨迹和探索历程等加以呈现和诠释，尽最大努力给读者呈现一幅主线清晰、内容全面、专题具化、动态演绎的新中国职业教育发展的历史图景。

本书具有以下特点：

第一，从学术思想来看，本书以新中国成立后我国职业教育改革发展为主线，通过对教育学、社会学、经济学、工学、管理学等不同学科领域的职业教育发展思想和实践探索经验的总结和归纳，科学呈现新中国职业教育发展变迁历史脉络、内容涉猎和逻辑架构。

第二，从内容设置来看，本书以相对独立的专题形式呈现，主要有职业教育思想演变、职业教育体系的历史蜕变、职业教育管理体系和机制、职业教育经费投入和效益、产教融合、人才培养模式、专业设置、课程建设、教师队伍建设、教材建设与改革、教学方法改革、国际交流合作12个专题。这些专题的考量和设计遵循从宏观层面的办学思想和育人理念到中观层面的管理体制机制改革创新，再到中微观层面的人才培养及重要举措的逻辑架构。同时，这些专题均为我国职业教育改革过程中的重点、难点或堵点问题，并且每个专题自成一体。

第三，从结构布局来看，本书整体遵循"详他书之略、略他书之详"原则。前言主要是对新中国职业教育发展成果和探索历程的梳理，对图书撰写背景、篇章内容和主要特点等的简要介绍；正文主要聚焦职业教育思想演变等12个专题，专题内容主要涵盖背景分析、变迁概况、主要举措、取得成效、存在局限（或问题）、成因分析和改进策略等；后记则主要从总结成功做法和发展经验、厘清发展局限和困难挑战、展望未来发展趋势和美好蓝图等方面展开，是对我国职业教育发展历程的凝练和升华，并对当前我国职业教育改革发展中的关键点或痛点进行积极回应。

第四，从写作风格来看，本书编写团队坚持科学、规范、专业和务实的原则，在专题拟定、话语表达、数据分析、案例遴选等方面进行了多轮集中研讨和论证。

第五，从团队阵容来看，本书编写人员及指导专家来自中国教育科学研究院、北京大学、北京师范大学、兰州大学、北京联合大学、教育部课程教材研究所和全国职业高等院校校长联席会等单位，在职教战线和领域具有较高学术影响力和社会知名度；团队成员学科背景、研究方向和发展履历等较为丰富和多元，写作功底扎实，科学研究能力和协同攻关能力较为突出。

本书是集体智慧的结晶，凝聚了整个团队的智慧和努力。在撰写过程中，我们广泛征求了写作意见，参考了大量研究文献和在线信息，引用了许多政策文件和制度文本，借鉴了部分地方和职业院校的典型做法，并尽可能在书中对相关内容来源或出处进行明确标注。在此，我们向提供这些资料及所有关心、支持和帮助本书撰写工作的单位和个人表示衷心的感谢和诚挚的敬意。

  鉴于时间仓促和水平有限，书中难免存在纰漏和不足，敬请各位读者批评指正，以期本书能够在日后臻于完善。

目 录

第一章　70多年来我国职业教育思想的演变 …………………………（ 1 ）
　一、70多年来我国职业教育办学思想的演变 ……………………（ 1 ）
　二、70多年来我国职业教育人才观的发展 ………………………（12）
　三、70多年来我国职业教育育人理念的形成与发展 ……………（19）
　四、70多年来我国职业教育思想发展的成就与经验 ……………（28）

第二章　职业教育体系的历史蜕变 ……………………………………（37）
　一、我国职业教育体系发展的历史脉络 …………………………（37）
　二、我国职业教育体系纵向改革举措 ……………………………（43）
　三、我国职业教育体系横向改革举措 ……………………………（45）
　四、我国职业教育体系改革的基本经验及未来展望 ……………（47）

第三章　我国职业教育管理体系和机制 ………………………………（52）
　一、我国职业教育管理体系和机制的继承和发展 ………………（52）
　二、我国职业教育外部管理体制改革举措 ………………………（55）
　三、我国职业教育内部管理体制改革举措 ………………………（59）
　四、我国职业教育管理体制改革成就和经验 ……………………（62）
　五、我国职业教育管理体制存在的局限及对策 …………………（66）

第四章　经费投入和效益 ………………………………………………（69）
　一、我国职业教育财政体制变迁 …………………………………（69）
　二、我国职业教育经费投入配置概况 ……………………………（71）
　三、我国职业教育经费投入配置改革举措 ………………………（80）
　四、我国职业教育经费投入配置效益 ……………………………（84）
　五、我国职业教育经费改革成就和经验 …………………………（90）
　六、当前我国职业教育经费改革存在的局限及对策建议 ………（94）

第五章　产教融合 ………………………………………………………（99）
　一、产教融合的何为和为何 ………………………………………（99）

二、我国深化产教融合改革的主要举措……………………………………(104)
　　三、我国职业教育产教融合改革成效………………………………………(110)
　　四、当前我国职业教育产教融合改革存在的局限及对策建议……………(114)

第六章　人才培养模式………………………………………………………(122)
　　一、我国职业教育人才培养模式的沿革……………………………………(122)
　　二、我国职业教育人才培养模式及其内涵、基本要素、逻辑架构、
　　　　运作逻辑与运作保障机制………………………………………………(128)
　　三、我国职业教育人才培养模式改革的成就和经验………………………(136)
　　四、当前我国职业教育人才培养模式改革存在的问题及对策建议………(142)

第七章　专业设置……………………………………………………………(145)
　　一、我国职业教育专业设置历史沿革………………………………………(145)
　　二、我国职业教育专业设置依据与原则……………………………………(152)
　　三、我国职业教育专业设置主要举措………………………………………(157)
　　四、我国职业教育专业设置成就和经验……………………………………(161)
　　五、当前我国职业教育专业设置改革存在的局限及对策建议……………(163)

第八章　课程建设……………………………………………………………(165)
　　一、我国职业教育课程建设历史轨迹………………………………………(165)
　　二、我国职业教育课程建设主要举措………………………………………(175)
　　三、我国职业教育课程建设的成就和经验…………………………………(179)
　　四、我国职业教育课程建设的局限与对策建议……………………………(182)

第九章　职业教育教师队伍建设……………………………………………(186)
　　一、我国职业教育教师队伍管理体制机制回顾……………………………(186)
　　二、我国不同历史阶段职业教育教师队伍建设举措………………………(189)
　　三、我国职业教育教师队伍建设成就和经验………………………………(195)
　　四、我国职业教育教师队伍建设存在的局限及对策………………………(199)

第十章　职业教育教材建设与改革…………………………………………(202)
　　一、我国职业教育教材及教材体系的发展历程与鲜明特色………………(202)
　　二、我国职业教育教材建设的主要举措和建设成就………………………(210)
　　三、我国职业教育教材发展面临的主要问题………………………………(216)
　　四、我国职业教育教材的建设路径…………………………………………(220)

第十一章 职业教育教学方法改革·····················（225）
  一、我国职业教育教学方法历史沿承·····················（225）
  二、我国职业教育教学方法改革的重要措施···············（230）
  三、我国职业教育教学方法改革的成就与经验·············（231）
  四、当前我国职业教育教学方法改革存在的问题及对策建议···（234）

第十二章 国际交流合作·····························（242）
  一、我国职业教育国际交流合作探索历程·················（242）
  二、我国职业教育国际交流合作的特征与成效·············（250）
  三、当前我国职业教育国际交流合作存在的局限及对策建议···（255）

主要参考文献·····································（261）

后　记···（273）

第一章　70多年来我国职业教育思想的演变

"观念是先导","教育改革需要从转变教育观念开始",是教育理论和实践领域的普遍认识。职业教育思想就是对如何发展职业教育基本问题的看法。什么是"基本问题"？汪丁丁（1997）认为，基本问题就是贯穿于一个学科的全部历史并且推动着学科发展的那些问题，基本问题是不可能解决的，人们只是不断地理解这些问题，不断地重新提出这些问题，从而不断地深化他们对整个理论的领悟。本书对于新中国成立70多年来职业教育基本问题的梳理主要涉及办学思想、人才观、育人理念三方面。办学思想主要涉及职业教育如何办的具体回答，人才观主要回答对职业教育人才的根本观点和总的看法，育人理念则是关于育人"应然状态"的判断。

一、70多年来我国职业教育办学思想的演变

新中国成立70多年来，我国职业教育的办学定位逐渐凸显"职业性"，办学取向上逐渐趋向内涵式发展，办学层次上逐渐注重中高职均衡协调发展，办学主体逐渐走向政府统筹管理、校企合作、社会多元化办学之路。

（一）从分层到分类：职业教育办学定位逐渐凸显"职业性"

新中国成立70多年来，追求与普通教育的平等地位一直是我国职业教育办学思想的逻辑主线。"由于分类标准和参照体系的不一致，中国职业教育的类型身份始终没有得到应有的认可。职业教育常常被当作一种教育的层次，在发展战略上也是'模仿普教、追赶高教'，更没有找到显著的类型特征。"（李鹏、石伟平，2020）从"职普比大体相当"到职业教育作为一种教育类型得以确立，新中国成立70多年来，在强有力的国家政策的支持下，我国职业教育办学定位取得突破性进展。职业教育作为一种教育类型得以确立，其根本目的是使人们能够平等地看待职业教育，真正接受职业教育，从而使得职业教育能够在经济与社会发展中充分发挥作用（徐国庆，2018）。

从中国职业教育的发展历程来看，从职业教育开始进入中国现代学制体系之日起，职业技术教育与普通教育的矛盾就非常突出（王炳照，2005）。新中国成立以来，我国职业教育发展往往是通过把办学水平比较差的普通学校改办为职业学校来进行的，高等职业教育虽然多数是由办学条件优良的中职学校升格而来的，但升格这个出身就使得高职教育的高等教育地位一直难以确立起来，这无形中进一步强化了职业教育就是低质量教育的观念（徐国庆，2020）。为解决普通教育与职业教育之间的矛盾，"文化大革命"期间的教育革命以教育生产化运动为主题，在基础教育领域全面废除"数理化生地"等基础理论课程，所有中小学只开设政治思想教育、农业基础、工业基础、革命文艺、军事体育和生产劳动等课程，农业基础以"农谚和家活"为主体，工业基础以"三机一泵"为核心。这种做法表面上是把所有的基础教育都变成了职业教育，实际上是错误地将简单的生产教育和劳动教育看成职业教育（楼世洲，2019）。

改革开放以后，职业教育被明确定位为我国教育体系的重要组成部分，中共中央提出在规模上职业教育要与普通教育大体相当，这一定位奠定了此后几十年职业教育的基本发展框架，意义极为重大（徐国庆，2018）。

1985年，《中共中央关于教育体制改革的决定》明确提出调整中等教育结构，大力发展职业技术教育的要求，目标是"力争在5年左右，使大多数地区的各类高中阶段的职业技术学校招生数相当于普通高中的招生数"。这一比例要求一直沿用到了今天，并扩展到了高等教育，高等职业教育与普通高等教育的招生规模也要求大体相当。1991年，《国务院关于大力发展职业技术教育的决定》正式宣布我国中等教育结构单一的状况有了较大改变，高中阶段各类职业技术学校和普通高中的招生数之比已接近一比一。1996年，《全国教育事业"九五"计划和2010年发展规划》在统计"八五"期间成就时指出，1995年，各类职业学校在校生占整个高中阶段在校生的比重从1990年的45.7%提高到56.8%。文件在提出"九五"期间目标时指出，"九五"期间，全国各类高中阶段职业学校在校生占整个高中阶段在校生的比重将提高到60%左右。2002年，《国务院关于大力推进职业教育改革与发展的决定》提出，要以中等职业教育为重点，保持中等职业教育与普通高中教育的比例大体相当，扩大高等职业教育的规模。2005年，《国务院关于大力发展职业教育的决定》再一次强调，到2010年，中等职业教育招生规模达到800万人，与普通高中招生规模大体相当，高等职业教育招生规模占高等教育招生规模的一半以上。2010年，《国家中长期教育改革和发展规划纲要（2010—2020年）》认为，要根据经济社会发展需要，合理确定普通高中和中等职业学校招生比例，今后一个时期总体保持普通高中和中等职业学校招生规模大体相当。2014年,《国务院关于加快发展现代职业教育的决定》继续强调,应总体保持中等职业学校和普通高中招生规模大体相当,高等职业教育规模占高等教育的一半以上,总体教育结构更加合理。2017年,《国家教育事业发展"十三五"规划》也强调要保持普通高中和中等职业教育招生规模大体相当。

徐国庆(2018)认为,职业教育在招生规模上要与普通教育平分天下,这是支撑职业教育发展的关键力量。职业教育发展只有达到了一定规模,才可能构建起内部体系,从而真正成为一种教育类型,而不是普通教育不断淘汰的学生的汇聚场所。"50%"的比例也成为教育部评估地方职业教育发展的关键性指标之一,一旦低于这个比例,职教界便会迅速做出职业教育发展遭受滑坡的判断,并采取提升比例的有力措施,以至于用"普职比"看职业教育发展情况几乎成了职业教育中的一种基本思维方式(徐国庆,2018)。但是,仅仅从招生规模上确保"职普比大体相当"尚不足以彻底解决职业教育的发展困境。例如,"为了弥补我国职业教育在本科层次的缺失,教育部曾倡导600所地方本科院校转型为技术本科教育,但实践已经表明,这一政策实施的效果并不好。因为这些学校的根基不在职业教育,它们很难真正进入职业教育学校序列"(徐国庆,2020)。而在中等职业教育方面,随着我国人事制度改革的推进,20世纪90年代初"中专毕业生可获得干部身份,技校毕业生可以进入国有企业当工人"的局面难以为继,"职业高中毕业生不包分配,与用人单位双向选择"的不确定结果也更难激发人们对职业教育的需求。因此,职业教育要想获得充足发展,必须在办学定位上进行突破性转变。"只有清醒地把握自己的类型定位,使职业教育在系统特征上成为无法替代的教育类型,职业教育才能够生存"(姜大源,2008)。

"职业教育迫切要求被认可为一种教育类型,是希望通过对类型属性的认可获得对自身存在价值的认可,从而在政策和制度层面稳定职业教育招生比例。招生难、比例不稳定、所招收的均是被普通教育淘汰了的学生,一直是职业教育的办学之痛。这种状况的形成,有人们关于职业教育价值的传统观念的原因,但也有政策和制度上的原因。比如有的行政领导会仅仅依据个人的认知宣布大幅度降低中职招生比例;比如高职招生只能在本科招生补录完后才能进行,即使是办学条件最差的本科院校,其录取也要在办学条件最优秀的高职之前。这对职业院校的办学积极性来说是有很大负面影响的。"(徐国庆,2020)正是基于这一迫切需求,2019年1月,国务院印发《国家职业教育改革实施方案》,开明宗义地指出职业教育与普通教育是两种不同教育类型,具有同等重要地位，并在总体要求与目标中明确提出经过 5~10 年时间，职业教育基本完成由参照普通教育办学模式向企业社会参与、专业特色鲜明的类型教育转变。职业教育类型的办学定位意味着职业教育从一种被看作低等次的教育，转变为对经济、社会与个体发展具有特定功能的教育，是一种有着广泛需求基础的教育（徐国庆，2018）。

（二）从规模扩张到提高质量：职业教育办学取向走向内涵式发展

新中国成立初期，"教育面临扩大劳动人民受教育权利与为工业化和国防建设培养急需专门人才的两重使命。这一阶段，教育主要矛盾是公平与效率（普及与提高）的矛盾"（葛道凯，2018）。所以，为了解决就业问题，保持社会的稳定，国家开始创办技工学校。据统计，"1950—1960 年间，技工学校从 3 所增加到 400 所，学生从 3 600 人猛增到 18.3 万人；中等技术学校从 500 所增加到 871 所，学生从 9.8 万人增加到 39.2 万人"（黄侃、凌云，2008）。但是由于这种规模扩张脱离了当时国民经济发展水平，也违背了教育规律，不仅教育质量难以得到保证，而且了造成了严重的就业问题。"文化大革命"开始后，"教育包括职业教育几乎被摧残殆尽"（张社字，2007）。

改革开放之初，我国职业教育从停滞走向恢复和重建。"这个时期，国家急需大量建设人才，但是学校办学条件简陋艰苦。这一阶段，教育主要矛盾是办学条件与办学规模的矛盾。以办学条件现代化为突破口，我国建成世界上最大规模的教育体系，为工业化和现代化提供了坚实的人才和智力支持。"（葛道凯，2018）早在 1985 年，《中共中央关于教育体制改革的决定》中就提出了建设职业教育体系的要求，但这个时期高等职业教育发展的规模非常小，主要任务还是恢复和发展中等职业教育。而且对中等职业教育的恢复和发展主要是在规模方面，由于规模恢复和发展的任务繁重，把内涵建设摆到突出地位的发展思路还没形成（徐国庆，2018）。因而，职业教育内涵建设进行的只是一些初步探索，这些探索主要集中在课程改革与师资队伍建设两方面。在课程改革方面，我们借鉴美国、加拿大的"CBE"课程模式①（能力本位课程模式），在少数省、市的局部区域试点能力本位的课程改革。由于对"CBE"课程开发技术与我国原有课程模式之间如何衔接缺乏深入理解，这次课程改革最终因为不

---

① "CBE"课程模式主张由企业来决定课程，具体方法是依据企业技术专家分析出来的工作任务分析表来开发课程。

知道如何把任务分析结果转化为课程而无法深入进行下去（徐国庆，2018）。在师资队伍建设方面，依托独立设置的职业技术师范院校和已有大学设立职业技术师范学院，我国在这一时期发展起了比较成熟的职业技术师范教育。从1979年独立设置天津技工师范学院（即现在的天津职业技术师范大学）和吉林技工师范学院（即现在的吉林工程师范学院）开始，到1988年，我国共建立过11所独立设置的职业技术师范学院。截至2000年，全国仍有8所独立设置的职业技术师范学院（徐国庆，2018）。在20世纪80年代末90年代初，又先后有8所高校设立职业技术师范学院或农村职教师资培训中心①，借助已有大学的雄厚师资培育职教师资。

"1998年，对中国的4 000多所中等专业学校来说，无疑是历史性的一年。从这一年开始，人们通过中等专业教育获取的统包统分的铁饭碗被彻底砸碎，取而代之的是收费上学，不包分配——招生体制并轨了。"（《职业技术教育》编辑部，1999）随着中专招生体制改革、国有企业改革对社会职能的剥离、高等教育开始大规模扩招，高等职业教育的规模在短时期内急剧扩张。1999年教育部颁发《试行按新的管理模式和运行机制举办高等职业技术教育的实施意见》，提出了举办高等职业教育的五条路径：一是试办短期职业大学、职业技术学院和具有高等学历教育资格的民办高校；二是普通高等专科学校；三是本科院校内设立高等职业教育机构（二级学院）；四是限于骨干专业，极少数经教育部批准的国家级重点中等专业学校改办为既从事高等职业教育又从事中等职业教育，肩负双重任务的学校；五是办学条件达到国家规定合格标准的成人高校。虽然设计了这么多条发展路径，但实践的最终结果是，由中等职业学校升格的高职院校，成了我国高等职业教育的主力军，近80%的国家示范高职由中职升格而来（徐国庆，2018）。2000年，全国还只有高等职业学校442所，到了2004年就达到了1 047所，短短4年翻了一倍多；2000年，高职招生数还只有48.7万人，到了2004年就达到了237.4万人，近5倍。2006年高职教育招生数占普通高等教育阶段招生总数的比重甚至高达53.7%（徐国庆，2018）。

与规模急剧扩张并存的是我国的职业教育仍然处于"叫好不叫座"的尴尬境地，围绕这一问题，国家开始在提升职业教育质量上做文章。2000年，教育部发布《高等职业学校设置标准（暂行）》，从七个方面对高职院校的基本办

---

① 8所高校分别是天津大学、浙江大学、河北职业技术师范学院、同济大学、东南大学、西安交通大学、湖南农业大学、四川大学。

学条件进行了规范。2002年以后职业教育的主要发展思路包括三个方面：一是增加职业教育的入学机会，扩大职业教育的发展规模，在2005、2006、2007连续三年中职每年扩招100万名学生；二是发展有质量的职业教育；三是建立中等职业教育贫困家庭学生资助体系，促进教育公平的实现（和震，2009）。2008年世界金融危机爆发之后，我国经济发展逐步进入新常态，"对高质量、高素质、高水平、复合型的技术技能人才需求不断扩大，对更高层次职业教育的需求持续加大"（卢晓等，2021）。2017年，党的十九大提出，新时代经济发展的基本特征是已由高速增长阶段转向高质量发展阶段，正处在转变发展方式、优化经济结构、转换增长动力的攻关期。人力资源和社会保障部2018年统计数据显示，我国技能劳动者超过1.65亿人，占就业人员总量的21.3%，但其中高技能人才只有4 791万人，仅占就业人员总量的6.2%。在这一背景下，2012年之后，我国开始实行"中职生"免费政策，"对于少数民族地区学生、残障学生、农民工等，政府均有资助其接受职业教育的政策"（王继平，2017）。2019年，《国家职业教育改革实施方案》以提升职业教育质量为主线，提出一系列改革举措。2020年，《职业教育提质培优行动计划（2020—2023年）》提出系统推进职业教育"三教"改革：一是提升教师"双师"素质，二是加强职业教育教材建设，三是提升职业教育专业和课程教学质量。这一系列的"质量提升工程"为我国职业教育从"重规模"到"重质量"的发展路径变换提供了重要动力。

（三）从波折发展到重新认识中职价值：职业教育办学结构更加均衡协调

就办学层次结构而言，新中国成立以来，初等职业教育在较长一段时间内占据主导地位，随着改革开放的深入，中等职业教育的规模开始大幅增长，到1997年达到了最顶峰，即22 229所中等职业学校；与此同时，高等职业教育作为中国对世界职业教育的独特贡献（姜大源，2015）开始迈入职业教育的历史舞台，至2019年，高等职业院校达到1 423所。自此，我国建成了"世界上最大规模的职业教育体系"（卢晓等，2021）。

新中国成立初期，职业教育的实施机构实际上是在借鉴苏联模式的基础上，通过两条途径来完成的：一是来源于旧时的公、私立职业学校和从老解放区迁出的技术干部学校以及新建的中等技术学校；二是创办技工学校（俞启定，2019）。"文化大革命"期间，职业教育被批判为资产阶级"双轨制"教育体制的翻版而遭到否定。随后，中等专业学校和技工学校停止招生4年之久，职业学校尤其是农村职业中学被全部撤销。1969年，技工学校几乎被摧残殆尽，中等技术学校的学生数大幅下降。"直到1971年的全国教育工作会议后，才恢复中等专业学校和技工学校的招生工作。虽然到1976年这两种学校的办学规模基本恢复到了1965年的水平，但由于办学条件没有达到要求，并且教学以政治为中心，专业课教学被严重消费，教学质量根本无法保证。"（楼世洲，2019）整个"文化大革命"期间，中等职业教育遭到了严重破坏（徐国庆，2018）。

1978年到1998年是我国中等职业教育发展的黄金时期（徐国庆，2018）。改革开放后，我国职业教育办学思想演变以"中等教育结构调整"为主线进入恢复和发展中等职业教育阶段。1980年教育部、国家劳动总局《关于中等教育结构改革的报告》提出，要将一部分普通高中改办为职业（技术）学校、职业中学、农业中学。这项政策的一个明显效果在于，在促使中专、技校数量增长的同时，促成了一种新的中等职业教育机构——由普通中学改办而成的职业高中。职业高中由过去的农业高中等发展而来。但是，由于职业高中不具备中专学校和技工学校的特殊办学政策，因而发展得较为艰难。这三类职业学校中，中等专业学校以行业或系统主管部门办学为主，毕业生以干部身份就业，分配有体制上的保护；技工学校以劳动部门或行业企业办学为主，毕业生以工人身份就业，就业主要以国企为主；发展较为迅速的职业中学，主管部门为教育性质部门，培养目标兼顾中专和技校，但是其办学资金来源和毕业生就业均没有保障（徐国庆，2018）。事实上，20世纪80年代的一种普遍现象是，成绩最优秀的初中毕业生往往把上中等专业学校作为首选，其次才是重点高中（徐国庆，2018）。职业中学的举办者是教育行政部门，然而教育行政部门在办职业教育时，既无经济主管部门、国有企业那样的雄厚财政实力，也不像劳动部门那样掌握着就业指标，在这种情况下，职业中学的办学难度就可想而知了（徐国庆，2018）。职业中学的发展处于要钱没钱、要设备没设备、要就业没就业的境地，因此职业中学的社会形象一直不佳。

21世纪初，我国中等职业教育遭遇大幅度滑坡危机。从2002年到2005年短短几年时间里，国务院连续召开了三次全国职业教育工作会议，先后颁布了《国务院关于大力推进职业教育改革与发展的决定》（2002）、《教育部等七部门关于进一步加强职业教育工作的若干意见》（2004）、《国务院关于大力发展职业教育的决定》（2005）等文件。会议的高层级、高频度，是中国职教史上前所未有的，充分表明了中央政府对发展职业教育的迫切心情，也说明当时的职业教育遭遇了发展中的重大危机（和震，2009）。与此相反的是，这一时期的高等职业教育得到了迅速的发展。世纪之交，我国实现了基本普及九年义务教育和基本扫除青壮年文盲的战略目标，教育基本矛盾转化为人民群众对优质教育资源的巨大需求与优质教育资源供给不足的矛盾（葛道凯，2018）。这一时期我国对职业教育办学层次的定位出现高移化倾向，对于大力发展中等职业教育持否定态度的声音一直不绝于耳，我国中等职业教育受到巨大冲击，"中等职业教育不仅规模下滑，社会声誉和教育质量也大不如前，职业学校毕业生的专业和实践能力都没有达到应有的水平，导致社会认同度低"（楼世洲，2019）。1998年，国家教育委员会、国家经济贸易委员会、劳动部印发《关于实施〈职业教育法〉加快发展职业教育的若干意见》，提出国家每年新增的高校招生计划指标，应主要用于发展高等职业学校教育。在这一政策的引导下，1999年高等本专科教育共招生275.45万人，比上年增加66.95万人，增长24.31%，高等教育毛入学率达到10.5%，比上年提高0.7个百分点[1]。2000年高等教育共招本科、高职（专科）学生376.76万人，比上年增加101.31万人，增长36.78%[2]。这一增长速度十分惊人，因此1999年被称为高等教育扩招年，自此开启了我国高等教育发展史上持续实践最长、规模最大的一次扩招（徐国庆，2018）。2001年中职招生数占到高中阶段招生数比例由顶峰时的64.6%下滑到了41.8%[3]。"独立设置的高等职业院校，仅2000—2001年就从184所增加到386所，一些普通高校也纷纷设立高等职业技术学院，高等职业教育进入持续高速发展的时期。"（楼世洲，2019）到2015年，普通高等教育本专科共招生737.85万人，比上年增加16.45万人；在校生为2 625.30万人，比上年增加77.6万人；毕业生数为680.89万人，比上年增加21.52万人[4]，以至于该年高等教育毛入学率达到40%，提前5年完成了《国家中长期教育改革和发展规划纲要（2010—2020年）》提出的目标。

进入新时代，中等职业教育的价值和作用被重新认识和肯定。2019年1月24日，《国务院关于印发国家职业教育改革实施方案的通知》提出提高中等职业教育发展水平。中等职业教育在新时代的作用在于有助于解决以下三个问

---

[1] 教育部. 1999年全国教育事业发展统计公报 [EB/OL]. （2000-05-30）[2020-10-08]. http://www.moe.gov.cn/s78/A03/ghs_left/s182/moe_633/tnull_841.html.

[2] 教育部. 2000年全国教育事业发展统计公报 [EB/OL]. （2001-06-01）[2020-10-08]. http://www.moe.gov.cn/s78/A03/ghs_left/s182/moe_633/tnull_843.html.

[3] 国家统计局. 各级各类学历教育招生数 [EB/OL]. （2017-09-01）[2020-10-08]. http://data.stats.gov.cn/easyquery.htm?cn=C01.

[4] 教育部. 2015年全国教育事业发展统计公报 [EB/OL]. （2016-07-06）[2020-10-08]. http://www.moe.gov.cn/srcsite/A03/s180/moe_633/201607/t20160706_270976.html.

题：一是农民工职业教育问题。截至2018年，中国农民工总量为2.88亿。在所有农民工中，初中及其以下文化程度占比高达72.3%。二是退伍军人职业教育问题。现有5 700多万退伍军人，他们大多缺乏职业技能和生存本领，就业潜在压力巨大。三是残疾人职业教育问题。职业教育在国家扶残助残的特殊教育中发挥着重要作用。

（四）从政府举办为主到政府统筹管理、校企合作、社会多元办学：职业教育办学主体更多元化

新中国成立后，我国在引进西方学校职业教育模式时，一开始只注意到了其学校职业教育的形式，没有意识到它们的学校职业教育是脱胎于行会学徒制的，是有着深厚的产业背景的。如何使职业教育能真正扎根于我国产业背景，建构出具有中国特色的现代职业教育体系，成了新中国成立70多年来，我国职业教育发展的主要历史使命（徐国庆，2018）。

改革开放以前我国实施的是计划经济，在这种经济模式下，企业参与职业教育人才培养的问题很容易解决，而且当时的两种职业教育主要实施机构中专和技校，或者是由经济部门办的，或者是由企业办的，职业教育本身就深深扎根于行业企业。然而改革开放以后的市场经济，逐步瓦解了企业与职业院校的联系。为了重建这一联系，职业教育办学的各个层面都付出了极为艰辛的努力（徐国庆，2018）。改革开放后的前20多年里，"校企合作"在国家和教育部的重要文件中并没有占据重要位置，通常是一句话带过。这些文件对校企合作是有意识的，但这种意识尚处于比较模糊的水平，更谈不上对校企合作的实施策略进行深入设计，"校企合作"尚处于"潜意识阶段"（徐国庆，2018）。1985年的《中共中央关于教育体制改革的决定》还没有专门提出校企合作这一问题，只是从职业教育功能上强调了"中等职业技术教育要同经济和社会发展的需要密切结合起来"，这与强调如何扩大职业教育办学力量的"校企合作"所论及的都不是一个同一层面的问题。1991年《国务院关于大力发展职业技术教育的决定》中也只是出现了"产教结合""工学结合"两个概念，但是并没有将其作为最重要的问题深入阐述其内涵（徐国庆，2018）。1993年《中国教育改革和发展纲要》提出"产教结合""以厂（场）养校"，但是，这里提出"产教结合"的主要目的并不是进行人才培养模式改革，而是解决职业教育办学经费不足问题，增强职业学校的自我发展能力。1998年《面向21世纪教育振兴行动计划》中也只是简单地提了一句"职业教育和成人教育要走产教结合的道路"。

自 1998 年后，当职业教育所拥有的一些特殊的投入和就业政策被去除后，如何推进产学合作便成为此后职业教育发展的核心课题（徐国庆，2018）。一个巨大的变化是，"校企合作"在国家重要文件中的地位越来越突出，在系列文件中所占的篇幅越来越大，其内涵阐释也越来越深入细致。2002 年，《国务院关于大力推进职业教育改革与发展的决定》便把"校企合作"放在了突出地位，在"管理体制和办学体制"这一层面上提出推进管理体制和办学体制改革，促进职业教育与经济建设、社会发展紧密结合。2004 年颁发的《2003—2007 年教育振兴行动计划》将"校企合作"发展到了深化其具体内容阶段，产生了许多在当时来说比较新的概念，如订单式培养、"双师型"教师队伍。为了实施好这份计划，2004 年，《教育部等七部门关于进一步加强职业教育工作的若干意见》首次正式使用"校企合作"这一概念，提出职业院校要坚持以服务为宗旨，以就业为导向，面向社会、面向市场办学，推动产教结合，加强校企合作，但表述也只停于此（徐国庆，2018）。

经过短暂酝酿后，"校企合作"成为国家职业教育办学政策的核心，国家开始系统地设计和推进校企合作。2005 年 10 月 28 日，《国务院关于大力发展职业教育的决定》用大量的篇幅论述了"校企合作"的基本建设内容：国家层面，促进行业主管部门、行业协会指导和参与职业教育；办学体制层面，让企业以多种形式参与职业院校的办学；教学模式层面，主要是推进学生实践能力的培养。在后续的教育部工作计划和重要文件中，"校企合作"的办学理念得到进一步强调。《教育部 2006 年工作要点》要求大力推行工学结合和校企合作，建立和完善学生顶岗实习制度，开展半工半读试点[1]。《教育部 2007 年工作要点》要求大力推进校企合作、工学结合、半工半读的理念和制度[2]。《教育部 2008 年工作要点》要求深化职业教育教学改革，大力推进校企合作、工学结合，健全并逐步实施中等职业教育顶岗实习一年、高等职业教育顶岗实习半年的制度，努力健全半工半读制度，广泛推行订单培养[3]。《教育部 2009 年工作要点》继续要求大力推进校企合作、工学结合，积极推行半工半读、工学

---

[1] 教育部. 教育部 2006 年工作要点 [EB/OL]. (2005-12-31) [2020-10-08]. http://www.moe.gov.cn/jyb_sjzl/moe_164/201001/t20100128_13549.html.

[2] 教育部. 教育部 2007 年工作要点 [EB/OL]. (2007-01-01) [2020-10-08]. http://www.moe.gov.cn/jyb_sjzl/moe_164/201001/t20100128_16042.html.

[3] 教育部. 教育部 2008 年工作要点 [EB/OL]. (2008-02-17) [2020-10-08]. http://www.moe.gov.cn/srcsite/A02/s7049/200802/t20080217_180457.html.

交替和顶岗实习[①]。2011 年，教育部颁发《教育部关于充分发挥行业指导作用 推进职业教育改革发展的意见》，提出行业是建设我国现代职业教育体系的重要力量，强化行业指导是职业教育提升服务能力的重要保证，鼓励行业企业全面参与教育教学各个环节，推进产教结合与校企一体办学，实现专业与产业、企业、岗位对接，充分发挥行业职业教育教学指导委员会的作用，健全职业学校教育教学行业指导制度和工作机制。职业学校要建立有行业企业参加的办学咨询、专业设置评议和教学指导机构。[②]

在国家政策的引导下，我们看到，2005 年以后，"校企合作"几乎是所有职业院校工作的重心，国家鼓励采取多种手段，尽可能地利用资源，开展多样化的校企合作实践模式。但是，在实践中，"校企合作""学校热、企业冷"的局面没有实质性改变。反思这些年来国家政策文件中有关校企合作的表述，几乎都只是站在教育的角度提出对企业的要求，有时所提的一些要求完全不切实际，没有把企业作为一个独立的市场主体进行考虑，分析现有企业到底能做什么，以致没有对我国校企合作体系建设的目标与路径作出比较现实的规划（徐国庆，2018）。有鉴于此，2018 年，教育部等六部门联合发布《职业学校校企合作促进办法》，该文件是关于我国职业教育实施产教融合首个法规性管理文件，为职业教育实施校企合作、产教融合发展提供了具体操作性依据和法律保障。2019 年，《国家职业教育改革实施方案》提出，经过 5～10 年左右时间，职业教育基本完成由政府举办为主向政府统筹管理、社会多元办学的格局转变，由参照普通教育办学模式向企业社会参与、专业特色鲜明的类型教育转变[③]。2020 年，教育部等九部门印发《职业教育提质培优行动计划（2020—2023 年）》，提出巩固职业教育产教融合、校企合作的办学模式[④]。以期通过确定合理的发展目标、加强财政支持力度、发展成熟的行业协会、推进校企合作立法等途径进一步长远规划"校企合作"模式。

从世界范围来看，校企合作是发达国家发展职业教育的主导模式，并被视

[①] 教育部. 教育部 2009 年工作要点［EB/OL］.（2009-01-04）[2020-10-08]. http://www.moe.gov.cn/jyb_sjzl/moe_164/201001/t20100128_30335.html.

[②] 教育部. 教育部关于充分发挥行业指导作用 推进职业教育改革发展的意见［EB/OL］.（2011-06-23）[2020-10-08]. http://www.moe.gov.cn/srcsite/A07/s7055/201106/t20110623_171567.html.

[③] 国务院. 国家职业教育改革实施方案［EB/OL］.（2019-01-24）[2020-10-08]. http://www.moe.gov.cn/jyb_xxgk/moe_1777/moe_1778/201904/t20190404_376701.html.

[④] 教育部等九部门. 职业教育提质培优行动计划（2020—2023 年）［EB/OL］.（2020-09-16）[2020-10-08]. http://www.moe.gov.cn/srcsite/A07/zcs_zhgg/202009/t20200929_492299.html.

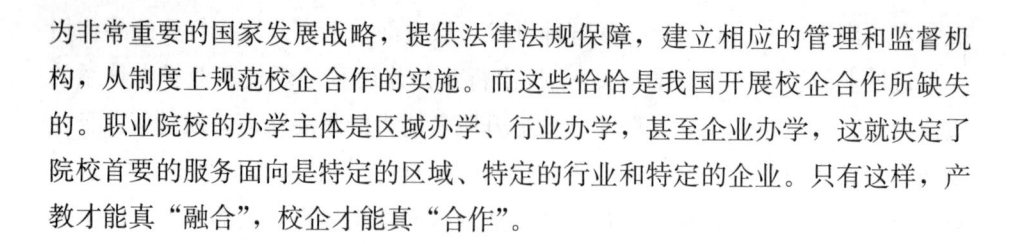

为非常重要的国家发展战略，提供法律法规保障，建立相应的管理和监督机构，从制度上规范校企合作的实施。而这些恰恰是我国开展校企合作所缺失的。职业院校的办学主体是区域办学、行业办学，甚至企业办学，这就决定了院校首要的服务面向是特定的区域、特定的行业和特定的企业。只有这样，产教才能真"融合"，校企才能真"合作"。

二、70多年来我国职业教育人才观的发展

人才观的问题，涉及一个对人才的评价标准的问题。技能型人才的价值并没有得到社会真正的认可，比如在工资水平、劳动保障、升迁机会等方面，技能型人才完全无法和专业型人才相比，这才是我国职业教育发展存在的最根本问题（徐国庆，2018）。新中国成立70多年来，我国职业教育人才价值导向经历了从学历导向、就业导向到生涯导向的转变，更加兼顾社会本位与个体本位取向；人才类型观经历了从精英人才观到大众人才观的转变，技术技能型人才的价值得到普遍认可；人才培养目标经历了从技术型人才到应用型人才，再到创新型人才的转变，更加理性。

（一）从学历导向到就业导向，再到生涯导向：职业教育人才发展价值导向更加兼顾社会本位与个体本位取向

人们对职业教育功能价值的定位，学习者对职业教育的接受程度决定了一个国家的职业教育是否能够充分发展。新中国成立70多年来，我国职业教育人才价值观经历了学历导向、就业导向、生涯导向三个阶段，职业教育发展更加关注人民个体的发展需求，从单纯关注职业教育的经济功能转向兼顾社会本位与个体本位取向。

从新中国成立到改革开放，我国的职业教育以"中专和技校"为基础，形成了以技术教育体系替代职业教育体系的基本框架。"这是当时计划经济体制及新型劳动就业制度下的产物，与一般意义上的职业教育有明显区别。"（楼世洲，2019）中专与技校分别以培养中等专业干部和中级技术工人为目标，被录取进中专和技校，也就意味着分别完成了招干和招工手续，这是当时计划经济及"统包统配"的劳动就业制度下的产物，学校及专业（工种）的设置、招生和毕业生分配都是高度计划型的，难以充分顾及个人择业和单位用人的具体需求和意愿。"总的来看，中专的性质、办学模式、学生待遇均与高等院校相似，只是低一个档次而已。""中专技校都是先定位后培养，学校教育本身对学生就

业的影响不大，与一般意义上以就业为导向的职业教育仍有显著区别。"（俞启定，2019）

1985年5月27日，《中共中央关于教育体制改革的决定》提出建立职业教育体系的方针，即"从初级到高级，行业配套，结构合理，又能与普通教育相互沟通"，并将职业教育在国民教育体系中的定位归于"分流"：青少年从中学阶段开始分流，初中毕业生一部分升入普通高中，一部分接受高中阶段的职业技术教育；高中毕业生一部分升入普通大学，一部分接受高等职业技术教育。凡是没有升入普通高中、普通大学和职业技术学校的毕业生，可以经过短期职业技术培训实现就业。"分流"的定位力图从机制上扭转"千军万马过独木桥"的局面，使人才培养多元化和多途化（俞启定，2019）。

20世纪后半叶，激烈的国际竞争使市场逻辑成为国家政策。1999年，高等学校扩大招生规模，目的之一就是希望以此刺激疲软的消费市场和缓解就业压力。2002年，国务院召开了全国职业教育工作会议，印发了《国务院关于大力推进职业教育改革与发展的决定》，提出推进职业教育的改革与发展是实施科教兴国战略、促进经济和社会可持续发展、提高国际竞争力的重要途径，是调整经济结构、提高劳动者素质、加快人力资源开发的必然要求，是拓宽就业渠道、促进劳动就业和再就业的重要举措，明确了职业教育的时代特征和任务。2004年，"就业导向"这一词出现在了《教育部关于以就业为导向深化高等职业教育改革的若干意见》中。甚至要求高职院校的毕业生"双证"率力争达到80%以上，2006年，这一比例要达到90%以上。[①] 2005年10月28日，《国务院关于大力发展职业教育的决定》明确提出，坚持"以服务为宗旨、以就业为导向"的职业教育办学方针。整体而言，"就业导向"是这一时期职业教育发展的核心，教育的工具价值尤为明显。"而如何在高职教育中兼顾教育的工具性的同时，提升和满足个人的可持续发展，这一极为重要的教育功能没有得到应有的发挥。"（黄侃、凌云，2008）"必须承认，'就业导向'对于解决'重理论轻实践'和忽视市场需求的难题是'一剂强心针'。然而，'就业导向'的职业教育发展到一定阶段后进入了误区。职业院校开始追求'零距离对接''无缝对接'等，把职业教育的'工具价值'发挥到了极致。"（匡瑛、石伟平，2018）长期以来，人们更多地强调职业教育为政治、经济服务的社会功能，而没有提其作为一种教育活动的最核心职能——促进人的发展。"生涯导向的职

[①] 教育部. 教育部关于以就业为导向深化高等职业教育改革的若干意见［EB/OL］. （2004-04-06）［2020-10-08］. http://www.moe.gov.cn/srcsite/A07/s7055/200404/t20040406_79654.html.

业教育必须关注人的全面而有个性的发展,关注到人的自由而又可选择的发展。"(匡瑛、石伟平,2018)

进入21世纪,职业教育最终回到了"人"的价值观上。2006年,国务院总理温家宝在教育工作座谈会上明确指出:"大力发展职业教育,既是经济发展的需要,也是促进社会公平的需要,既面向经济,又立足以人为本,为提高全民素质服务。"(黄侃、凌云,2008)习近平总书记在多次讲话中提及,大力发展职业教育,可以夯实人人出彩的基础,培养人人出彩的主动性。2020年,《职业教育提质培优行动计划(2020—2023年)》提出,充分发挥职业教育服务全民终身学习的重要作用,推进国家资格框架建设,建立各级各类教育培训学习成果认定、积累和转换机制。[①] 职业技术教育同其他教育一样,成为实现人的全面发展的一个具体的发展形式(黄侃、凌云,2008)。

(二)从精英人才观到大众人才观:技术技能型人才的价值得到普遍认可

职业教育发展的前提是对技能型人才价值的认可。真正认识到技能型人才的价值,并把这一认识充分体现到技能型人才的劳动就业中,确保其应有的劳动报酬与权利,使其在劳动就业中获得与专业型劳动者(如科学家、医生、工程师)同等被尊重的地位,是让受教育者愿意自觉选择职业教育的前提(徐国庆,2018)。

新中国成立初期,由于特定的国际国内环境,中国职业教育的发展模式几乎重复了半个世纪以前走过的路径,即学习、借鉴的目标单一而集中,那就是以苏联为榜样。我国人才观的确认标准也延续苏联的标准,即只有"具有中专以上学历和初级以上职称的人员"才是人才。"在计划经济时期建立起来的传统的劳动人事管理制度是一套'轻职业、重级别'的人事管理制度,其核心是把工人和干部(包括科技人员)从管理制度上严格地割裂开,分别管理。在这一管理体制的框架内,通常是把干部视为人才,工人只是普通劳动者;在这同一管理体制框架内,又把绝大多数的高技能人才(如高级技术工人、技师等)都归入到工人系列,如企业中技师称工人技师,有别于技术干部队伍中的技术员和工程师。因此,他们就难以被视为人才。"(丁大建,2004)

1978年,在全国教育工作会议上,邓小平同志的讲话向教育界传达了一

[①] 教育部等九部门. 职业教育提质培优行动计划(2020—2023年)[EB/OL]. (2020-09-16)[2020-10-08]. http://www.moe.gov.cn/srcsite/A07/zcs_zhgg/202009/t20200929_492299.html.

个信息:"中国的发展,不是靠少数精英能够解决问题的,我们整个经济的增长不能靠少数人,学校不仅要培养科学家、数学家,还要培养工人农民这些劳动者,这是一个对我们很重要的指示,这也意味着整个教育的办学思想和课程设置都要发生变革。"(项贤明,2015)1985年,《中共中央关于教育体制改革的决定》开宗明义:"教育体制改革的根本目的是提高民族素质,多出人才、出好人才。""社会主义现代化建设不但需要高级科学技术专家,而且迫切需要千百万受过良好职业技术教育的中、初级技术人员、管理人员、技工和其他受过良好职业培训的城乡劳动者。没有这样一支劳动技术大军,先进的科学技术和先进的设备就不能成为现实的社会生产力。"[1] 但是,很遗憾的是,这种人才观,当时除了职教界外,在社会上可能并没有产生多大反响,很少有人体会其深刻含义,更多的人只是在为重新确立了知识分子的地位而兴奋(徐国庆,2018)。这份文件以及此后的一系列重要文件,均没有明确阐明"技能型人才也是人才"这一观点。而此后的整个20世纪90年代,唯资历、唯学历的人才观成了技能型人才价值确立的主要障碍,技能型人才未能列入"人才"的行列,长期得不到社会的认可,企业中技能型人才的地位不高(徐国庆,2018)。

2003年,《中共中央、国务院关于进一步加强人才工作的决定》明确提出"树立科学的人才观":"人才存在于人民群众之中。只要具有一定的知识或技能,能够进行创造性劳动,为推进社会主义物质文明、政治文明、精神文明建设,在建设中国特色社会主义伟大事业中作出积极贡献,都是党和国家需要的人才……鼓励人人都作贡献,人人都能成才。"[2] 这份文件的重大意义在于,突破了传统的人才标准,提出了人才任用中的"四不唯"(不唯学历、不唯职称、不唯资历、不唯身份)原则,是职业教育人才观念的历史性突破。在此基础上,国家陆续出台了一系列文件推动人才观的转变。2005年,《国务院关于大力发展职业教育的决定》提出,逐步提高生产服务一线技能人才,特别是高技能人才的社会地位和经济收入,实行优秀技能人才特殊奖励政策和激励办法。2006年,《关于进一步加强高技能人才工作的意见》从国家战略的高度重新审视做好高技能人才工作的重要性,提出要通过完善高技能人才培养体系、考核评价机制、表彰激励机制、社会保障机制、加大资金投入、营造有利成长氛围等途径切实提高技能型人才,尤其是高技能型人才的社会地位,从而确立

---

[1] 中共中央.中共中央关于教育体制改革的决定[EB/OL].(1985-05-27)[2020-10-08]. http://www.moe.gov.cn/jyb_sjzl/moe_177/tnull_2482.html.

[2] 中共中央、国务院.中共中央、国务院关于进一步加强人才工作的决定[EB/OL].(2003-12-26)[2020-10-08]. http://www.gov.cn/test/2005-07/01/content_11547.htm.

其价值。2006年，《关于进一步加强高技能人才评价工作的通知》提出高技能人才评价要进一步突破年龄、资历、身份和比例限制，以职业能力为导向，以工作业绩为重点，注重对劳动者职业道德和职业知识水平进行考核和评价。2007年，《高技能人才培养体系建设"十一五"规划纲要》提出企业应按相关规定足额提取职工工资总额的1.5%~2.5%作为职工教育经费，为保证高技能人才培养建立资金保障机制。2008年，《关于高技能人才享受国务院颁发政府特殊津贴的意见》突破自1990年开始实行的国务院政府津贴制度，开始在各省市建立高技能人才政府津贴制度。2010年，《国家中长期人才发展规划纲要（2010—2020年）》在继续强调要提高高技能人才的经济待遇和社会地位的同时，也提出了完善高技能人才培养培训体系的系列途径。2013年《关于深化收入分配制度改革的若干意见》提出进一步落实技能型人才培养经费保障和提高技能型人才经济待遇的具体措施。2014年，在全国职业教育工作会议上，习近平总书记强调职业教育是广大青年打开通往成功成才大门的重要途径，职业教育要让每个人都有人生出彩机会[1]。2015年4月28日，习近平总书记在庆祝"五一"国际劳动节暨表彰全国劳动模范和先进工作者大会上的讲话中指出："一切劳动者，只要肯学肯干肯钻研，练就一身真本领，掌握一手好技术，就能立足岗位成长成才，就都能在劳动中发现广阔的天地，在劳动中体现价值、展现风采、感受快乐。"[2] "人人皆可成才"的大众人才观成为党和国家极力倡导的人才观："让更多有志青年在创造社会财富中实现人生价值"[3]，"让三百六十行人才荟萃、繁星璀璨"[4]。2016年，《中华人民共和国国民经济和社会发展第十三个五年规划纲要》提出推行企业新型学徒制，进一步在制度上使技能型人才获得同等待遇。2019年，《国家职业教育改革实施方案》出台，支持技术技能人才凭技能提升待遇，鼓励企业职务职级晋升和工资分配向关键岗位、生产一线岗位和紧缺急需的高层次、高技能人才倾斜。这意味着，国家已将职业教育视为对人力资本的最重要的投资。国家提升人力资本既需要培养精英、升级增量，更需要培养直接创造社会财富的一线劳动者，并优化存量（姜大源，2019）。

---

[1] 习近平就加快发展职业教育作出重要指示[N]. 人民日报，2014-06-24 (1).
[2] 习近平. 习近平在庆祝"五一"国际劳动节暨表彰全国劳动模范和先进工作者大会上的讲话[N]. 人民日报，2015-04-29 (2).
[3] 李克强对全国深化职业教育改革电视电话会议做出重要批示[EB/OL]. (2019-04-04) [2020-10-10]. http://www.gov.cn.
[4] 李克强. 政府工作报告[EB/OL]. (2019-03-16) [2020-10-10]. http://www.xinhuanet.com/politics/2019lh/2019-03/05/c_1124194454.htm.

（三）从技术型人才到应用型人才，再到创新型人才：职业教育人才培养目标更加理性

职业教育人才观必须回答"培养什么人"的问题。"培养什么人"的问题，既是实践问题也是理论问题，既是教育问题也是政治问题、社会问题（石中英，2019）。新中国成立70多年来，我国职业教育人才培养目标，先后经历了技术型人才、实用型人才、应用型人才、技能型人才等多种不同定位（李新生，2016）。

新中国成立之初，"面对薄弱的国民经济基底和技术人才匮乏的局面，职业教育以干部教育和工农教育为核心，重点在于为工业建设培养人才，显现出鲜明的'技术本位'特色"（闫广芬、李文文，2019）。新中国成立之初对职业教育"技术路线"的认识和推崇，一方面反映了新中国成立后我国技术人才的匮乏，另一方面反映了国家急于工业化的需求和热情。"在这种时代背景下，人们对于职业教育的概念及其本质属性的理解和把握难免失之偏颇，强化了职业教育的技术层面，而忽视了职业教育在人的发展和社会发展中的重要作用。"（李兴洲，2010）

随着党的十二届三中全会做出关于经济体制改革的决定，我国将主要精力集中到经济建设，经济驱动以及由此带来的产业复苏亟须大批技术人才作为后盾支撑，能直接、快速地服务于"四个现代化"的初、中级技术人员仍是社会发展的巨大人才需求缺口。因此，在很长一段时期内，我国职业教育人才培养目标主要定位于"培养德智体美全面发展的中级技术人才"，造就"有文化、懂技术、业务熟练的劳动者"，"努力建设起一支素质优良、纪律严明的劳动大军"（闫广芬、李文文，2019）。1986年，国家教委职教司草拟的《关于职业技术学校学制的暂行规定（讨论稿）》对各级各类职业学校的培养目标做了分类说明。其中，职业初级中学培养具有某种初步的职业基础知识和一定的职业技能的工人、农民和其他从业人员，中等职业技术学校（包括三年制中专和职业高中）培养中初级技术管理人员、技术工人和其他从业人员，技工学校培养中级技术工人，中等专业学校（四年制中专）培养中级技术、管理人员，职业技术专科学校（含职业大学）培养较高级技术员和相应层次的技术、管理人员（查吉德，2013）。

1993年，《中共中央关于建立社会主义市场经济体制若干问题的决定》昭示了我国开始全面向市场经济体制过渡。职业教育培养目标转向为面向社会和市场生产、建设、管理、服务第一线需要的"专门人才""实用人才"，更加偏

重人才的专门性和实用性。世纪之交,从现代化建设的时代需求看,第三产业崛起以及由此带来的大量新行业、新产业、新岗位涌现,推动劳动力市场的人才需求结构向技能型、创新型人才转变。2003年,全国人才工作会议提出"高技能"人才概念,与此相呼应,教育部《2003—2007教育振兴行动计划》提出高职教育要大量培养高素质的技能型人才特别是高技能人才。2004年《教育部关于以就业为导向深化高等职业教育改革的若干意见》指出,高等职业院校要坚持培养面向生产、建设、管理、服务第一线需要的,实践能力强、具有良好职业道德的高技能人才。2005年《国务院关于大力发展职业教育的决定》发布后,"国家示范性高职院校建设计划"推动我国高职教育走向内涵发展的转型之路。2011年,《教育部关于推进中等和高等职业教育协调发展的指导意见》提出,中等职业教育重点培养技能型人才,高等职业教育重点培养高端技能型人才。2011年《教育部关于推进高等职业教育改革创新引领职业教育科学发展的若干意见》也再次肯定了高职教育人才培养目标定位为"高端技能型人才"(周建松、唐林伟,2013)。从这一时期的重要文件看,高职教育人才培养方向始终围绕"高技能人才"进行。从"高技能人才"到"高素质高级技能型专门人才",再到"高端技能型人才",核心都是"技能型人才",所以说,这一时期我国高职教育的人才培养方向定位是基本稳定的,只是相关限定性的表述有所不同,如"高素质""高端"以及"高级",但其确切内涵在现实操作中很难界定(周建松、唐林伟,2013)。2012年6月,教育部颁布的《国家教育事业发展第十二个五年规划》对我国中等职业教育和高职教育人才培养方向进行了新定位:中等职业教育重点培养"现代农业、工业、服务业和民族传统工艺振兴需要的一线技术技能人才",而高职教育的人才培养目标定位是"产业转型升级和企业技术创新需要的发展型、复合型和创新型的技术技能人才"。由此,职业教育培养目标完成由"技能型人才"向"技术技能人才"的转变。

党的十八大以来,尤其是随着《国家职业教育改革实施方案》《中国教育现代化2035》及其实施方案的出台,职业教育地位攀升,迎来发展的黄金时期。从国内局势来看,以现代服务业、制造业为代表的第三产业成为拉动经济增长的主要方式,迫切要求提升职业教育服务能力,推进现代信息技术与制造业的广泛深度融合。与此同时,智能化生产系统对技术技能人才工作模式产生了五个根本性影响,即工作过程去分工化、人才结构去分层化、技能操作高端化、工作方式研究化及服务与生产一体化(徐国庆,2016)。所有这些使得劳动力市场的人才需求呈现出学历层次高移化、知识结构复合化、技术素养实践化等新特征。职业教育人才培养目标在反映市场需求的基础上兼顾着时代特征，实现与技术升级、产业转型、岗位更新的同步对接。创新型、智慧型、生态型、卓越型人才成为各类企业争抢的对象，而培养兼具创新能力与创造思维以及跨区域、跨领域、跨学科、跨专业协作整合能力的高技术技能型人才成为"智能+"时代职业教育无法回避的现实议题与理性考量（闫广芬、李文文，2019）。

三、70多年来我国职业教育育人理念的形成与发展

新中国成立70多年来，我国职业教育的育人体系从封闭单一走向贯通培养，"双师型"师资理念逐步从培养走向培训，育人素养维度逐步从重技轻人走向能德并举，育人机制从教学育人走向"三全育人"，更加深度协同。

（一）从封闭单一到贯通培养：职业教育育人体系逐步完善

与新中国成立初到改革开放前的局部式发展、改革开放以前的零散式实验所不同，改革开放以后，我国的职业教育发展开始追求体系化构建。关于建设"什么样的体系"，各个发展阶段提法各有不同。从1985年提出到体系基本形成，逐步增加了"协调发展""灵活开放""特色鲜明""自主发展""有中国特色""体现终身教育理念""现代"等限定词，也逐步明确了体系发展的基本方向：从仅有中等教育层次的"断头"教育发展到"中职—专科—本科—硕士"相互衔接，又与普通教育融通的完整体系，最大的价值在于改变了职业教育在整个大教育体系中的定位（匡瑛，2018）。

1985年《中共中央关于教育体制改革的决定》提出，逐步建立起一个从初级到高级、行业配套、结构合理又能与普通教育相互沟通的职业技术教育体系（徐国庆，2018）。1991年国务院决定提出的体系建设目标为进一步建立和完善由中国特色、从初级到高级、行业配套、结构合理、形式多样，与其他教育相沟通、协调发展的职业技术教育体系。2002年，《国务院关于大力推进职业教育改革与发展的决定》明确提出初步建立起适应社会主义市场经济体制、与市场需求和劳动就业紧密结合、结构合理、创新发展、协调发展、绿色发展的现代职业教育体系。2005年，《国务院关于大力发展职业教育的决定》则表述为"建立和完善适应社会主义市场经济体制，满足人民群众终身学习需要，与市场需求和劳动就业紧密结合，校企合作、工学结合，结构合理、形式多样，灵活开放、自主发展，具有中国特色的现代职业教育体系"。2010年《国

家教育发展规划纲要》提出形成适应经济发展方式转变和产业结构调整要求、体现终身教育理念、中等和高等职业教育协调发展的现代职业教育体系。

　　国家层面发展技术应用型本科教育政策的提出是因为有一个重要现实背景，即本科院校普遍追求研究型定位，过于强调基础理论教学，对学生的实际应用能力培养不足，使得本科毕业生的就业面临很大困境，与此同时产业界所需要的高技术人才又十分短缺（徐国庆，2018）。2014年，《国务院关于加快发展现代职业教育的决定》提出鼓励本科高等学校与示范性高等职业学校通过合作办学、联合培养等方式培养高层次应用技术人才（于志晶等，2014）。2015年出台的《关于引导部分地方普通本科高校向应用型转变的指导意见》，通过4个方面22项措施引导部分试点的地方本科高校向培养应用型、技术技能型人才转型发展。在推进方式上，应用型本科建设已从过去的基层探索与实践，发展成为中央决策与统筹，国家通过政策引导有序发展应用型本科教育，更加突出发展的系统性、计划性（胡万山，2020）。截至2015年11月，已有181所高校完全转型为应用型高校或部分专业进行转型（徐国庆，2018）。2017年，国务院《国家教育事业发展"十三五"规划》提出，优先发展应用技术类型高校、小规模有特色学院，加快建成一批为地方经济和社会发展服务的高水平应用型高等学校和高等职业学校；根据高等学校设置制度规定，将符合条件的技师学院纳入高等学校序列①。2019年，《国家职业教育改革实施方案》提出，到2022年，一大批普通本科高等学校向应用型转变。②

　　到目前，我国已经初步构建起了由中等职业教育、高等职业教育和技术应用型本科教育构成，内部有着多种沟通途径的现代职业教育体系。世界上很少有国家或地区能够同时在中等教育、大专教育和本科教育三个层面实施职业教育，多数情况是主要在中等教育层面实施职业教育，如德国；或者主要在高等教育层面实施职业教育，如美国；或者当中等职业教育升格为高等职业教育后，中等职业教育就明显弱化了（徐国庆，2018）。

　　贯通培养是办好职业教育的关键。目前我国职业教育的职前教育和职后培训仍然未能融合成为一个完整的体系，没有为每个人在不同阶段、不同状态进出体系提供支撑。除了管理机构存在壁垒之外，最为关键的因素是我国未能建立起完善的国家资格框架（匡瑛，2018）。由此可见，职业教育体系的建立和

---

　　① 国务院. 国家教育事业发展"十三五"规划[EB/OL]. (2017-01-10) [2020-10-08]. http://www.moe.gov.cn/jyb_xxgk/moe_1777/moe_1778/201701/t20170119_295319.html.
　　② 教育部等九部门. 职业教育提质培优行动计划（2020—2023年）[EB/OL]. (2020-09-16) [2020-10-08]. http://www.moe.gov.cn/srcsite/A07/zcs_zhgg/202009/t20200929_492299.html.

完善离不开国家资格框架的逐步架构与深入，两者是下位和上位的关系。没有外部国家资格框架的宏观规划，就很难建构好上下通达、横向融通、终身包容的现代职业教育体系（匡瑛，2018）。

（二）从培养到培训："双师型"师资理念逐步落地完善

职业教育尤其需要教师进行言传身教，因此，办好职业教育，师资力量是第一道关卡。"身教"有两大前提：第一，教师自身必须是饱满、真诚、富有教养的个体，而不是所谓的"教书匠""知识专家"；第二，教师和学生是共同生活在一起的，或者说有相当充足的共同相处时空，而不是"到点上课，下课走人"。这就对从事职业教育的教师的综合素质提出了较高要求。以德国为例，当地对职业教育教师有严格的资格要求，通过专业师范院校培训的教师要有3年至5年的对应行业工作经验，没有经过专业师范院校培训的人要想成为教师，需要有8年以上的对应工作经验（刘瑾等，2019）。而在我国职业教育发展早期，中等职业教育中的许多专业课教师是由文化课教师"改行"担任，高等职业教育中的大多数师资是从应届毕业生中直接聘任。这就导致育人师资的问题一直比较突出。1985年《中共中央关于教育体制改革的决定》就敏锐指出，"师资严重不足，是当前发展中等职业技术教育的突出矛盾"，并指出解决途径："学校首先要依靠自身力量解决专业技术师资问题，同时可以聘请外单位的教师、科学技术人员兼任教师，还可以请专业技师、能工巧匠来传授技艺。要建立若干职业技术师范院校，有关大专院校、研究机构都要担负培训职业技术教育师资的任务，使专业师资有一个稳定的来源。"[1] 1989年1月5日，劳动部印发《关于加强职业技术培训师资队伍建设的意见》指出，职业技术培训教师数量不足（尤其是生产实习指导教师）、素质偏低、结构不合理的状况很突出。全国技工学校生产实习指导教师缺编50%以上，现有实习指导教师中，具有大专以上学历的仅占10%左右，一级实习指导教师不到15%，高级实习指导教师仅占3%，高级讲师不到5%；企业职工培训的专职教师20多万人，绝大多数为文化、技术理论课教师，不能适应开展岗位培训的需要；就业训练中心1600多所，仅有专职教师1500人。[2]

因此，扩充职业教育教师数量，提升职业教育教师的学历水平和技能水

---

[1] 中共中央. 中共中央关于教育体制改革的决定 [EB/OL]. (1985-05-27) [2020-10-08]. http://www.moe.gov.cn/jyb_sjzl/moe_177/tnull_2482.html.

[2] 劳动部. 劳动部印发《关于加强职业技术培训师资队伍建设的意见》[EB/OL]. (1981-01-05) [2020-10-08]. https://www.chinacourt.org/law/detail/1989/01/id/8621.shtml.

平，一直是20世纪八九十年代职业教育文件关注的重点（徐国庆，2018）。高质量的职业教育教师从哪里来？新中国成立70多年来，拓展职业教育教师培养途径，提高职业教育师资队伍数量与质量成为我国职业教育师资培养领域发展的主旋律。大致途径有以下3种。

一是借鉴师范教育模式进行师资培养。最早解决职业教师师资的探索是借鉴普通师范教育培养中小学教师的模式来大力发展职业师范教育。途径有两条，即独立设置职业技术师范院校和在已有大学设立职业技术师范学院。

从1979年独立设置天津技工师范学院（即现在的天津职业技术师范大学）和吉林技工师范学院（即现在的吉林工程师范学院）[①] 开始，到1988年，我国共建立过11所独立设置的职业技术师范学院。[②] 截至2000年，经过合并改制之后，全国仍有8所独立设置的职业技术师范学院。[③] 20世纪80年代末90年代初，又先后有8所高校设立职业技术师范学院或农村职教师资培训中心[④]，借助已有大学的雄厚师资培育职教师资。发展到今天，有些大学的职业技术师范学院仍然呈现着良好的办学状态，有的则已取消，而在这8所高校之外，另有些地方高校也设立了职业技术师范学院，如广西师范大学职业技术师范学院、云南师范大学职业技术教育学院等（徐国庆，2018）。

独立设置的职业教育技术师范学院由于其整个学校的办学功能是培养职教师资，因而无论在专业设置的多样化上，还是教师数量上，均可以较大范围地满足职业学校对教师的需求，其弱点也很明显，主要在于职教师资的需求量小，易受劳动力市场需求变化的影响，因而容易产生毕业生难以就业的问题。

[①] 1979年1月10日，国家计委和教育部联合向国务院提交报告《关于增设四所技工教育师范学院的请示报告》，多位领导人圈阅批准同意增设四所技工教育师范学院，即天津技工师范学院、吉林技工师范学院、山东技工师范学院和河南技工师范学院。后来实际招生的只有两所，即天津技工师范学院（现在的天津职业技术师范大学）和吉林技工师范学院（现在的吉林工程师范学院），前者于1980年开始招生，后者于1979年开始招生。

[②] 11所独立设置的职业技术师范学院分别是天津职业技术师范学院（1979年）、吉林职业师范学院（1979年）、河北职业技术师范学院（1984年）、常州技术师范学院（1985年）、安徽农业技术师范学院（1985年）、河北农业技术师范学院（1985年）、上海技术师范学院（1985年）、南昌职业技术师范学院（1987年）、河南职业技术师范学院（1987年）、浙江农村技术师范专科学校（1984年）、山西职业师范专科学校（1988年）。

[③] 截至2000年，共有4所职业技术师范学院合并到了其他院校，1994年上海技术师范学院合并到了上海师范大学，1996年河北职业技术师范学院合并到了河北师范大学，1999年山西职业技术师范专科学校合并到了山西师范大学，1999年浙江农村技术师范专科学校合并到了浙江万里职业技术学院；而1998年广东民族学院改制成为广东技术师范学院。

[④] 8所高校分别是天津大学、浙江大学、河北职业技术师范学院、同济大学、东南大学、西安交通大学、湖南农业大学、四川大学。

依托大学设立职业技术师范学院的优势在于可以借助大学的专业优势，提升师资队伍的培养质量；办学规模小，不容易受职业学校师资需求变化的影响。其弱点在于，大学受已有学科发展与人才培养规范的影响，很难真正按照职业教育的规律进行学科建设和人才培养，由于发展比较晚，职业技术师范学院在所在大学也处于弱势地位，难以争取到发展所需要的资源（徐国庆，2018）。

二是开展在职教师培训工程。既然不能从职业技术师范学院招聘到所需要的教师，职业院校就只得通过其他途径拓展师资来源，例如，招聘非职业技术师范院校的毕业生、企业技术专家等。这就带来了另外一个问题，职业教师师资队伍质量低下，存在大量没有经过专门化教育教学能力培训的教师。教育部在意识到这一问题之后，启动了职业学校在职教师培训工程。

1998年，教育部《面向21世纪教育振兴行动计划》提出依托普通高等学校和高等职业技术学院，重点建设50个职业教育专业教师和实习指导教师培养培训基地，地方也要加强职业教育师资培训基地建设。2006年、2011年、2016年，教育部、财政部连续开展三轮职教教师培训计划。除集中培训外，针对"双师型"教师迫切需要的实践操作能力，国家也出台了系列文件强调企业见习途径。1998年，国家教委印发《面向21世纪深化职业教育教学改革的原则意见》，提出了"双师型"教师的培养要求，要培养既能讲授理论又能指导学生进行实践操作的教师。为提高广大职教教师，尤其是中青年教师的实践能力，文件提出组织教师到企业进行见习的构想。这一构想在之后的国家相关政策文件中得到延续。2001年，教育部公布首批6家全国职业教育师资专业技能培训示范单位。[①] 此后又增加两个单位。[②] 2006年，《教育部关于建立中等职业学校教师到企业实践制度的意见》，明确提出了从制度上保障中职教师到企业实践的制度。2014年，《关于加快发展现代职业教育的决定》要求专业教师每两年必须有两个月到企业或生产服务一线实践[③]。2016年，教育部等七部门联合印发《职业学校教师企业实践规定》，要求职业学校专业课教师（含实习指导教师）要根据专业特点每5年必须累计不少于6个月到企业或生产服务一线实践，没有企业工作经历的新任教师应先实践再上岗。公共基础课教师

[①] 分别是上海宝钢集团、海尔集团、四川长虹电子集团有限公司、中国第一汽车集团公司、东风汽车公司、苏州工业园区职业技术学院。
[②] 分别是北京首都旅游集团有限责任公司和武汉华中数控股份有限公司。
[③] 国务院. 关于加快发展现代职业教育的决定［EB/OL］.（2014-05-02）［2020-10-08］. http://old.moe.gov.cn/publicfiles/business/htmlfiles/moe/s8159/201406/170691.html.

也应定期到企业进行考察、调研和学习①。《国家职业教育改革实施方案》规定，从2019年起，职业院校、应用型本科高校相关专业教师原则上从具有3年以上企业工作经历并具有高职以上学历的人员中公开招聘，特殊高技能人才（含具有高级工以上职业资格人员）可适当放宽学历要求，2020年起基本不再从应届毕业生中招聘②。

三是探索职业教育教师学位水平提升途径。2000年，《关于开展中等职业学校教师在职攻读硕士学位工作的通知》提出，在2000年至2005年间，平均每年招收约100名中等职业学校在职教师在职攻读硕士学位。2005年，招生计划扩充到2 375人。这一计划开展10年（2000—2009年）来，已累计招生9 100人，毕业6 600人，95%以上的毕业生回到职业学校工作，发挥了教学骨干和专业带头人的作用（徐国庆，2018）。中职教师在职攻读硕士学位，采取的是通过单独考试录取，最终获得学术性学位的培养模式。这给大量中职教师提供了重要的攻读硕士学位的路径。2014年，中职教师在职攻读硕士学位停止招生，改为通过教育硕士、教育博士这条路径培养研究生层次的教师和管理人员。但是，从2016年开始，教育硕士的入学考试与学术性学位的入学考试并轨，入学考试难度大大增加，教育博士的招生也很难将职教学科的招生名额单列出来。因而，从各类专业的硕博士学位拥有者中招聘教师，然后再对他们进行针对性的职业技能培训，是目前可行的提升职业教育教师学位水平的现实途径。

总体来看，三条途径中，"在职培训"是目前发挥最主要作用的途径。但国家也并未完全抛弃职业教育师资培养途径。例如，2019年的《国家职业教育改革实施方案》仍将加强职业技术师范院校建设作为提高职业教师师资质量的重要措施。③

（三）从重技轻人到能德并举：职业教育素养更加全面

新中国成立初期，我国职业教育的发展大多模仿普通教育的模式，在人才培养过程中比较侧重理论知识的学习。1979年，针对"文化大革命"中"轻

---

① 教育部等七部门. 教育部等七部门关于印发《职业学校教师企业实践规定》的通知［EB/OL］.（2016-05-13）［2020-10-08］. http://www.moe.gov.cn/srcsite/A10/s7011/201605/t20160530_246885.html.
② 国务院. 国家职业教育改革实施方案［EB/OL］.（2019-01-24）［2020-10-08］. http://www.moe.gov.cn/jyb_xxgk/moe_1777/moe_1778/201904/t20190404_376701.html.
③ 国务院. 国家职业教育改革实施方案［EB/OL］.（2019-01-24）［2010-10-08］. http://www.moe.gov.cn/jyb_xxgk/moe_1777/moe_1778/201904/t20190404_376701.html.

视理论、轻视书本知识"的现象，教育部出台《全日制中等专业学校工作条例》，提出"中等专业学校的教学要切实加强基础理论和基础知识的教学"。这份文件提出的"中专学校文化知识水平要达到相当于高中文化水平"这一要求，成了至今中等职业学校文化基础课程内容改革的底线。在这一背景下，我国职业教育课程开发的模式也主要借鉴大学专业教育的课程开发模式，采用三段式规划，即把职业教育课程分为文化基础课、专业基础课和专业课程三大类，而专业课程又包含了专业理论课程和专业实践课程，课程开设按照从文化基础课到专业基础课程再到专业课程的顺序来进行（徐国庆，2018）。专业教育课程开发模式的理念是先让学生积累系统的专业理论知识，然后通过综合运用所学习的专业理论知识来形成实践能力。三段式课程模式的优点是，学生获取的专业理论知识比较系统和扎实，对于理论知识要求高的专业而言，这种课程模式有一定优势，但在实践中，在培养技能型人才方面缺陷也很严重：课程设计的出发点不是职业岗位所需而是理论知识的掌握，所以很容易造成二者的脱节；容易导致理论知识过多过难，并削弱对实践能力的培养；容易导致理论与实践的脱节。

随着对培养学生技能的重视，我国也开始出台系列文件保证职业教育领域中的实践教学比重。2000年，教育部《关于制订高职高专教育专业教学计划的原则意见》要求三年制专业的实践教学一般不低于教学活动总学时的40%，两年制专业的实践教学一般不低于教学活动总学时的30%[1]。2008年，《教育部关于进一步深化中等职业教育教学改革的若干意见》要求加大专业技能课程的比重，专业技能课程（含顶岗实习）的学时一般占总学时的三分之二[2]。在课程开发领域，20世纪90年代，我国开始引入已于80年代在许多发达国家开始盛行的能力本位课程模式。能力本位课程模式让当时的职业教育办学者耳目一新，并积极地在上海等地进行了试点。能力本位课程模式的试点也为我国职业教育教师了解职业教育课程设计的特有规律提供了重要机会，为21世纪全面推进能力本位课程改革提供了良好的理念基础。但是，能力本位课程模式的试点并没有从根本上扭转我国职业教育的课程开发模式，其主要原因在于，人们不知道如何把分析出来的能力模块转换成实际的课程模块（徐国庆，

---

[1] 教育部. 关于制订高职高专教育专业教学计划的原则意见[EB/OL]. (2000-01-17)[2010-10-08]. http://old.moe.gov.cn//publicfiles/business/htmlfiles/moe/s7056/201401/xxgk_162628.html.

[2] 教育部. 教育部关于进一步深化中等职业教育教学改革的若干意见[EB/OL]. (2008-12-13)[2010-10-08]. http://www.moe.gov.cn/srcsite/A07/s7055/200812/t20081213_79148.html.

2018)。

长期以来，我国职业教育更多关注专业知识的授受与专业技能的训练，而对人的发展未能给予足够重视，职业素质养成缺少，无形中把学生当成了技术的容器，试图使其成为掌握实用技术技能的高级"机器人"，体现的是典型的"技能至上"功利主义理念，偏离了育人的教育目的。这种理念下培养出来的人缺乏工匠精神，很难生产出高精尖的产品。职业学校应当注重工匠精神的培育，在职业教育中深化文化育人的理念，将职业道德、人文素养教育贯穿人才培养全过程，营造工匠精神的氛围，让学生获得工具性知识和技能之外的职业素养和精神（刘宝民，2016）。职业教育作为一种教育类型，应从只关注认知的单维度即学科知识积累、以升学为目标的传统普通教育，向关注认知与行动兼容的多维度即知识、技能或资格等行动知识的积累与职业能力的提升并重、升级涵盖升学的"文化素质＋职业技能"的现代职业教育转变（姜大源，2019）。在这一理念指导下，2012年，党的十八大报告提出把立德树人作为教育的根本任务，培养德智体美全面发展的社会主义建设者和接班人。2016年，教育部出台《中等职业学校学生公约》，对中职生的思想政治素质、专业技能学习、劳动观念、品德修养、法纪规范、形象塑造、身体健康和心理健康方面提出基本要求，体现了服务型、职业性和时代性的特征。2017年，《国家教育事业发展"十三五"规划》提出，着力提升职业学校人才培养质量，加强职业精神培育，推进产业文化、优秀企业文化、职业文化进校园、进课堂，促进职业技能和职业精神高度融合，着力培养崇尚劳动、敬业守信、精益求精、敢于创新的工匠精神。这表明，培养精益求精的工匠精神已经成为新时期我国职业教育人才培养目标的重要维度。2017年10月18日，党的十九大报告阐明了要全面贯彻党的教育方针，落实立德树人根本任务，发展素质教育，推进教育公平，培养德智体美全面发展的社会主义建设者和接班人。2018年习近平总书记在全国教育大会上的讲话中，进一步阐明了要把立德树人融入思想道德教育、文化知识教育、社会实践教育各环节，贯穿基础教育、职业教育、高等教育各领域，学科体系、教学体系、教材体系、管理体系要围绕这个目标来设计，教师要围绕这个目标来教，学生要围绕这个目标来学。凡是不利于实现这个目标的做法都要坚决改过来[①]。

只有当职业院校的学生从谋取"饭碗"转向追逐梦想，把学生的价值观聚

---

① 新华社. 习近平出席全国教育大会并发表重要讲话［EB/OL］. (2018-09-10) ［2020-10-08］. http://www.gov.cn/xinwen/2018-09/10/content_5320835.htm.

焦到干一行爱一行、干一行专一行的执着与坚持上来，培养他们敬业守信、精益求精的精神，激励学生提升职业能力、奉献社会产业。这样，个人才会出彩，职业教育才有希望，中国高质量发展也才会真正实现（刘宝民，2016）。

（四）从教学育人到"三全育人"：职业教育育人机制更加深度协同

进入新时代，教育主要矛盾是教学育人与全程育人之间的矛盾。在继续强调教学育人的同时，全员全程全方位育人，学校家庭社会政府共同履行育人责任成为时代的呼唤（葛道凯，2018）。从新中国成立发展至今，我们欣喜地看到职业教育取得了历史性的成就。然而，我们还必须清醒地认识到，职业教育的巨大变化主要停留在宏观和中观层面，而在微观层面，特别是育人机制层面的体现仍显得极其不够。课堂教学外围的职业教育改革进行得轰轰烈烈，取得了令人瞩目的成就。然而课堂教学这一"潘多拉魔盒"却很少被撼动（匡瑛，2018）。

2016年12月，习近平总书记在全国高校思想政治工作会议上的讲话中，首次阐述"三全育人"理念，提出"要坚持把立德树人作为中心环节，把思想政治工作贯穿教育教学全过程，实现全程育人、全方位育人，努力开创我国高等教育事业发展新局面"[①]。

2017年2月，为贯彻全国高校思想政治工作会议精神，中共中央、国务院印发《关于加强和改进新形势下高校思想政治工作的意见》（以下简称《意见》）。《意见》在2016年习近平总书记讲话的基础上，进一步明确了高校思想政治工作的基本原则，将"三全育人"表述为"坚持全员全过程全方位育人"。《意见》阐明，"思想价值引领"是高校思想政治理论工作的中心，"三全育人"长效机制建设是实现价值引领的重要途径。至此，"三全育人"长效机制建设形成完整表述。

2019年10月，党的十九届四中全会通过重大决定，标志着我党致力于中国特色社会主义国家治理体系和治理能力现代化建设，进入新的历史阶段。该决定强调要"加强和改进学校思想政治教育"，建立全员、全程、全方位育人的"三全育人"体制机制。这标志着"三全育人"改革的深化升级，即由载体资源的要素整合上升为体制机制的全新驱动（魏士强，2020）。

---

① 张烁. 习近平在全国高校思想政治工作会议上强调：把思想政治工作贯穿教育教学全过程 开创我国高等教育事业发展新局面 [N]. 人民日报，2016-12-09（1）.

"三全育人"打破了传统的教育模式，是一种系统性、整体性的育人指导理念，包含全员育人、全过程育人、全方位育人。全员育人指出了育人的施教者范畴，学校、家庭、社会、学生自身等都是施教者，全过程育人指出正确的价值引领应贯穿于学生学习成长的全过程，全方位育人关注的是育人空间的"广度"和"宽度"以及育人工作的协同效应。"三全育人"是新时代推进育人理念和育人方式变革的重大命题。"三全育人"，"全"是关键。实施"三全育人"综合改革，必须聚合校内外各类育人资源，实现育人主体、时间、空间三个维度的有效协同，形成人人、时时、处处育人，就是要发挥不同育人主体的作用，把各类要素集聚起来，通过融入经常、渗入日常的办法，给学生以人生启迪、智慧光芒、精神力量（魏士强，2020）。按照"三全育人"的理念和新时代职业教育改革的精神，职业教育领域落实"三全育人"理念的关键是促进政府、产业、教育、社会等力量在"全员、全过程、全方位"育人机制中实现深度协同（卢晓等，2021），面向学生的主体需求，探寻教育的终极目的和价值，致力于培养不仅能够适应社会的社会人，而且还要能够创造幸福、感知幸福的幸福人（韦莉莉，2019）。

四、70多年来我国职业教育思想发展的成就与经验

新中国成立70多年来，我国职业教育办学思想逐步完成重大转变：实现了职业教育定位从"层次"到"类型"的转变，功能价值从社会本位到个人本位的转变，培养目标从外铄规训到内隐驱动的转变，发展模式从规模扩张到特色内涵的转变，办学主体从单一模式向多元化办学体系的转变。

（一）革新职业教育"类型"观，全面认识职业教育在教育体系中的地位、作用和功能

我国社会和教育界对职业教育的偏见和轻视根深蒂固，若不改变或扭转，职业教育不可能健康发展，经济增长必将受到拖累。"相对于普通教育，职业教育制度变革对科技、经济、生产和社会变革有更加明显的路径依赖。因此，职业教育思想变革和创新的首要问题是使全社会达成应用型人才具有重要作用与地位的共识。"（楼世洲，2019）

"从层次到类型是中国职业教育改革的基本逻辑，《国家职业教育改革实施方案》的出台为新时期职业教育类型化改革提供了政策导向。"（李鹏、石伟平，2020）"要更好发挥服务经济社会发展和促进高质量就业的社会功能迫切

需要职业教育有新定位。""适应社会主要矛盾的转变和构建服务全民终身学习教育体系都迫切要求职业教育有新定位。""类型教育的新定位,是新时代党和国家对职业教育改革发展作出的一个极其重要的判断,为职业教育发展成面向人人、与职业和经济社会发展联系最为紧密、横跨产业界与教育界的教育类型奠定逻辑基础和框架基础。"(王兴,2020)

事实上,从类型学角度来看,中国职业教育的类型要素齐全,职业教育作为一种类型不容置疑。"职业教育不是学制体系中的一个层次,而是有着完整体系的教育类型。"(李鹏、石伟平,2020)职业教育概念中的"教育"是共性特征,"职业"是个性特征,职业需求产生了职业教育。"过去我们将职业教育归于高中阶段教育的一种类型、高等教育的一个层次,建立了中等、高等职业教育学历制度和相应的职业学校制度,这实际上是按照'教育共性'来认识职业教育,容易忽视职业教育的个性特征,容易违背职业教育规律、脱离客观实际。"(孙善学,2013)

从宏观层面看,"职业教育是国家经济发展战略、人力资源战略、创新驱动战略的重要组成部分。中国发展'强起来'的时代使命,需要职业教育的心脏和着时代的脉搏强劲律动,需要创新的、高质量的职业教育跟进和支撑经济转型升级发展的需要,需要职业教育与祖国的发展进步相匹配、相适应"(张健,2020)。从中观方面看,类型视野的确立是对职业教育再认识的一次突破,对职业教育的社会地位、办学定位和功能定位都具有积极意义。它"从国家政策的高度肯定了中国职业教育的类型身份与地位,也规划了职业教育类型化改革的行动纲领"(李鹏、石伟平,2020)。从微观层面即教育本身看,"类型说"有助于人们进一步厘清不同教育的特点和属性,突出职业教育的类型特色,避免同质化发展,提升职业教育质量,促进不同类型教育的协调发展。

职业教育和普通教育是我国现代教育发展的两翼,但两翼并非总是平衡发展。在现行的教育体系中,职业教育处于教育选择的末端。虽然国家一再强调职业教育的重要性,出台多种鼓励性政策,但接受职业教育对于普通民众来说始终是一种无奈的选择。"普通教育和职业教育的融合已成为现代教育发展的重要趋势,如果不能成为一种平等的教育类别双向选择,这种融合发展的机制就无法真正实现。"(楼世洲,2019)职业教育确定为"类型教育",不仅为打通"中职—高职专科—应用型本科—专业硕士"这一通道提供政策支持,还意味着国家在政策制定上为职业教育开启了"绿灯",使职业教育的发展模式得到根本性改变,让职业教育的特色更加鲜明。例如在办学体制上,政府职能从以举办职业教育为主向统筹管理转变,企业举办职业教育的主体地位被重新确立；在师资队伍建设上，一批既能教理论又能指导学生实践的"双师型"教师将会走进职业学校，这意味着长期困扰着职业学校专业教师的"唯文凭"问题将会在一定程度上得到缓解（何文明，2020）。因而，"《国家职业教育改革实施方案》规划了制度框架、国家标准、育人机制、办学格局和政策保障等多个维度的改革任务，不仅从国家政策的战略高度确立了职业教育的'类型身份'，而且规划了中国职业教育类型化改革的'未来蓝图'和改革行动的'施工路线'。新时代中国职业教育改革要树立'一盘棋'的战略思维，统整职业教育类型化改革的目标，探索全面深化改革与综合治理的行动路径"（李鹏、石伟平，2020）。

事实上，在我国，人们也曾一度极为向往职业教育，比如直至20世纪90年代初，许多非常优秀的初中毕业生还是优先选择上中专，而不是重点高中；当时的技工学校招生也不是问题，所有这些都是源于当时的中专和技校有着重要的制度作支撑，即中专毕业生可获得干部身份，而技校毕业生可以进入国有企业当工人。人们追求教育的出发点是很朴素的，即这种教育能最终给自己的职业发展带来什么结果。如果一种教育给自己的人生带来的是极不确定的结果，或是明显低于其他人的结果，那么无论如何倡导，也很难激发人们对这种教育的需求。我国职业教育发展目前就是面临这种状况（徐国庆，2019）。反观德国、瑞士等职业教育发达的国家，职业教育之所以能作为与普通教育并行的一种教育类型确立起来，并保持较高的社会吸引力，能为经济发展提供充足的技能人才保障，其根源在于技能型人才社会地位较高，一个技术工人和大学教授的工资收入相差并不大，技能型人才的价值与专业型人才的价值同样得到认可。因此，职业教育要真正成为一种教育类型，还是要在制度改革上下功夫。

（二）建立"职业强国"战略观，坚持"三位一体"的价值追求

教育领域的改革历来是慎重选择，任何一种变革性的突破都是有目的性的选择，选择的目标要合乎教育价值判断，合乎教育发展规律，合乎教育实践的需要。"价值判断要反映教育改革在道德意义上的正当性，教育发展规律可以检验改革的科学性，而教育实践的需要能够诠释教育改革的合理性与必要性。"（袁振国，2013）新中国成立70多年来，我国职业教育在功能价值取向上最大的成就和经验就是坚持"教育—社会—国家""三位一体"的办学价值追求：教育发展目标——"完善职业教育和培训体系，优化学校、专业布局，深化办学体制改革和育人机制改革"；经济社会目标——"服务建设现代化经济体系

和实现更高质量更充分就业需要，对接科技发展趋势和市场需求"；国家本位目标——"大幅提升新时代职业教育现代化水平，为促进经济社会发展和提高国家竞争力提供优质人才资源支撑"（李鹏、石伟平，2020）。

美国的教育学者塞缪尔·鲍尔斯（Samuel Bowels）和赫伯特·金蒂斯（Herbert Gintis）（1990）在研究美国教育改革时提出，"各种教育改革运动由于拒绝深入考察经济生活中财产和权力的基本结构而跟跄前进。关于实现一个促进经济平等和个人圆满发展的社会的可行性，我们确实乐观。但我们懂得，其前提是广泛的经济改革。只有当教育系统为实现充分民主地参与社会生活和平等地分享经济活动成果而培养青年时，它才可能是平等的和自由的"。他们明确地指出，"压制性、个人的无能为力、收入的不平等以及机会的不平等，都不是历史地起源于教育系统，也不是由今天不平等的、压制性的学校所产生。压制性和不平等的根子在资本主义经济结构和功能之中"（鲍尔斯、金蒂斯，1990）。因此，"当美国教育改革与社会经济改革相脱离时，是不能取得改革者们所期望的良好效果的。这是自20世纪60年代以来美国历次教育改革的一个主要教训"（石中英、张夏青，2008）。"中国的职业教育改革与美国不同，一开始就是作为整个社会领域改革的一部分而开展的，教育改革的目标与社会改革的根本目标是一致的、具体目标是相互协调的。"（石中英、张夏青，2008）新中国成立70多年来，"我国教育改革从根本上说还是具有社会性和政治性的，是对不同历史时期社会发展需求的政策表达。教育改革也因此不单单成为一项教育议题，而且也是一项政治议题"（石中英、张夏青，2008）。"教育的变革作为强国之方被启动，一开始就是一种政治行为。"（叶澜，2004）"职业强国"的国家主义和功利主义价值诉求极大地"说服和动员各级政府高度重视职业教育改革和发展问题，提高职业教育在社会发展中的战略地位，大幅度增加对教育的公共财政投入"（石中英、张夏青，2008），为全面提高职业教育质量创造了更好的思想、物质与舆论条件。但是，"教育改革中国家主义和功利主义的价值诉求如果发展到极端，就会扭曲教育和国家发展、社会发展、个人发展之间的关系，忽视教育的相对独立性，强化教育的依附性；就会遗忘教育的根本目的是促进人的全面发展，弱化人的多方面需求在教育改革和发展中的重要地位，最终不利于教育整体功能的实现，不利于教育、社会及人的和谐发展"（石中英、张夏青，2008）。因此，进入21世纪，我国充分肯定职业教育的人文主义功能，职业教育的价值定位也体现得更为务实。长期以来的观念是将教育视为上层建筑，教育一直是与文化归在一起构成文教事业，改革开放后更注重教育促进经济建设的功能，强调科教兴国，二者共同之处都是立足于国家经济、文化事业的发展需要。自 2007 年党的十七大开始，教育不再归入文化建设的领域，而是置于"加快推进以改善民生为重点的社会建设"标题之下，体现了定位从"国计"到"民生"的转变（俞启定，2019）。实现从"制器"到"育人"的回归，正是回应了职业教育全面塑造人的教育本质，是"平民化""个性化"和"全人化"职业教育思想的深刻诠释。职业教育始终是面向人人的民生教育。"职业教育的生命力在于让更多的劳动者分享教育和培训的福利。因此，中国职业教育类型化改革要坚持个体与国家相兼顾的原则，贯彻全面覆盖的职业教育类型化改革价值取向。在改革的实践上，除了关注国家、社会和教育的目标之外，职业教育还需要关注人的需要，特别是底层劳动阶层的需要。"（李鹏、石伟平，2020）

（三）调整职业教育人才观，树立面向人人、人人都能成才的人才观

新中国成立 70 多年来，我国"职业教育人才培养目标与'为谁培养人'的认识之间存在着相辅相成的内在联系，映射了不同历史时期社会对教育的基本认识"（闫广芬、李文文，2019）。

新中国成立之初，第一次全国工农教育会议"明确了加强工农文化教育的重大政治意义，它是巩固与发展人民当家作主、建立强大国防军、建立强大经济力量的必要条件"，包括职业教育在内的各级各类教育担负着巩固政权的任务，被作为"社会改造的工具"。"文化大革命"期间，职业教育荒废。改革开放后，邓小平同志提出教育必须为社会主义建设服务的价值取向。"在此过程中，职业教育通过培养'有文化、懂技术、业务熟练的劳动者'服务于社会经济建设，从而获得社会对其人才培养功能和地位的认可。"（闫广芬、李文文，2019）20 世纪 90 年代以来，伴随社会对教育的认识从最初的巩固政权、社会改造、经济建设转向了"提高民族素质"和推动"整个社会的进步"，"职业教育人才培养目标不再局限于培养具备基本知识与技能的熟练劳动者而转向具备高素质的应用型、技能型和拔尖创新人才"（闫广芬、李文文，2019）。进入 21 世纪尤其是党的十八大以来，"教育是民族振兴和社会进步的基石""建设教育强国是中华民族伟大复兴的基础工程"等认识逐步深化，"职业教育所培养的人才不仅仅面向岗位、面向职业、面向市场，更面向家国、面向时代、面向美好生活和'人类命运共同体'，创新型、智慧型、生态型、卓越型的高技术技能型人才是为新时代所需。职业教育人才培养目标的变革，正是以教育整体观念的变革为先导，是不同历史时期社会对教育建设性与批判性基本认识的

映射"（闫广芬、李文文，2019）。

另外，不同历史时期技术升级迭代对现代职业教育进行重塑的同时，技术自身维度的拓新也构成我国职业教育人才培养目标变迁的内在隐形驱力（闫广芬、李文文，2019），并最终以技术技能人才知识结构的延展为载体得到体现。新中国成立至改革开放初期，我国工业化发展尚不充分，这一时期职业教育培养的"熟练劳动者"和"初、中级技术人才"的知识结构主要以实体型技术知识为主。"实体型技术知识以机器为载体，具有半理论、半经验的性质，主要通过操作与控制设备来实现知识的创造、积累与应用。"（李政，2017）"20世纪90年代后，我国经济发展对技术人才的理论知识要求加深，世界范围内科学理论的深化推动现代技术向软件技术知识、程序技术知识等知识形态倾斜，技术技能人才知识结构由原本的经验型技术知识、实体型技术知识向知识型、理论型技术知识过渡。"（闫广芬、李文文，2019）进入21世纪，尤其是近年来，以信息为基础的智能技术在对复杂工作情境的信息搜集、系统分析以及问题处理中显现出巨大的优势，技术技能人才的知识结构进一步延展，方法型技术知识在推动技术主体转换思维模式的同时，成为整合经验型技术知识、实体型技术知识、理论型技术知识的关键（李政，2017）。"智能制造的复杂性与专业性、产业需求的多元性与创新性以及职业要求的综合性，必然与具备多元知识结构的'拔尖创新人才''高技术技能人才'以及'大国工匠'相契合。"（闫广芬、李文文，2019）

职业教育也具有鲜明的职业性、社会性、人民性。新中国成立70多年来，职业教育"人才观"最大的思想成就就是树立"面向人人"的大众人才培养观。"职业教育应该是面向人人的教育，使更多的人能够找到适合于自己学习和发展的空间，从而使教育事业关注人人成为可能。"[1]"每个人一生中都要面临不止一次的职业选择、职业变迁，不论'蓝领'、'白领'，不论地位高低，都需要职业教育的帮助，只不过内容、程度、方式不同而已。社会职业的广泛性决定了职业教育人才类型的广泛性，不能狭隘地认为职业教育是培养低端劳动者的低层次教育，也不是面向贫困人群或者欠发达地区的扶贫济困教育，也不限于培养技能型、技术技能型等少数人才类型。即使是高级管理者、科学家、工程师也不能游离于职业生活之外，也会面临职业流动或职业变迁的挑战……因此，真正把'面向人人'的教育理念变为现实，需要改革教育观念、体制和制度。如果局限于健全完善职业学校教育体系，或者只针对一部分社会

---

[1] 温家宝. 大力发展中国特色的职业教育［N］. 人民日报，2015-11-14（2）.

分工的需要，那么建立现代职业教育体系只能是以偏概全的概念游戏，没有多大意义。"（孙善学，2013）

（四）树立职业教育"内涵"发展观，构建具有世界眼光、国际标准、中国特色的现代化职业教育体系

突出"内涵发展"观，构建独立的职业教育体系，实现职业教育现代化，是我国职业教育发展的核心任务与逻辑主线（徐国庆，2018）。习近平总书记多次强调，职业教育办得好坏，不在于规模大小，关键是要办出特色，形成符合自身特点的办学理念和风格。我国幅员辽阔、人口众多，"在中国建立职业教育制度的特殊困难之一是，一套制度要面对地域辽阔、自然条件和社会经济发展水平不同的各个地区的需要，因此，这种制度必须是富有弹性的、灵活的"（杜成宪、丁钢，2004）。

传统狭隘职教观下的职业教育体系存在着诸多体系通道不顺畅的问题，无论是职业教育自身上升的通道还是职业教育与普通教育沟通的通道都存在一定程度的割裂，难以促进技能人才的连续性成长，所以，构建并完善职业教育与培训体系至关重要（肖龙，2019）。《国家中长期教育改革与发展规划纲要（2010—2020年）》提出，要构建体现终身教育思想、中等和高等职业教育协调发展的现代职业教育体系。《现代职业教育体系建设规划（2014—2020年）》提出，到2020年建设成适应发展需求、产教深度融合、中职高职衔接、职业教育与普通教育相互沟通，体现终身教育理念，具有中国特色、世界水平的现代职业教育体系。党的十九大进一步拓展了现代职业教育体系的内涵和外延，提出要完善职业教育与培训体系。可以看出，我国在现代职业教育体系的建设上已经取得了一定的成果，但目前的职业教育体系仍然不够完善，因此，需要从大职教观的视角全面考量职业教育的外部需求，深入研究职业教育的内部发展规律，多元探索职业教育与普通教育的融合方式，即通过全面探究职业教育的外部适应性、内部延展性和内外互通性的各个要素及其关系，构建更具包容性的现代职业教育体系（陈鹏、庞学光，2015）。具体而言，就是将职业教育思想或内容贯穿至教育的始终，以保持教育与职业的沟通。在纵向上构建职业启蒙教育、职业准备教育以及职业继续教育（职业培训）等一体化的内部结构；在横向上通过课程渗透、院校合作等形式实现不同层次普职教育之间的横向融通（肖龙，2019）。

总体来看，"从人才培养来说，职业教育和普通教育分流的时间是一个难题（当然和社会发展水平、社会经济增长方式和人口状况都有着一定的关系），

分流过早，过早进入专门化阶段，容易造成培养的职业技术人才层次偏低，普通文化知识基础薄弱，进入社会以后，对社会经济条件变动的'调适性'较差；分流过晚了，增强了文化知识基础，但其职业技术方面的能力，特别是实际技能的培养和熟练程度会降低。这一矛盾归结到一个问题上，即不同层次的职业教育应多大比重掌握普通文化知识，这常常是影响职业教育发展的重要条件，也最容易在这个方面发生分歧，文化程度偏低，适应社会变化的能力差，但如果文化知识的比重占大了，职业教育的特点、优势又不容易显示出来"（王炳照，2005）。所以，新中国成立70多年来，职业教育改革始终被这个"钟摆性难题"所困扰。

（五）坚持多元化办学思想，实施"多方协同"的治理方式变革，办有特色、有质量、有吸引力和人民满意的职业教育

就职业技术教育的办学主体而言，是以政府办学为主体还是以民办、私立为主体，也存在着深刻的矛盾（王炳照，2005）。从职业教育改革与发展的主体看，理论上和国际职业教育的成功实践经验业已证明，在政府主导型与市场经济导向型相结合的理念下，行业、企业应是职业教育改革和发展的主体，职业院校则应是主力。这是因为行业、企业既是技能型人才需求的主体，同时也是职业资格与技术型技能人才标准的制定者（政府承担颁布和监督的职能）；而职业院校则是各种类型、各类层次技术型技能人才的供应方和培养机构。职业院校和行业、企业既是一种供求关系，更是一种伙伴制"命运共同体"（马庆发，2014）。

作为走后发外生型现代化道路的国家，在缺乏必要的社会、文化和经济基础的情况下，国家规划、制度强制是中国发展现代教育（包括职业技术教育）的根本动力之一（王炳照，2005）。然而，在中国这样一个幅员辽阔、区域经济和文化发展状况千差万别的国度里，国家规划的划一性又难以适应职业技术教育所具有的多样性、灵活性、变化性特征。于是，具有灵活适应性的地方、民间和私人组织的参与，就为职业技术教育发展所必需（王炳照，2005）。

新中国成立之初，在长期计划经济体制下，职业教育的办学主体呈现单一化特征。改革开放以来，虽然民办、私立教育逐步得到恢复和发展。但是，除少数以大型企业为后盾并为之培养职业技术人才的学校外，多数私立、民办学校是在普通教育上与公立学校比拼。而为数众多的公办职业学校，事实上是变相的普通学校，难以真正体现职业技术教育的特点（王炳照，2005）。要从根本上解决职业教育的办学体制问题，促进职业教育的真正发展，转变政府职

能，寻找多元的投资主体，走民办、私立为主的办学途径，可能是目前的较好选择（王炳照，2005）。

正是基于这些经验总结，《国家职业教育改革实施方案》才在改革的"路线"上设计了职业教育办学改革的三个基本点。一是在职业教育投资主体上，提出"推动企业和社会力量举办高质量职业教育"，要求各级政府积极吸引企业、行业以及第三方组织举办职业教育。二是在职业教育的管理主体上，要求政府逐渐分权放权，转向"放管服"，落实企业、行业与职业教育组织的办学自主权。政府从"办"职业教育转向"管理与服务"职业教育，监控方向，管好两端；职业院校和培训组织管理者落实国家教育方针，管好职业院校和培训机构的人、财、物、事，实现办学的类型化改革；企业、行业积极参与职业教育治理，引领职业教育的发展方向。三是在办学形态上，要求各地方政府巩固现有职业院校规模，全力建设"职业院校＋培训机构＋行业组织＋职教集团"等多样化办学组织实体，以类型化为目标，深化集团化办学、混合所有制办学、学徒制办学、跨区域办学、中外联合办学等办学形式，不断完善全日制学习、继续教育、远程学习等不同办学方式的条件标准，以多样化助推职业教育办学的类型化。《国家职业教育改革实施方案》对职业教育办学的投资主体、管理主体和办学形态三个维度的改革规定，明确了"谁来办学""谁来管理""办成什么样"这三个基本问题（李鹏、石伟平，2020）。

第二章　职业教育体系的历史蜕变

本章涉及职业院校开展的学历教育与职业培训两方面内容。首先，沿着时间长河，结合相应的时代背景，系统梳理我国职教体系发展的历史脉络以及各个阶段呈现出的不同形态特征；其次，围绕纵向衔接与横向沟通两个着力点，对历史发展中出现的重要问题进行主题分析；最后，通过归纳总结职教体系建设过程中积累的基本经验，为现代职业教育体系发展提出相应的对策建议。

一、我国职业教育体系发展的历史脉络

新中国成立至今，职业教育体系经过了 70 多年的千锤百炼，在内外部因素的共同作用下，我国建成了世界上最大规模的职业教育体系。这一过程大体可以划分为四个阶段。

（一）1949 年至 1957 年：职教体系构建的起步改造阶段

新中国成立后，在"一化三改"[①] 这一总路线和总任务的推进下，国家对初、中级技术人员的需求迅速增加，职业教育发展也随之进入快车道。为适应新中国社会主义工业化建设的需要，我国借鉴苏联的经验，在改革原有教育制度的基础上，改高级职业学校为中等技术学校，将发展重点聚焦于中等技术教育和技工教育。在中等技术教育方面，1951 年召开的第一次全国中等技术教育会议便提出要着力发展中等技术学校，倡导以理论与实践相结合的方法培养大批合格的初、中级技术人才；1952 年，各级人民政府被要求对中等技术教育进行有计划有步骤的整顿与发展，并在办学形式、教学内容、领导管理、招生对象、教材编审、经费投入、毕业分配、私立补助等方面进行了相应规定。在技工教育方面，为了加强对技工学校的管理，劳动部于 1956 年颁布试行

[①] "一化"就是逐步实现国家的社会主义工业化；"三改"即逐步实现国家对农业、手工业、资本主义工商业的社会主义改造。

《技工学校标准章程（草案）》和《技工学校编制标准定额暂行规定（草案）》，1961年又针对技工学校通则、学生作息以及人员编制出台了相应文件。总之，在新中国成立后的近十年时间里我国职业教育有了突破性的进展。到1957年，中专（含中师）和技校的在校学生达到84.48万人，普通高中在校学生90.40万人，其比例分别为48.3%和51.7%（谈松华，1996）。

此外，为响应"学校必须为工农开门"的重要精神，工农速成中学在各地相继举办。自1950年北京实验工农速成中学创办到1955年停止招生，工农速成中学历年招生人数持续增长（如图2-1所示），在一定范围内取得了显著成绩。

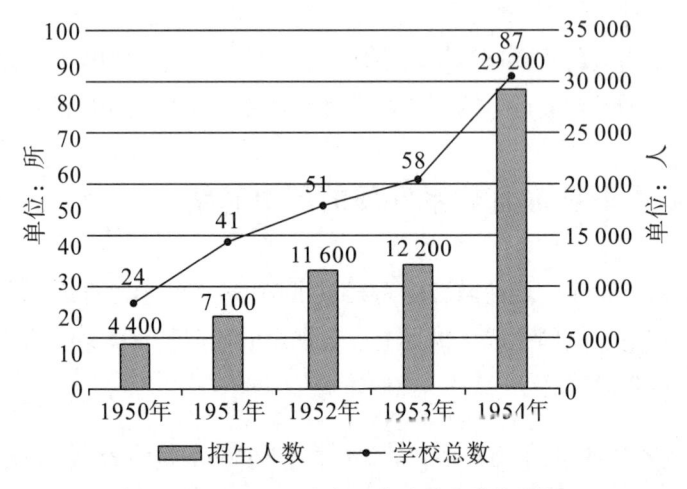

图2-1 1950—1954年工农速成中学发展概况

数据来源：张健. 中国教育年鉴（1949—1981）[M]. 北京：中国大百科全书出版社，1984：207-210.

（二）1958年至1977年：职教体系构建的继续探索阶段

为了更快地普及教育和推进生产，解决人们因缺乏职业训练而无法立即参加工农业生产等问题，中共中央、国务院于1958年发布了《关于教育工作的指示》，确定了教育与生产劳动相结合这一工作方针，并要求各地除了开办全日制的学校，还要积极开办半工半读学校以及各种形式的业余学校。是年5月，刘少奇在中共中央政治局扩大会议上提出要同时实行"全日制"和"半工半读"这两种学校教育制度或劳动制度。当时，这种"半工半读"式的新型学校被视为结合体力劳动和脑力劳动的重要载体，在推动教育与生产劳动相结合方面起到了重要作用。自此，全国形成了农业中学、职业中学、半工（农）半读学校、中等技术学校、技工学校等各种办学形式并存的局面（欧阳河，2010）。

令人遗憾的是，这种良好的发展局面在"文化大革命"的影响下未能持续。大量师生员工被下放农村，中等专业学校、技工学校所剩无几，中等教育结构逐渐单一化，与国民经济的发展严重脱节。1976年，各种职业学校在校生只占高中阶段在校生的1.16%（白汉刚、苏敏，2012），职业教育体系建设受到严重破坏。

（三）1978年至2000年：职教体系构建的全面恢复阶段

1. 20世纪80年代中等职业教育的蓬勃发展

在改革开放的推动下，职业教育走上了复兴之路。1978年，邓小平在全国教育工作会议上做出扩大农业中学、中等专业学校、技工学校比例的指示。新一轮的职业教育体系建设在"一个中心，两个基本点"这一党的基本路线指导下，积极借鉴别国经验，谋求自身发展出路。

当时，普通高中毕业生除极少数升入大学外，大多数都需要直接进入劳动力市场。然而因受之前"文化大革命"的影响，中专与技校比例被极度压缩，毕业生没有掌握相应专业知识和技能，出现了人才断层、教育与国民经济发展严重脱节的现象（曹晔，2012）。在这一背景下，为解决社会需求和人才培养之间的巨大矛盾，我国开始在全国范围内调整、整顿、新建技工学校，并通过发布《关于中等教育结构改革的报告》，要求改革中等教育结构，发展各门各类的中等职业学校。1983年，教育部等四部门联合颁发《关于改革城市中等教育结构、发展职业技术教育的意见》，首次提出职业技术学校与普通高中在校生比例"大体相当"的目标任务。不过在改革开放初期，职业教育尚未形成"体系"概念，仅停留于在中等教育结构层面上构筑职教网络（聂伟，2019）。

紧接着，1985年召开的全国教育工作会议通过了《中共中央关于教育体制改革的决定》，提出要大力发展职业技术教育，扭转中等教育结构不合理的状况，促进高中阶段普职招生人数持平，"逐步建立起一个从初级到高级……的职业技术教育体系"。这是中央文件第一次提出"体系"这一概念。1986年，国家教委又围绕中等专业学校的招生、教学、教材、教师、毕业生、经费等微观层面，颁布职业教育政策多达20项（孙翠香，2018）。到了20世纪80年代末，我国已初步形成了以中等职业教育为主体的职业教育体系。

除了学历教育，职业培训也是职业院校的重要职责之一。为了提高企业职工的科学文化水平，1981年中共中央、国务院发布了《关于加强职工教育工作的决定》。文件明确指出，除依靠工矿企业和地区性职工学校外，普通高等院校和中等专业学校都应当承担一定的在职培训任务。1989年，劳动部在《关于技工学校深化改革的意见》中也表示，技工学校在培养中级技术工人的同时，可根据社会发展需要承担待业青年、学徒工、企业富余人员、在职工人等社会群体的培训任务。由此，技工学校的培训职责进一步得到确认和凸显。

2. 20世纪90年代专科层次高职教育的异军突起

20世纪90年代，在中等教育结构改革问题得到初步解决后，如何提升职业教育办学和人才培养质量以及如何打破职业教育的单一层次成为职业教育发展需要应对的新挑战。1980年，国家教委批准建立首批13所职业大学，标志着我国专科层次高等职业教育正式起步。1991年颁布的《国务院关于大力发展职业技术教育的决定》指出要积极推进现有职业大学的改革，努力办好一批高等职业学校。1993年，为了解决我国高等教育结构失衡问题，国务院又印发了《中国教育改革和发展纲要》，明确提出要充分利用现有资源，通过对现有高等学校改革、改组、改制，即所谓的"三改一补"① 来积极发展高等职业教育。1998年，在"三改一补"的基础上，新组建的教育部提出了"三多一改"② 这一高等职业教育的发展方针。之后，高等职业教育发展势头持续增强，逐渐成为后来高等教育大众化的中流砥柱。

为落实"科教兴国"战略，1999年，教育部、国家计委联合印发《试行按新的管理模式和运行机制举办高等职业技术教育的实施意见》，要求积极探索以多种形式、多种途径和多种机制发展高等职业教育。同年国务院批转《面向21世纪教育振兴行动计划》要求招生计划的增量主要用于地方发展高等职业教育，以使更多高中毕业生享有接受高等教育的机会。自此，大批以"职业技术学院"命名的高等职业院校应运而生，我国高职教育进入了快速发展阶段，职业教育体系也从以中等职业教育为主体的发展阶段，进入中、高等职业教育并驾齐驱的新的历史时期（曹晔，2012）。

职业培训在这一时期也得到相应发展。20世纪90年代《劳动部关于加强

---

① 所谓"三改一补"，即通过对职业大学、部分独立设置的成人高校和高等专科学校等现有高等学校进行改革、改组、改制，按社会需要调整专业设置和培养目标，开展高等职业教育。若通过对现有高校的改革、改组、改制仍不能满足当地对高等职业人才的需要，可以经过评估审定，把个别重点中等专业学校进行改制，开展高等职业教育。

② 所谓"三多一改"，即多渠道、多规格、多模式发展高职，重点是教学改革，真正办出高职特色。这一举措强调办学形式多样化、人才培养模式多样化、高等职业教育办学主体多样化，希望通过改革来提高人才培养质量。

工人培训工作的决定》《劳动部关于深化技工学校教育改革的决定》以及《企业职工培训规定》等一系列文件的陆续出台有力推动了我国职业培训的发展进程。2000年，劳动部会同社会保障部发布《关于加快技工学校改革工作的通知》，要求按照职业培训社会化、市场化的方向，加快技工学校等职业培训机构调整与改革工作，使之成为终身学习体系的重要组成部分。这一发展目标为促进我国职业培训由"指令化"向"市场化"的转变指明了方向（王书柏、胡祎，2020）。

（四）2001年至今：职教体系构建的重点攻关阶段

在走向21世纪的历史转折时期，为应对改革与发展新任务，我国开始探索构建适合中国国情的现代职业教育体系。

1. "现代职业教育体系"概念的提出

2002年，第四次全国职业教育工作会议通过了《国务院关于大力推进职业教育改革与发展的决定》，明确指出要以中等职业教育为重点，保持高中阶段普职教育的大体相当，并继续扩大高等职业教育的规模，从而建立起适应我国社会主义市场经济体制的现代职业教育体系。"现代职业教育体系"概念由此提出（马树超，2004），并在2005年印发的《国务院关于大力发展职业教育的决定》中再次得到体现。从2006年开始，我国高等职业教育开始从单纯的规模扩张转向内涵式发展。教育部也就是在这一年决定重点支持建设100所国家示范性高等职业院校。

在职业培训方面，针对大量农民工离农进城但缺乏职业技能的问题，中等职业学校自2001年开始，遵循学历教育与非学历教育并举的原则，重点面向农村进城务工人员开展职业技能教育和基础文化教育。2002年印发的《加强职业培训提高就业能力计划》以及于2005年印发的《关于进一步做好职业培训工作的意见》，对企业行业和技工学校开展职业培训的责任和义务进行了指导和规范。2008年前后，受金融危机影响，为解决好返乡农民工就业安置问题，教育部积极采取举措，动员和组织中等职业学校面向返乡农民工开展职业教育培训，帮助他们实现就业、再就业和创业。2009年，人力资源和社会保障部、财政部也响应国家号召，对职业院校、职业培训机构的培训针对性、培训机构认定、资金使用管理、培训过程监督、培训保障举措做了安排，进一步规范了农村劳动者转移就业技能培训工作。

到2010年，我国总体上已形成了世界上最大规模的职业教育体系。不过，随着城镇化、工业化和信息化不断深入推进，更多深层次问题也在不断涌现，比如职业教育吸引力问题、产教融合机制问题以及职业教育人才培养问题。在这一背景下，国家密集出台了一系列推动职业教育深层改革的政策。继"十一五"期间推出高等职业院校示范校建设计划之后，教育部又于2010年启动了中等职业教育改革发展示范学校建设计划，从整体上提升职业院校人才培养和办学质量。人力资源和社会保障部也在这一年发布了《关于大力推进技工院校改革发展的意见》，提出要建设一套完整的技工教育培训网络。

2011年，根据《中华人民共和国国民经济和社会发展第十二个五年规划纲要》，未来五年我国将围绕加快转变经济发展方式这条主线，促进经济结构、产业结构和城乡区域结构的调整。国家建设现代产业体系，离不开强有力的人才支撑，职业教育作为技术技能型人才的培养基地，在实现"十二五"发展目标中肩负着重大使命。基于此，建立健全现代职业教育体系作为教育部承担的支撑国家"十二五"规划纲要的专项规划之一，被放在了至关重要的位置。

2. 现代职业教育体系轮廓逐步清晰

党的十八大以来，在新一轮科技革命和产业革命的冲击下，我国继续对职业教育进行了大刀阔斧的改革。2014年国务院印发《关于加快发展现代职业教育的决定》，提出要巩固提高中等职业教育、创新发展高等职业教育、引导普通本科高等学校转型发展、完善职业教育人才多样化成长渠道以及积极发展多种形式的继续教育。

2019年年初，国务院印发了对职业教育发展来说具有历史性意义的《国家职业教育改革实施方案》，号召利用五至十年的时间完成职业教育向多元办学、提质培优、特色鲜明的三大转变，并提出将启动实施中国特色高水平高等职业学校和专业建设计划，即"双高计划"，以强化内涵建设，实现高质量发展。2020年《职业教育提质培优行动计划（2020—2023年）》得以出台，将落实立德树人根本任务、深化产教融合与校企合作、健全考试招生制度、实施"三教"改革、促进职业教育信息化等作为重要任务，进一步凸显了我国深化职业教育改革的坚强决心。

改革开放以来，在国家政策的引导与社会经济发展的推动下，我国已基本建成初、中、高等职业教育相衔接，学历教育和职业培训并举的具有中国特色的职业教育体系框架。纵观我国职业教育体系的发展历程可以发现，构建职业教育体系远不是仅凭主观意愿来设计一个具有乌托邦色彩的框架体系，而是基于具体国情和现实需要，在各个重要关节上寻求突破，以期剥离出一个具有中国特色的现代职业教育体系。

二、我国职业教育体系纵向改革举措

教育层次划分的依据不在于劳心与劳力、理论与实践之间的区别，而在于任务复杂程度的高低。区分初等、中等、高等职业教育的标志不在于理论知识的多少，高等职业教育的"高"体现在工作过程的复杂程度以及工作过程的深度广度上（姜大源，2008）。

（一）中高职彼此衔接的问题

任何机体想要健康运转，必须有通畅的循环系统，职业教育也不例外。经过几十年的努力，我国已经建立起包含初、中、高三级的完整职业教育体系。但就目前情况而言，中高职衔接只是解决了形式上的衔接，实质上还存在很多漏洞，突出体现在对高等职业教育入学资格缺乏统一的要求上。高等职业教育的课程教学都是针对普通高中毕业生设计的，较少考虑中职毕业生的情况，导致中高职的课程脱节、内容重复且层次不清（徐涵，2006）。职业教育尚未被看作一个整体，高等职业教育缺乏自主性，定位不清，在职业教育与普通教育之间摇摆不定。

为满足中职毕业生的升学意愿和社会对高技能人才的急迫需求，1991 年 1 月，国家教委在《关于高考改革有关问题的通知》中指出，中专、技校、职业高中的毕业生，工作满两年者可直接参加高考；同年 4 月又印发相关通知，为应届职业高中毕业生有机会不经会考而直接参加高考创造有利条件。但当时的开放力度极为有限，所推荐的学生人数被要求控制在当年毕业生总数的 5% 以内。接着，国家教委又颁布通知，决定从 1997 年开始以"三校"（普通中等专业学校、职业高中、技工学校）毕业生为招生对象，在指定地区开展试点工作。不过，总体而言，高职招收的中职毕业生数量仍然比较少。之后，国家又采取了一系列举措来增大高职招收中职毕业生的比例，在 2000 年普通高等学校招生工作中，适当放宽了招生及入学的年龄限制，中职毕业生一毕业即可参加高考。之后颁布的《国务院关于大力推进职业教育改革与发展的决定》更是指出要提升中职毕业生进入高等学校尤其是进入高等职业学校继续学习的比例。

进入 21 世纪之后，对职业教育的招生考试改革也从未中断。值得一提的即是 2013 年教育部出台的《关于积极推进高等职业教育考试招生制度改革的指导意见》，为普通高中毕业生、中职毕业生、初中毕业生、技能拔尖人才四类招生对象设计了多种考试招生方式。此后，我国便开始强调要健全"文化素质＋职业技能"、单独招生、综合评价招生和技能拔尖人才免试等考试招生办法，呼吁摆脱普通高考制度框架，建立"职教高考"制度。这一系列举措的提出与落实进一步扩大了高职生源渠道，为学生提供了更多选择和升学机会，为实现中高职有机衔接创造了更为有利的条件。

（二）本科层次职业教育发展的问题

科学技术的迅猛发展使得技术工作的理论深度和技术含量不断提高，这必然促使技术技能型人才学历层次的进一步提升。自新中国成立以来，从调整中等教育结构，到发展专科高等职业教育，再到探索本科层次职业教育，这一过程与我国经济社会的发展、产业结构的变化以及技术的进步是同步的。

20世纪末随着高等教育大众化的推进，高等教育资源不足引发了一场"升格热"。1999年1月，国务院批转了教育部起草的《面向21世纪教育振兴行动计划》，其中提出"允许职业技术院校的毕业生经过考试接受高一级学历教育"，为部分优秀高职高专（大学专科）毕业生打开了进入普通本科阶段学习的通道。不过"专升本"的实施也衍生出一系列问题。一方面，高职教育重在培养技术技能型人才，其定位取向、培养目标以及教学方法均不同于普通教育。"专升本"升的是学科教育体系，而非更高一级的职业教育体系，它充当了"普通高考指挥棒"的角色，使学生过于注重升本考试，把主要精力投入应试准备，而忽视了自己的专业学习。另一方面，专升本意味着许多学生将与职业教育体系脱钩，加剧我国高技能人才的供需失调，这明显不符合我国所确立的职业教育"以就业为导向，以服务为宗旨"的办学方针（李论、陈遇春、刘彬让，2007）。

要从根本上解决"专升本"带来的问题，职业教育就必须在自身体系框架内建立属于自己的本科教育。很多地方在打破职业教育专科层次办学天花板方面都做出过积极探索。比如2001年，深圳职业技术学院与广东技术师范学院联合举办四年制高等职业教育；2010年，河北省组织4所高等职业院校与3所本科院校合作举办本科工程教育试点班；2011年，辽宁省教育厅组织7所院校10个专业试行四年制本科高等职业教育专业人才培养，齐力推进高等职业教育的层次上移。

到了2014年，不管是《国务院关于加快发展现代职业教育的决定》还是《现代职业教育体系建设规划（2014—2020年）》，都明确提出要探索发展本科层次职业教育，系统构建从中职、专科、本科到专业学位研究生的培养体系。

2019年，教育部同意15所"职业学院"更名为"职业大学"，升级为本科职业院校，其职业教育属性更加明确、指向更加清晰。截至2021年2月，由高职院校主导或参与建设的本科层次职业学校已达27所。

三、我国职业教育体系横向改革举措

职业教育体系的横向改革主要涉及两个着眼点：一是普通教育与职业教育两种教育类型的相互融通，一是职业学校教育与职业培训"两条腿"的并行兼顾。

（一）普职之间的融通问题

在我国，普通高中教育与中等职业教育是高中阶段两种不同的教育类型，普通高等教育与高等职业教育是大学阶段两种不同的教育类型。与普通教育相比，职业教育明显处于弱势地位，再加上职业教育与普通教育之间缺乏灵活顺畅的接口，造成了教育格局中"冷热不均"的现象。具体表现在三点：首先，普通教育对职业教育的影响是过于强势的。职业教育不管在办学模式、课程教学还是学校治理方面，都深深地打下了普通教育的烙印。其次，职业教育向普通教育的渗透是非常有限的。我国的普通教育基本上是选拔性教育，目的在于为上一级学校输送合格学生，这就决定了其课程教学强调学科本位，常常与职业实践相脱离，学生对社会的产业结构、技术发展以及职业变迁缺乏基本的了解。最后，职业教育与普通教育之间缺乏双向互动。尽管我国有关文件规定，中职毕业生可以报考普通高等院校，但受教学内容、高考制度的影响，这些毕业生基本上没有机会再升入普通高校（徐涵，2006）。盲目追求高学历的风气使得技术人才缺口变得越来越大，加重了"理论教育过度"的状况。总之，由于没有形成尊重技术技能的社会环境和文化生态，职业教育的发展时常遭遇外界乃至教育系统内部的阻力。

我国也试图采取举措来扭转这一困局。比如综合高中在我国的发展。综合高中是来自美国的"舶来品"，是一种将学校之间双轨分流改为学校内部课程分流的学校机构，确保个人教育选择权、避免强制分流是办学宗旨。它被认为可以在缓解应试教育带来的恶性竞争、满足学生多样化的个性需求、推动社会民主化的发展进程等方面发挥重要作用。但是，综合高中一方面试图融普通教育和职业教育于一体，另一方面又没有完全否定分流的合理性，试图将两种相冲突的因素调和在一起让综合高中从一开始就处于矛盾之中。我们很难简单地判定综合高中的建立到底是基于普职分离还是普职融合，因为它虽形式上基于普职融合，实质上却基于普职分离。有学者对综合高中的核心理念提出了质疑，认为综合高中将相互矛盾的教育目标纳入自身，以期实现教育机会的均等。虽然从理想状态来说，综合高中可以促进这一目标的实现，但同时它又通过使学生接受不同的课程和文凭而对学生实施了分层，演变成了导致和加剧不平等的工具，这就在根本上有违综合高中的综合性这一理念（王喜娟，2009）。还有学者告诫大家要警惕综合高中的"异化"问题，批评那种把综合高中看作职业教育与普通教育机械叠加的做法（徐国庆，2001）。总而言之，理念的提出不等于理念的落实，普职之间仍然没有真正形成两翼互动的局面。

（二）学校教育与培训的并行问题

学历教育和职业培训是职业院校的法定职责。培训是职业教育的应有之义，是深化产教融合的重要手段，也是反哺教学的有效途径（聂伟，2020）。长期以来，我国职业教育一直"以学历教育为主、以职业培训为辅"，学历教育与职业培训"一条腿长一条腿短"以及"两张皮"的现象普遍存在。职业培训一直是职业教育发展的薄弱环节，存在培训课程资源不足、培训内容针对性和适用性不够、教师实践教学能力不强、学校主动性不高等诸多问题。为了弥补职业培训这一短板，国家在近两年出台了一系列重要文件，进一步强调了职业教育的"培训"属性，支持职业学校承担更多培训任务。

2019年年初，先是人力资源和社会保障部印发《新生代农民工职业技能提升计划（2019—2022年）》，提出2020年末实现新生代农民工培训"普遍、普及、普惠"的目标；后是国务院出台《国家职业教育改革实施方案》（又称"职教二十条"），提出要落实职业院校实施学历教育与培训并举的法定职责。2019年3月的政府工作报告明确了"高职院校扩招100万人"的工作任务，鼓励更多应届高中毕业生、退役军人、下岗职工、农民工等报考。这意味着高职院校的生源不再局限于普通高中或中职院校毕业生，更多非传统生源也被纳入"生源池"。紧接着，为贯彻落实《国家职业教育改革实施方案》要求，教育部办公厅等十四部门于2019年研究制订了《职业院校全面开展职业培训促进就业创业行动计划》，在行动目标、行动举措以及行动要求等方面为职业院校全面开展职业培训提供了行动指南。

要落实职业院校学历教育和培训并举并重的法定职责，很重要的一个方面就是促进书证融通。自1993年党的十四届三中全会首次提出"实行学历文凭和职业资格两种证书制度"以来，国家政策文件多次提到要对两种证书予以并重，推动两种证书内容、标准的衔接、沟通和互认。2019年4月，"学历证书+若干职业技能等级证书"（1+X）制度试点正式启动，鼓励学生在获得学历证书的同时，积极取得多类职业技能等级证书。

四、我国职业教育体系改革的基本经验及未来展望

研究现代职业教育体系，目的就在于确定职业教育体系的层次构成，理顺职业教育各层次之间的关系及其同其他教育类型的关系，从而使职业教育体系的整体职能得以充分发挥。70多年来，职业教育培养了大批面向生产、建设、服务和管理第一线的技术技能型人才，为"中国制造"提供了强大的人力资源基础。但不容忽视的是，职业教育的发展还受到诸多问题困扰，仍然不能很好地满足我国经济社会发展的需要和人民群众的多样化教育需求。以下将围绕纵向衔接、横向沟通以及终身教育三个方面，对职业教育体系未来发展提出可能性的推进方向。

（一）构建职业教育纵向连贯的"直通车"

"职教二十条"对职业教育的类型定位，意味着职业教育完全有资格同其他教育类型一样，构建自身独立的、多层次的结构体系。针对职业教育体系内部层次缺失且衔接不紧的问题，各级政府和各级各类学校应该按照体系贯通的原则，打通层次的壁垒，探索一条符合职业教育规律的"中职—高职—本科—本科以上"的通道。

1. 弥合中高职教育之间的裂缝

中高职衔接不是两种不同教育类型之间的嫁接，而是同一职业教育过程中两个阶段的接续。高等职业教育的发展必须以中等职业教育的发展为前提（易元祥、沈红，2005）。

第一，对中职学生升入高职加大政策倾斜。我们要放开政策，适度扩大中职毕业生对口升入高职院校学习、应届初中毕业生升入五年制高职的比例，增加中高职贯通培养的招生规模。第二，要把中职与高职视为连续的统一体，做好顶层设计和统筹安排，整体设计人才培养方案，加强两者在培养目标、专业设置、课程体系以及教学内容等方面的衔接，探索基于学分互认的中高职协调发展模式，避免内容重复，减少衔接损耗，提高办学质量和效益。第三，改革高职教育的招生考试制度和招生办法，改革现行高考制度，改变过于强调学科理论的要求，针对不同对象群体制定多样化的高考制度，突出实践能力，建设

具有中国特色的"职教高考"制度。

2. 合理疏导"专升本"

对于"专升本"引发的问题，我们要做的不是简单粗暴地强压制止，而应该结合其积极因素去合理疏导，对症下药。第一，摆正动机。"专升本"之所以在我国兴起，最初的原因不在于对职业教育质量的卓越追求，而是由于社会中仍然存在以学历高低判定社会地位的传统观念，用人单位更为青睐高学历毕业生，再加上职业教育本身质量较低，才引发了"专升本"的热潮。事实上，不管是对社会需求还是对个人发展而言，推进"专升本"、促进职教学历层次高移本身是一件值得鼓励的做法，但其应该把重点放在促进职业教育自身的层次发展上，而不应以放弃职业教育为代价，硬性挤入普通教育的轨道。因为盲目的"专升本"会进一步模糊职业教育的特色，造成理论性人才过剩、结构性失业以及高职教育的"异化"等问题。第二，通常意义上"专升本"中的"本"指的是普通教育的"本"，而不是职业教育的"本"，这是因为我国绝大部分高等职业教育仅限于专科层次，很少有本科以上层次的职业教育，高职学生若想要升学，只能升入普通教育体系，而非职业教育体系，这必然会导致人才培养目标与人才培养过程不匹配。解决这一矛盾的根本办法是纵向延伸职业教育的层次，建立本科及本科以上层次的职业教育体系，这样既可避免立交桥的"拥堵"现象，又可避免因顾及"专升本"而削弱职业技术实训的问题（潘懋元，2005）。第三，供应配套的"硬件"与"软件"。职业教育学历层次的高移是一个长期的过程，如果仅仅是为了换个头衔、升个等级，那么职业教育的发展仍是不可持续的。因此，我们应该抱有长远眼光，统筹兼顾，不管是配套的实训设备、课程教材，还是师资队伍和管理机制，对于支撑更高层次职业教育的培养任务都是不可或缺的。

3. 理顺高等职业教育层次结构

随着我国经济发展、产业升级和技术进步，高技术技能人才短缺问题已成为制约我国经济发展的瓶颈。基于类型教育定位，职业教育不应是单一的低层次教育，而应是具有与普通教育同等地位的多层次、复合型教育。

除了进一步强化中等职业教育的基础性作用和继续巩固专科层次的高等职业教育，我们还需继续延长职业教育年限，提升职业教育层次，优化职业教育结构。其一，适度发展本科层次的职业教育。具体策略有两种：一是遴选部分办学条件优越且人才培养质量较高的高等职业院校升级为应用型本科院校；二是对部分现有的技术应用特点较为突出的本科院校进行改造，将其定位于培养高级技术型人才的本科层次职业教育（苏敏，2010）。其二，探索研究生层次高职教育的实现途径。专业学位研究生教育侧重于培养学生从事某一特定职业的综合职业能力，有理由归入高职教育的系列和范畴（刘春生、张宇，2004）。职业教育层次的高移不仅会为职业教育类型体系的建构和层次结构的衔接提供可靠的制度保障，而且对于增强职业教育吸引力也具有重要而深远的意义。

（二）架设职业教育横向互动的"立交桥"

划分教育类型并不意味着各教育类型是截然分立的，如若普通教育和职业教育各自为政，缺乏相互沟通，可供人们选择的自由发展空间也将受到限制。

针对目前普职沟通的单向性和有限性，今后应该着力加强职业教育向普通教育的输入，在各教育阶段实现两者的有机整合，促成普职相辅相成、两翼互动的局面。第一，在基础教育阶段加强职业基础教育。通过职业基础教育增强学生对工作世界的初步的认识和了解，激发他们对自身职业生涯规划的思考。具体做法是把具有职业技术倾向的课程纳入中小学课程计划，开设职业技术教育方面的选修课。第二，中等职业学校与普通高中的学分互通机制。中等职业学校在坚守职业教育特色的同时，应该向学生提供文化课，提升其文化素养；普通高中则增设职业技术类的选修课程，兼顾升学和就业双重职能。第三，设立高中后教育机构。构建开放的职业教育体系，还需要与其他教育类别建立接口，使职业教育毕业生可以顺畅地选择其他教育类型进行继续教育。高中后教育包括为进入更高一级教育而进行的补习教育和为进入劳动力市场就业做准备而提供的职业培训。其中补习教育又分为两种：一种是中等职业学校毕业生通过补习文化课程，获得接受普通高等教育的基础学历；另一种是普通高中学校毕业生通过补习职业技术方面的课程，获得中级水准的职业知识和技能（徐涵，2006）。高中后教育机构承担的是一种教育转换功能，有利于实现普职互通的良性循环。不过需要警惕的是，沟通不等于合一。我们在强调普职融通的同时，也不能忽视职业教育与普通教育各自的个性，应该在保持其独立性的同时推动两者的互联互通。

（三）提供职业教育终身年限的"充电宝"

当前，技能更新和岗位转换的频率越来越高，这就要求职业教育系统具有更大的灵活性和适应性，提升自身，服务全民终身学习。职业教育不应是针对特定岗位的短期教育，而应是建立在促进人的可持续发展这一基础上的。为此，未来应该打破工作与学习的界限，建构一个可持续发展的终身职业教育体系。

1. 学历教育与职业培训并举

现代工作世界的变化日新月异，人们想要紧跟这一发展，就必须不断学习，不断更新自己的知识。新时期人口老龄化、产业结构优化升级以及经济增速放缓等经济社会转型出现的新特征，都要求学历教育与职业培训两者之间协同发展、优势互补，形成合力。此外，全纳性也是当今教育必须秉承的基本原则，面向各类社会群体开展多种形式的继续教育是教育的重要内容，职业教育也同样如此。然而，囿于职业教育和职业培训的基础薄弱以及行政管理条块分割等问题，教育与培训这两项职责到目前为止仍没能实现双翼互动，甚至在相互拉扯，互损力量。

在现实背景下，非学历教育不再是学历教育的补充，而是适应职业教育生源多样、需求多元、技术革新等变化的必要举措。因此，现代职业教育体系的构建应以终身教育思想为依据，从原来的以学历教育为主转变为学历教育与短期培训并重，形成一个职前教育与职后培训、学历教育与非学历教育相互贯通的完整链条。

2. 学历证书与职业资格证书并重

随着终身教育的发展和学习型社会的建立，边工作边学习职业技能的人会越来越多。未来现代职业教育体系的构建必须实行学历证书和职业资格证书并重的方针：其一要发挥学历证书作用，夯实学生可持续发展基础；其二要引导学生取得职业技能等级证书，拓展其就业创业本领（谢俐，2020）；其三应该建立职业教育学历和职业资格之间完善的对应转换渠道；其四还需加强教育管理部门与劳动部门的协作，通过组建双证互换专家委员会，共同开发专业教学标准，促进职业教育与职业资格鉴定的内容衔接（苏敏，2010）。

当前，以指数级增长、数字化进步和组合式创新为特征的尖端技术正在360度无死角地变革着我们的社会，对人类的思想观念、生产形态、生活方式等都产生了广泛而深刻的影响。"工业4.0"概念的提出，预示着人类在经历了蒸汽机的应用、规模化生产以及电子信息技术三次工业革命后，将迎来以信息物理融合系统（Cyber-Physical System，简称CPS）为基础的第四次工业革命时代。国务院也于2015年印发了《中国制造2025》，意在以制造业为基础，促使信息网和物理世界相结合，通过为制造业安装"互联网"这台"发动机"来实现数字化、智能制造等制造产业的升级转型。如果说在过去，生产由大量的操作人员和自动化设备完成，设备保障由工程师和技术员完成的话，那么现在，生产主要由智能化设备和机器人完成，操作人员会大幅度减少，技术员显著增加，工程师结构也将发生变化。未来需要的是具备智能制造素质的工程师和技术员，重复、体力、独立的岗位将会被创新、脑力、协作的岗位所替代。职业教育旨在为青年人走入"工作世界"奠定基础，在个体及其工作世界之间架起一座桥梁。在经济飞速发展的当下，未来我们应做好顶层设计，致力建立一个横纵交错且错落有序、以就业为导向且令学习者终身受益的现代职业教育体系。

第三章　我国职业教育管理体系和机制

职业教育管理体制是国家管理职业教育的基本模式，属于职业教育体制的一部分。在职业教育管理体制中，要重点解决中央政府、地方政府在职业教育管理中各自的职责与权限。一个科学、合理的职业教育管理体制，有利于中央政府、地方政府、企业以及职业院校各自的责任划分，有利于更好地制定职业教育办学体制、招生体制以及学校内部管理制度等，有利于职业教育事业更好地发展。

一、我国职业教育管理体系和机制的继承和发展

中华人民共和国成立 70 多年来，我国职业教育管理体系经历了三个发展时期。在各个时期，中央政府和各级地方政府从不同层面对职业教育管理体系进行了积极探索和尝试。回顾 70 多年来职业教育管理体系的历史演进，对于把握未来职业教育发展的方向有重要意义。

（一）以中央政府统一管理为主的职业教育管理体制（1949—1985 年）

中华人民共和国成立后，我国教育权主要集中在中央，因而以中央政府统一管理为主的职业教育管理体制应运而生。职业教育管理的权限主要集中在中央政府，地方各级政府对职业教育实施分级管理，其他有关部门参与协调职业教育。

①1949 年中华人民共和国成立后，我国职业教育按照"谁用干部，谁办学校"的原则，中央各业务部门直接办学和管理（中共中央文献研究室，2011）。

②中央和地方政府教育部门及相关部门对中等技术教育实行分级管理。

③中等专业学校和技术学校由省、自治区、直辖市管理，中等专业学校和

技术学校下放给工厂、矿山、企业和农场管理。①

④地方办的中等专业学校、技工学校在地方党委的领导下，由地方有关业务部门全面负责学校的工作事宜；中央各部门及其直属企事业单位办的中等专业学校、技工学校，实行与其有关企事业相适应的管理体制。

⑤教育部门主要负责中等专业学校和由普通中学改建的职业学校，劳动部门辅助；劳动部门负责技工学校（包括由普通中学改建的）和各种职业训练班，教育部门辅助；教育部门和劳动部门密切协同工会、共青团、妇联以及其他有关部门。②

⑥职业高中不只是教育部门的责任，更是在党委统一领导下，各省、自治区、直辖市、县的相关职能部门统管职业技术教育，领导管理体制暂时未改变。③

⑦在统一领导下，各级政府有明确的责任分工，教育部门与劳动部门一起制订职业技术教育发展计划。④

（二）以地方政府为主的职业教育管理体制（1986—1999年）

党的十一届三中全会以后，我国职业教育管理体制发生了历史性变化。国家机构放宽了对职业教育的管理，以充分发挥地方政府在管理和发展职业教育方面的作用。在这一阶段，职业教育管理体制主要以地方政府统筹协调为核心，赋予各省、市、县级政府以职业教育自主管理权，采取一系列措施让地方政府充分参与职业教育管理，使职业教育服务于地方经济发展，形成了以中央统一领导下地方政府统筹协调、分级管理为基本形式的职业教育管理体制（宋楠，2004）。

①地方主要负责中等职业技术教育，中央各部门办的这类学校，地方也要予以协调和配合。⑤

②在国务院的指导下，国家教育委员会宏观管理全国职业教育事业。劳动

---

① 中共中央、国务院. 中共中央、国务院关于教育工作的指示［EB/OL］.（1958－09－19）［2021－01－04］. http://www.china.com.cn/guoqing/2012－09/10/content_26746856.htm.
② 中共中央. 中共中央关于转发全国劳动就业会议文件的通知［EB/OL］.（1980－08－17）［2021－01－04］. https://code.fabao365.com/law_92937_3.html.
③ 国务院. 国务院批转教育部、国家劳动局关于中等教育结构改革的报告［EB/OL］.（1980－10－07）［2021－01－04］. http://www.110.com/fagui/law_2228.html.
④ 教育部、劳动人事部、财政部、国家计委. 关于改革城市中等教育结构、发展职业技术教育的意见［EB/OL］.（1983－05－09）［2021－01－04］. http://www.110.com/fagui/law_98669.html.
⑤ 教育部. 中共中央关于教育体制改革的决定［EB/OL］.（1998－05－27）［2021－01－04］. http://old.moe.gov.cn/publicfiles/business/htmlfiles/moe/moe_177/200407/2482.html.

人事部门负责对技工学校、就业培训中心和学徒培训工作进行管理。地方政府统筹职业技术教育的规划、计划、布局、学校设置等。①

③发展职业技术教育是地方的主要责任，关键在市和县。地方政府致力于职业技术教育方面的整合和发展。按照这一思路，我国逐步建立起了"在国家统一领导下，地方负责、分级管理、政府统筹、以市为主"的职业教育管理体制。②

④对93所普通高等学校、72所成人高等学校、46所中等专业学校和技工学校的管理体制进行调整。将46所中等专业学校和技工学校划转地方管理。③

⑤国务院教育行政部门负责职业教育工作的宏观管理，国务院教育行政部门、劳动行政部门和其他有关部门分别负责有关的职业教育工作。充分发挥县级以上地方各级人民政府对本行政区域内职业教育工作的领导和督导评估作用。④

⑥要形成中央和省级人民政府两级管理、以省级人民政府管理为主的新体制。省级人民政府享有发展高等职业教育的权力，依法管理职业技术学院（或职业学院）和高等专科学校。⑤

（三）国家领导下的多元参与管理体制（2000年至今）

进入21世纪，职业教育管理体制的一些问题开始显现，为了更好地解决所面临的问题，政府、学校、社会在国家的领导下明确各自的管理权限并形成管理合力。职业教育管理体制开始向国务院领导下的多元参与管理模式过渡。此阶段我国职业教育管理体制是一种中央和地方分级管理的体制，其主要特点是加快政府职能的转变，坚持党委的统一领导，国家行政部门统筹管理，地方各级部门按照所属职责设立职业教育管理机构，学校相应设立不同的机构来对

---

① 国务院办公厅. 国务院办公厅转发国家教育委员会等部门关于全国职业技术教育工作会议情况的报告的通知［EB/OL］.（1998-05-27）［2021-01-04］. http://www.jyb.cn/zyk/jyzcfg/200603/t20060310_55527.html.

② 教育部. 国家教委办公厅关于学习贯彻《国务院关于大力发展职业技术教育的决定》的通知［EB/OL］.（1991-10-17）［2021-01-04］. http://www.moe.gov.cn/s78/A07/s8347/moe_732/tnull_8940.html.

③ 国务院办公厅. 国务院办公厅转发教育部等部门关于调整撤并部门所属学校管理体制改革实施意见的通知［EB/OL］.（1998-07-03）［2021-01-04］. http://www.law-lib.com/law/law_view1.asp?id=67364.

④ 第八届全国人大. 中华人民共和国职业教育法［EB/OL］.（1991-10-17）［2021-01-04］. http://xxgk.gpnu.edu.cn/xxzd/gjygzcfg.htm.

⑤ 中共中央、国务院. 中共中央、国务院关于深化教育改革全面推进素质教育的决定［EB/OL］.（1999-06-13）［2021-01-04］. http://www.law-lib.com/law/law_view1.asp?id=69684.

接上级部门的工作，企业行业等社会力量按照规章制度参与职业院校办学。

①进一步推进职业教育管理体制改革，逐步建立并完善在国务院领导下，分级管理、地方为主、政府统筹、社会参与的职业教育管理体制，形成政府主导、企业行业和社会力量积极参与的多元办学格局。①

②政府由直接管理到宏观引导，不断完善新的职业教育管理体制。

③建立健全政府主导、行业指导、企业参与的办学机制，制定促进校企合作办学法规，推进校企合作制度化。②

④完善分级管理、地方为主、政府统筹、社会参与的管理体制。减少部门责任的交叉和分散，减少对学校教育具体问题的干预。③

⑤坚持中央多渠道资金供给和省级统筹有机结合，充分发挥地方在职业教育改革发展中的主动性，加大资金和政策保障力度。④

⑥地方政府对职业教育负主责，国务院相关部门配合。政府、企业、学校职能和责任明确，在坚持政府统筹管理的基础上引进社会力量办学。构建政府、企业、学校协同促进职业教育高质量发展的新格局。⑤

纵观职业教育管理体制发展进程，中央政府一直都对职业教育起到统筹协调作用。随着职业教育改革的深化，相关权力的下放使得地方政府以及学校的自主权越来越大，职业院校的发展和本地区的经济发展联系越来越密切，其发展更具特色。

二、我国职业教育外部管理体制改革举措

教育管理制度的运作状况是衡量教育事业和社会发展状况的主要指标之一，教育外部管理体制的改革更加侧重职业教育的发展。这里重点论述国家文

---

① 国务院. 国务院关于大力推进职业教育改革与发展的决定［EB/OL］. （2002—08—24）［2021—01—04］. http：//www. gov. cn/gongbao/content/2002/content_61755. htm.

② 教育部. 国家中长期教育改革和发展规划纲要（2010—2020 年）［EB/OL］. （2010—07—29）［2021—01—04］. http：//www. gov. cn/jrzg/2010—07/29/content_1667143. htm.

③ 国务院. 关于加快发展现代职业教育的决定［EB/OL］. （2014—06—22）［2021—01—04］. http：//www. gov. cn/xinwen/2014—06/22/content_2706166. htm.

④ 教育部、财政部. 关于实施中国特色高水平高职学校和专业建设计划的意见［EB/OL］. （2019—04—01）［2021—01—04］. http：//www. moe. gov. cn/srcsite/A07/moe_737/s3876_qt/201904/t20190402_376471. html.

⑤ 教育部等九部门. 教育部等九部门关于印发《职业教育提质培优行动计划（2020—2023 年）》的通知［EB/OL］. （2020—09—23）［2021—01—04］. http：//www. moe. gov. cn/srcsite/A07/zcs_zhgg/202009/t20200929_492299. html.

件中的外部管理体制改革举措，着重关注办学体制、学制以及投资体系这三个方面。

（一）职业教育办学体制

职业教育办学体制在职业教育外部管理体制中具有重要作用。新中国成立以来，我国职业教育办学体制的变化主要表现在以下几个方面。

①组织多种形式的教育，分别实行地方为主、部门（行业）为辅，部门（行业）为主、地方为辅，企业为主、政府支持等多种办学体制。[①]

②促进公办职业学校办学体制改革和创新。公办职业学校要多渠道吸收资金，探索以公有制为主导、产权明晰、多种所有制并存的办学体制，并发挥公办职业学校在职业教育中的主要作用。[②]

③制定促进校企合作办学法规，形成以政府办学为主体、全社会积极参与、公办教育和民办教育共同发展的格局。对职业教育办学模式进行改革试点，以推进政府统筹、校企合作、集团化办学为重点，探索部门、行业、企业参与办学的机制。[③]

④以充分发挥行业指导作用为核心，加快建立健全政府主导、行业指导、企业参与的办学机制。[④] 各个省积极响应教育部的决定并印发带有本省特色的意见。例如：广东省积极推进政校企三方集群联动，建立职业培训合作小组董事会，形成共建共享的办学体制，实现职业类院校办学模式的多元化。河南省提出企业可以通过参股、入股等多种形式，与职业学校合作或独立地建立职业院校。

⑤从 2019 年起，在 5 至 10 年的时间里，职业教育要基本完成由政府举办为主向政府统筹管理、社会多元办学的格局转变，由追求规模扩张向提高质量转变，促进国家经济发展。[⑤]

[①] 国家教育委员会. 国家教育委员会关于印发《关于普通中等专业教育（不含中师）改革与发展的意见》的通知 [EB/OL]. (1995-04-01) [2021-01-04]. http://www.110.com/fagui/law_167888.html.

[②] 国务院. 国务院关于大力发展职业教育的决定 [EB/OL]. (2008-03-28) [2021-01-04]. http://www.gov.cn/zhengce/content/2008-03/28/content_5549.htm.

[③] 教育部. 国家中长期教育改革和发展规划纲要（2010—2020 年）[EB/OL]. (2010-07-29) [2021-01-04]. http://www.gov.cn/jrzg/2010-07/29/content_1667143.htm.

[④] 教育部. 教育部关于充分发挥行业指导作用推进职业教育改革发展的意见 [EB/OL]. (2011-06-29) [2021-01-04]. http://www.gov.cn/gongbao/content/2012/content_2041868.htm.

[⑤] 国务院. 国务院印发《国家职业教育改革实施方案》[EB/OL]. (2019-02-13) [2021-01-04]. http://www.gov.cn/zhengce/content/2019-02/13/content_5365341.htm.

职业院校的办学机制是由中央政府和地方政府主导，行业指导，企业参与，鼓励行业、企业、社会组织、个人等多种形式参与办学，促进和推动校企合作。各级政府为职业教育规模扩张和质量提升提供支撑和保障，不断推进办学体制的多样化和办学主体的多元化，有助于在坚持政府政策的基础上充分发挥市场的调节作用。

（二）职业教育学制改革

新中国成立以来，在不断改革和探索中，逐步形成了稳定的职业教育学制。改革内容主要有以下几个方面。

①职业（技术）学校招收初中毕业生，学制两到三年，主要进行职业（技术）教育。[1]

②逐步规范和理顺职业学校教育的学制。初等职业学校招收小学毕业生，学习期限为三到四年；中等职业学校主要招收完成初中阶段教育的毕业生，学习期限一般为三年，有些可为两年和四年；高等职业学校招收中等职业学校和普通高中的毕业生及有同等学力的人员，专科层次的学习期限为两到三年，少数经批准的学校招初中毕业生，学习期限为五年。[2]

③进一步理顺我国职业院校教育的学制。要求全日制中等职业学校学历教育一般招收初中毕业生或具有同等学力者，基本学制为三到四年，以三年为主。[3]

④完善五年制高等职业教育。以初中为起点的五年制高等职业学校，主要面向学前教育、护理、健康服务、社区服务等特殊专业领域，培养兼具较高文化素质和专业技术技能的专门人才。支持办好重点培养产业发展和社会建设急需人才的五年制高等职业学校。[4]

职业教育的学制是依据一定政治、经济以及文化等方面的需要决定的，它

---

[1] 国务院. 国务院批转教育部、国家劳动总局《关于中等教育结构改革的报告》［EB/OL］. (1981−09−04)［2021−01−04］. https://www.suiniann.com/book/1384/272252.html.

[2] 国家教委、国家经贸委、劳动部. 国家教委、国家经贸委、劳动部关于印发《关于实施〈职业教育法〉加快发展职业教育的若干意见》的通知［EB/OL］. (1998−03−16)［2021−01−04］. http://www.law-lib.com/law/law_view.asp?id=66591.

[3] 教育部. 关于全面推进素质教育、深化中等职业教育教学改革的意见［EB/OL］. (2000−03−21.)［2021−01−04］. http://www.moe.gov.cn/jyb_sjzl/moe_364/moe_369/moe_405/tnull_4725.html.

[4] 教育部等六部门. 教育部等六部门关于印发《现代职业教育体系建设规划（2014—2020年）》的通知［EB/OL］. (2014−6−23)［2021−01−04］. http://www.moe.gov.cn/srcsite/A03/moe_1892/moe_630/201406/t20140623_170737.html.

规定了各级各类职业学校的性质、入学条件、修业年限等内容。我国在不断的探索中进一步理顺了职业教育的学制,最终确定了中等职业教育基本学制以三年制为主,高等职业教育基本学制逐步以两年制为主的修业年限,使我国职业教育的发展制度化、规范化。

(三) 职业教育投资体系改革

经费是职业院校办学的物质基础,概括来看,我国职业教育投资体系改革大致表现为以下几个方面。

①普通中学改办的职业院校由教育部的教育事业费负责,多个部门改办的职业院校的经费由各单位协商。经批准新办的职业院校的经费由各主管部门事业费负责,企业办的职业院校由公司经费负责。[1]

②对接受中等以上职业学校教育和接受职业培训的学生收取学费。[2]

③逐步实行中等职业教育免费制度。[3]

④从2014年起,中央财政建立"以奖代补"制度。到2017年各地高职院校年生均财政拨款水平应当不低于12 000元。2017年以前,对于年生均财政拨款水平尚未达到12 000元的省份,中央财政以2013年为基期对各地生均财政拨款水平增量部分按一定比例给予拨款标准奖补。[4]

我们不难发现,我国职业教育经费保障体系逐渐完善,投资办学的主体多元化。中央政府举办的职业院校以中央政府投资为主,地方投资作为补充;地方政府举办的职业院校以地方政府的投资为主,并吸纳其他社会资金。同时,中央政府也以一些额外的形式提供资助,例如重点研究的课题项目、精品课程建设、卓越工程师培养等形式;还有一部分民办职业院校的投资主体主要是投资集团、董事会或者个人以及社会的赞助资金,政府也会对民办学校给予一定支持,比如以土地和税收补贴等形式。不管是中央政府还是地方政府抑或是民办学校,他们的学费均作为收入的一部分。多元的投资主体和多样的投资组合

---

[1] 国务院.国务院批转教育部、国家劳动总局《关于中等教育结构改革的报告》[EB/OL].(1981-09-04)[2021-01-04].https://www.suiniann.com/book/1384/272252.html.

[2] 国家教委、国家经贸委、劳动部.国家教委、国家经贸委、劳动部关于印发《关于实施〈职业教育法〉加快发展职业教育的若干意见》的通知[EB/OL].(1998-03-16)[2021-01-04].http://www.law-lib.com/law/law_view.asp?id=66591.

[3] 教育部.国家中长期教育改革和发展规划纲要(2010—2020年)[EB/OL].(2010-07-29)[2021-01-04].http://www.gov.cn/jrzg/2010-07/29/content_1667143.htm.

[4] 财政部、教育部.财政部、教育部关于建立完善以改革和绩效为导向的生均拨款制度加快发展现代高等职业教育的意见[EB/OL].(2015-02-09)[2021-01-04].http://www.moe.gov.cn/jyb_xxgk/moe_1777/moe_1779/201502/t20150209_185746.html.

形式有力保障了职业院校办学经费，推动了职业教育的发展。

三、我国职业教育内部管理体制改革举措

为了更好地适应经济发展方式转变和产业结构调整，满足人民群众接受更好的职业教育的需求，进而满足社会对高素质劳动者和技能型人才的需要，需要对职业教育管理体制进行改革。

（一）职业教育两种证书制度

1991年至2010年期间，国家颁布了一系列政策来推动"双证书"（即毕业证书和技术等级或岗位合格证书）制度，主要包括以下几个方面的内容。

①对有关技术等级考核的工种逐步实行"双证书"制度。在招聘中，把技术等级证书或岗位合格证书作为优先录用和薪资待遇的衡量标准之一。[1]

②逐步实施两种文凭认证制度、培训认证制度和职业资格认证制度。在职业学校接受教育的学生根据国家有关规定获得学历证书，接受职业培训的学生根据国家有关规定获得职业培训机构或职业学校的培训证书。职业学校和职业培训机构的毕业生必须按照国家规定的职业分类和级别以及职业能力标准，对职业资格证书进行认证。[2]

③开展职业学校的职业技能鉴定工作，建立职业学校的职业教育和资格认证制度，实现学业证书与职业资格证书两种证书制度并重的目标。推进职业学校专业课程内容和职业标准相衔接。[3]

④经相关部门认定的职业学校相关专业的毕业生，不论工作年限，均可直接申请职业技术专业资格考试，并免试部分科目。

⑤取得职业院校学历证书的毕业生，参加与所学专业相关的中级职业技能鉴定时，免除理论考核，操作技能考核合格者可获得相应的职业资格证书。[4]

---

[1] 国家教委办公厅. 国家教委办公厅关于学习贯彻《国务院关于大力发展职业技术教育的决定》的通知 [EB/OL]. (1991-10-17) [2021-01-04]. http://www.moe.gov.cn/s78/A07/s8347/moe_732/tnull_8940.html.

[2] 国家教委、国家经贸委、劳动部. 国家教委、国家经贸委、劳动部关于印发《关于实施〈职业教育法〉加快发展职业教育的若干意见》的通知 [EB/OL]. (1998-03-16) [2021-01-04]. http://www.law-lib.com/law/law_view.asp?id=66591.

[3] 劳动和社会保障部办公厅. 关于积极做好职业学校职业技能鉴定工作有关问题的通知 [EB/OL]. (2002-12-17) [2021-01-04]. http://www.law-lib.com/law/law_view1.asp?id=98845.

[4] 国务院. 国务院关于大力推进职业教育改革与发展的决定 [EB/OL]. (2008-03-28) [2021-01-04]. http://www.gov.cn/zhengce/content/2008-03/28/content_5549.htm.

"双证书"制度的建立有效提高了职业院校教育教学质量，提升了学生技能操作水平和就业核心竞争力。不断完善"文化素质+职业技能"的培养模式，有效提升了职业教育的质量，促进了职业教育的内涵式发展。

（二）人才培养模式改革

职业院校要根据企业和市场对人才的需求，实施人才培养。国家、地方政府以及学校对此采取了一些举措。

全面推行现代学徒制和企业新型学徒制。[①] 探索企业和职业院校协同培养人才的体制机制，有针对性地培养高素质应用型、技能型人才。职业院校应积极与企业合作，改革教学方法，积极开展教学项目、个案研究、场景教学、模拟教学，更好地满足企业用人的需求；企业也要积极主动支持、参与职业院校开展人才培养的全过程。深圳职业技术学院在"十一五"期间，提出"政校行企四方联动，产学研用立体推进"的人才培养模式，建立了以学校为主体，政府、行业、企业共同参与的应用型技术人才培养共同体。江苏农林职业技术学院与上海光明乳业集团、江苏红太阳集团、江苏亚振集团等企业合作，开办了校地、校企订单班，积极推进"现代学徒制"人才培养，并与南京林业大学、扬州大学、金陵科技学院联合培养本科层次技术技能型人才。

各地根据当地经济发展水平和特点，探索出了校企合作、订单式、现代学徒制和企业新型学徒制、"双主体"、"政校行企四方联动，产学研用立体推进"的人才培养模式。这种多元化的人才培养模式在一定程度上避免了职业教育人才培养的同质化。

（三）教师考核评价制度改革

深化教师考核评价制度改革。一是重视对教师师德的考核，营造尊师重教的浓厚氛围。制定教师行为准则，建立师德考核负面清单制度，严格执行师德考核一票否决制。二是完善教师准入制度。以引入"双师型"教师为导向，改革新教师准入制度。改进职业教育中教师资格审查制度，加强教师考核评价改革。注重新教师入职培训，建立新教师为期一年的学习制度和为期三年的专业实践制度。三是完善教师考核机制。福利待遇向"双师型"教师倾斜，以外在

---

① 教育部等九部门. 教育部等九部门关于印发《职业教育提质培优行动计划（2020—2023年）》的通知 [EB/OL]. （2020-09-16）[2021-01-04]. http://www.gov.cn/zhengce/zhengceku/2020-09/29/content_5548106.htm.

动力为媒介，积极引导教师的内在动力，有效利用"三八红旗手""劳动模范"等一系列荣誉称号的激励作用，全方位完善教师考核评价制度。四是建立职业院校、行业企业、第三方组织多元参与的教师评价考核体系，将师德师风、工匠精神和教育教学实绩作为职称评聘的主要依据。五是深化和改革职业学校中专业教师的晋升和评价机制。推动各地结合实际，制定"双师型"教师认定标准。六是充分发挥教师团体的作用。培养优秀的学术带头人和技能大师，形成一支结构合理、专兼结合的优秀"双师型"教师队伍。

（四）建立校企合作管理体系

建立校企合作管理体系。为了更好地促进校企合作，地方政府和学校进行了一系列的改革。一是建立国务院职业教育工作部际联席会议制度。将部门的组织优势、统筹协调优势发挥到位。二是完善相关法律政策以及规章制度，通过多种形式的民主渠道来充分保证政策的科学性和民主性。三是引进先进的企业文化，吸纳企业文化中的积极因素来促进良好校园文化的形成。培养学生的大国工匠意识和精神，尽善尽美、精益求精。四是积极引进企业先进的科学技术，提升教学管理的信息化，加强数字化资源平台建设，积极开展信息化教育教学。五是针对企业的需要培养人才，通过学校和企业两个场所来培养学生的实践能力和技术水平。

在新时代背景下，地方政府和学校不断进行改革。职业院校在开展校企合作教育的过程中，应重新确定人才培养目标，将人才培养作为校企合作的重要组成部分，并逐渐突出技术研发在人才培养中的教育功能，培养大批具有科技研发能力的应用型人才，推动学生全面发展，提升职业教育质量再上新台阶。

（五）共建实习实训基地

为了鼓励职业院校完善实训基地建设，中央和地方政府印发了一系列文件，职业院校也积极响应国家的政策。

①2015年10月，教育部印发的《高等职业教育创新发展行动计划（2015—2018年）》指出，29个省份共计投入省级财政经费89.9亿元，推动优势企业与学校共建共享2 522个生产性实训基地。

②培育数以万计的产教融合型企业，打造一批优秀职业教育培训评价组

织，推动建设300个具有辐射引领作用的高水平专业化产教融合实训基地。[1]

③支持有条件的地方通过政府和社会资本合作等加强职业院校实训基地建设，以及推进产教融合、校企合作等职业教育改革发展相关工作。[2]

④建立覆盖主要专业领域的教师企业实践流动站、实体化运行的示范性职业教育集团（联盟）和技工教育集团（联盟），建设一批具有辐射引领作用的高水平专业化产教融合实训基地，深化校企合作协同育人。[3]

在中央政府的要求和带动下，地方政府也根据各地的发展情况印发了相关的文件。建设实验实训中心的主体是学校和企业，两者共同将实训基地或实训中心建成企业的生产、研发基地和学校的教学工厂。支持企业提供场地吸引职业类院校带着技术与资金到企业建立"厂中校"、培训实训基地或教师企业工作站。鼓励企业向职业院校提供最新的仪器设备和技术支持。

职业院校重视实习实训基地的建设。例如：江苏省农林职业技术学院在"十三五"发展规划中提出要重点打造9个校内实验实训中心，力争新增省级以上实训基地2个，并将江苏农博园、江苏茶博园建成国家级生产实训基地；新增"协作型"校外实训基地200个，建成资源互补与共享型校企合作育人示范基地10个。河南职业技术学院"十三五"发展规划指出，新建校内实训室33个。其中，工商管理实训基地成为2013年度河南省高等职业教育50个示范性实训基地建设项目之一。"十三五"时期，新增了62家校外实习实训基地，总数达到183个。

实训环节是职业院校的重要环节之一。国家加大政策引导力度，充分调动各方面的积极性，学生实训与生产相结合，不断提升校企合作育人水平。

四、我国职业教育管理体制改革成就和经验

新中国成立70多年来，职业教育得到了长足发展，在发展历程中，职业教育管理体制改革取得了显著成就，探索出了一些成功的道路，为进一步发展

---

[1] 国务院. 国务院关于印发国家职业教育改革实施方案的通知[EB/OL]. （2019−02−13）[2021−01−04]. http://www.gov.cn/zhengce/content/2019-02/13/content_5365341.htm.

[2] 财政部、教育部. 财政部、教育部关于印发《现代职业教育质量提升计划资金管理办法》的通知[EB/OL]. （2019−12−31）、[2021−01−04]. http://www.gov.cn/zhengce/zhengceku/2020-01/22/content_5471589.htm.

[3] 教育部等九部门. 教育部等九部门关于印发《职业教育提质培优行动计划（2020—2023年）》的通知[EB/OL]. （2020−09−16）[2021−01−04]. http://www.gov.cn/zhengce/zhengceku/2020-09/29/content_5548106.htm.

职业教育提供了经验，奠定了基础。

（一）我国职业教育管理体制机制改革成就

基本形成了完善的职业教育法律体系。《中华人民共和国职业教育法》（简称《职业教育法》）是为了实施科教兴国战略，发展职业教育，提高劳动者素质，促进社会主义现代化建设，根据教育法和劳动法制定的专门法规。由中华人民共和国第八届全国人民代表大会常务委员会第十九次会议于1996年5月15日修订通过。

1996年9月1日，《职业教育法》颁布施行。该法在职业教育法律法规中处于核心地位，规定了职业教育发展方向、各级政府在职业教育方面的地位和作用，以及职业学校和职业培训中心的建立标准，同时也鼓励企业在职业教育中发挥作用。

为了整合职业教育法律体系，紧紧围绕职业教育领域中的热点和难点问题，对职业教育体系提供与时俱进的针对性指导，2019年对《职业教育法》进行了修订。此次修订明确了现代职业教育体系框架，明确了职业教育的管理体制，有利于更好地发挥企业、社会、学校各自的作用，建立协调机制以及健全支持体系。在不断实践中，已基本上形成了以《宪法》为基础，以《职业教育法》为中心，并辅之以各种职业教育法规的职业教育法律体系。

办学体制逐渐完善，多元化格局基本形成。目前，我国基本建立了以政府为宏观指导、院校自主办学、行业企业共同参与的办学机制。政府大力支持职业教育的发展，为此印发了一系列文件，职业教育的地位逐步提高，职业教育在社会中得到了一定的认可。同时，在这一过程中也调动了行业、企业参与办学的积极性。发挥企业参与职业学校发展的作用，建立职业学校与行业、企业合作机制，使得校企合作更加紧密，比如建立实训基地。根据市场和企业的需求，职业院校灵活地制定和调整专业、课程和教学内容，企业和学校共同培养人才，实现资源共享，所培养的人才不仅具有扎实的理论基础，而且具有熟练的实践技能，从而实现企业和学校的无缝隙衔接。

在对职业教育管理的过程中，国家进一步明确了职业教育的学制。中等职业教育基本学制以三年制为主，高等职业教育基本学制逐步以五年制为主。招生学制基本形成，职业院校在学制期限内根据人才培养的目标对学生进行较为准确的定位，并把学生培养成国家和社会所需的技能型应用人才。学校根据学制安排理论课与实践课的时间，学生根据学校的安排，不仅要重视理论知识的学习，更要重视对技能的掌握，主动进行实践技能的学习和操作，以满足未来社会和企业的实际需求。

　　市场经济蓬勃发展，随着融资渠道和办学主体的多样化，职业院校的办学体制也呈现出多元化的格局。既有以中央政府为主导的职业院校，由中央政府和地方政府分级管理的职业院校，也存在行业、企业以及个人资助办学的职业院校。公办院校和民办院校相辅相成，弥补了办学主体单一、办学活力欠缺的不足。办学体制的多元化拓宽了经费来源。一方面，广大职业院校适应当地的产业结构，结合自身实际积极探索多样化办学，充分发挥市场的媒介作用兴办学校，积极引入企业的先进文化理念治校；另一方面，职业教育集团可以有效利用各方资源，职业教育集团内的学校、企业可以实现优势互补，优化学校人才培养结构。

　　职业教育经费投入机制逐渐完善，投资渠道多元化。目前，职业教育是一种基于政府参与、教育工作者合理分配和其他多种资金来源的投资机制。各级人民政府要建立一个符合教育和培训需要的财政投资体系，地方人民政府必须依法制定和实施职业院校生均经费标准，进而改善职业院校的基本办学条件。① 职业教育要形成基于政府参与、合理分配教育工作者和其他资金来源的投资机制。中央和地方政府共同分担职业教育投入。中央下放部分财政事权到地方，财政补助经费等由中央与地方财政分别承担。在参与职业教育的权力方面，职业教育在中央政府和地方政府之间有明显的分歧。②

　　职业教育投资渠道进一步多样化。国家鼓励企业实体、社会团体和公民通过多边筹资支持职业教育的发展，通过公共部门或非营利组织为职业教育提供资金和捐助，这些组织按照规定可享受税收优惠政策；鼓励社会力量提供捐款，资助职业培训，扩大学校资金渠道；积极支持各类办学主体通过独资、合资等多种形式举办民办职业教育，探索股份制、混合所有制职业院校。积极支持社会力量参与办学，使社会力量能够通过购买、租赁、信托管理等方式改变办学不够活跃的公办职业院校；鼓励民间资本与公办优质教育资源合作，在经济欠发达地区扩大优质职业教育资源。

　　实习实训基地的作用得到发挥。实习实训基地作为培养学生技能操作水平的重要平台，与专业设置、课程及教学密切结合，同时根据社会需求来设置学

---

① 国务院. 国务院关于加快发展现代职业教育的决定［EB/OL］.（2014－06－22）［2021－01－04］. http://www.gov.cn/zhengce/content/2014-06/22/content_8901.htm.
② 国务院办公厅. 国务院办公厅关于印发教育领域中央与地方财政事权和支出责任划分改革方案的通知［EB/OL］.（2019－06－03）［2021－01－04］. http://www.gov.cn/zhengce/content/2019-06/03/content_5397093.htm.

校的专业。变动性与稳定性相结合，提高预见性。职业院校充分发挥自身的优势，在分析和预测市场变化的前提下，及时进行专业调整，优化专业结构。专业课程根据职业标准和能力进行开发和设计，把职业标准和能力要求转化成课程目标，再转化为具体的课程内容，使培养的人才达到职业要求，学生既具备从业能力，又有守正出新、面向未来职业生涯可持续发展的能力。

（二）我国职业教育管理体制机制改革经验

以习近平新时代中国特色社会主义思想为指导。习近平新时代中国特色社会主义思想是职业教育的总指导思想。职业教育担负着培养应用型、技能型人才的重任，其根本任务是培养具有足够的理论知识以及丰富实践经验的应用型人才。这一任务的实现既需要以习近平新时代中国特色社会主义思想为理论武器，更需要紧密结合办学实践。一是坚持扎根中国大地发展职业教育，借鉴国外经验的前提是坚持中国特色社会主义制度不动摇。二是坚持用唯物辩证思想来解决职业教育中的问题，同时树立发展的观点，以职业教育为人民服务为中心，探索符合中国市场的人才培养模式，培养数以亿计的高素质劳动者和技术技能人才。

习近平总书记曾就加快发展职业教育做出重要指示，指出职业教育是国民教育体系和人力资源开发的重要组成部分，是广大青年打开通往成功成才大门的重要途径，要牢牢把握服务发展、促进就业的办学方向，深化体制机制改革，创新各层次各类型职业教育模式，坚持产教融合、校企合作，坚持工学结合、知行合一，引导社会各界特别是行业企业积极支持职业教育，努力建设中国特色职业教育体系。[①]

基本形成了现代职业教育管理理念。我国已形成了在中央政府统一领导下，地方政府统筹、社会积极参与的多元管理体制。中央政府进一步简政放权，给地方更多主动权，保障职业教育发展。中央政府宏观统筹规划，地方政府具体实施，社会积极参与职业教育管理。职业教育坚持面向社会需求，以学生为中心，以就业为导向，职业教育所培养的人才、层次、数量是由社会需求来决定的，而不是仅由学校来决定。学校在科学预测社会发展趋势和人才需求的前提下，培养符合社会主义现代化建设要求，具有良好职业道德，文化修养完备，具有应对未来社会能力的德智体美劳全面发展的社会主义建设者和接

---

① 党建网. 习近平：职业教育大有可为 [EB/OL]. （2020-12-14）[2021-01-05]. http://www.dangjian.cn/shouye/toutiao/202012/t20201214_5883160.shtml.

班人。

校企合作办学模式初步形成。目前已基本形成政府宏观指导、院校自主办学、行业企业共同参与的校企合作办学机制。

学校和企业协同推进，共享优秀文化，共建实习实训基地，共同开发教育教学资源，共同培养高素质人才。在职业教育改革中充分发挥企业的作用，推进校企合作协同育人，政府、行业、企业、学校协同推进职业教育发展新机制。教育部与其他部门合作，设立了职业教育指导委员会，组织了关于产教合作的研讨、对话活动，召开了职业教育工作会议，在制定各项标准方面发挥了重要作用。

国家还制定了一系列优惠政策，如举办职业教育的主体可根据资本、技术等要素依法取得相应的权利，从而调动了企业参与职业教育的积极性。校企合作更加紧密，培养的人才具有实际技能，在企业、社会和学校中能进行无缝隙衔接，从而更好地为企业和社会服务。校企合作办学模式的形成，使职业教育的资金来源、教师队伍以及办学模式等各方面有了显著改善，形成了学校、社会优势互补、资源共享、成本分担、责任共管的良好局面。

五、我国职业教育管理体制存在的局限及对策

（一）我国职业教育管理体制存在的局限

多部门参与管理出现职能重叠现象。我国现行的职业教育管理体制是中央政府统一领导下，以地方政府统筹为主，社会参与的多元管理体制。中央政府主要负责职业教育管理的重大方针和宏观政策，国家教育部门、劳动保障部门、计划部门、财政部门等负责实施工作方针，对政策、计划进行决策。职业教育的管理部门主要有教育部职业教育与成人教育司、劳动和社会保障部等。教育部对职业教育主要实施宏观管理，表现在职业院校的办学规模、办学体制、人才培养目标、发展方向等方面；劳动和社会保障部主要负责组织拟定职业分类、职业技能国家标准、行业标准，完善职业资格证书制度，制定职业技能的相关政策，负责职业培训和职业技能大赛相关事宜。职业教育由多个部门管理，容易出现职能重叠、权力和责任不明等问题。从财政所有权的角度看，教育事业的费用属于财政部门，教育基本建设的费用属于计划部门，教育事业的发展规划属于教育部门。职业教育管理部门财政权尚不独立，财政权和行政权由不同部门掌管，彼此割裂，各个部门合作程度较低，缺乏有效沟通。

行业、企业参与办学的积极性有待进一步提高。校企合作是优化职业教育的重要途径，因而调动行业、企业参与高职院校办学的积极性十分重要。目前，在校企合作方面还存在一些问题：一是在校企合作时企业和职业院校的法律权责并不明晰；二是目前国家所颁布的有关行业、企业参与职业教育管理政策的具体性和可操作性有待进一步提高；三是资金来源渠道单一的问题没有解决，企业参与校企合作的办学主体地位没有得到较好保障；四是对企业的优惠性政策吸引力不足，国家对企业税收减免的力度还不够大。

实习实训基地的建设和管理有待进一步完善。目前，虽然许多高职院校已经建立起了实习实训基地，但其作用发挥尚不理想，存在一定问题，主要表现在以下几个方面：一是实习实训基地的建设资金不足，导致场地陈旧，机械设备落后，进而使学生在实习实训基地中无法学习到先进、实用的操作技能，实习实训的作用没有得到有效发挥；二是实习实训基地的教师偏重理论知识的讲解，对技能操作的重视程度不高，学生实践操作技能尚未得到较好提升；三是"双主体"的体制机制没有得到有效的落实和完善，企业在共建实习实训基地方面的作用没有得到充分发挥。

（二）我国职业教育管理体制改革对策

继续完善分级管理、地方为主、政府统筹、社会参与的管理体制。建立国务院职业教育工作部际联席会议制度，各成员单位加强沟通，协调全国范围内的职业教育，调查协调决议重要问题，听取国家职业教育咨询委员会的建议，解决与职业教育改革创新有关的重要问题。在涉及职业教育领域的各个方面建立政策合作。

加强行政目标管理，进一步明晰职业教育各部门管理职权。国务院相关部门应利用好政策指导、税收调控、转移支付等工具，加强统筹协调和分类指导；地方政府应承担起本地职业教育主责，结合本地经济发展情况，通过整合现有资源、优化分配和提高资金使用效率，更好地履行服务区域经济的职能。地方政府还应定期更新信息，接受社会和公众的监督，将服务水平纳入政府绩效考核中。

充分调动行业、企业参与办学的积极性。建立校企合作的第三方服务机构，以确保学校、企业和学生各自的权益等；不断完善《职业教育法》，补充校企合作条例，确保行业、企业参与校企合作的主体作用得以发挥；进一步明确优惠政策，鼓励企业自主参与办学，如国家给参与校企合作的企业减免税收，从而调动企业和行业参与职业教育的积极性，拓宽办学资金来源渠道。

不断提升实习实训基地管理水平。建立"统一管理、分级负责、落实到人"的内部管理体制，明确人员工作职责，确保实习实训基地稳步发展；提升技能实训教学质量，用先进的理念武装头脑，以鲜明的专业性特色为导向，建立"高水平、优管理、强设备"的实习实训装备标准体系。

职业教育管理体制机制涉及职业教育内部和外部诸多因素，贯穿职业教育发展全过程，只有妥善处理好各部门之间的关系，明确各部门的管理权限和职责，不断深化改革，才能推动职业教育更好更快发展。

第四章　经费投入和效益

我国职业教育财政体制的变化对政府职业教育经费投入的方式、规模和结构产生了决定性的影响。在具有不同特征的国家技能形成体制之下，政府在职前教育培训中扮演了不同的角色，其支持职业教育发展的经费投入方式也有较大差异。对职业教育经费投入效益的评估和分析需要与职业教育的事业发展相联系，应当从协同职业教育事业改革和经费改革的角度来分析经费改革存在的问题和对策建议。

本章从我国职业教育财政体制的变迁出发，展示了70多年来我国职业教育经费投入配置概况、经费投入配置改革措施及其效益。在这些分析的基础上，总结我国职业教育经费改革的成就和经验，讨论改革存在的问题，提出初步的政策建议。

一、我国职业教育财政体制变迁

1949年新中国成立之初，我国教育领域百废待兴，当年全国仅有职业教育院校564所，在校生77 095人。2019年，我国中等职业教育院校数达10 001所，在校生为1 577万人；高职院校1 423所，在校生1 281万人。70多年来，我国职业教育经费投入的规模和结构发生了显著变化，有力地支持了职业教育事业发展，促进了我国经济社会的发展。2012年我国财政性教育经费投入首次达到国内生产总值的4%，之后8年均保持在这一水平，2019年达到4.04%。2012年以来，职业教育财政性教育投入占全国财政性教育经费的比例稳定在9%~10%，8年来我国职业教育财政性教育投入占国内生产总值的比例始终保持在0.39%~0.42%。[①]

我国职业教育财政体制直接影响职业教育经费的投入规模和效益。70多

[①] 国家统计局国民经济综合统计司. 新中国六十年统计资料汇编[M]. 北京：中国统计出版社，2010.

年来，职业教育财政体制与我国的国家技能形成体制安排息息相关。国家技能形成体制是指国家层面有关技能形成主体、形成场所、技能认证、成本分担等关键制度的安排。国家对技能形成主体、形成场所、技能认证、和成本分担的安排都会影响国家对职业教育经费的投入方式与规模（杨钋，2020）。

我国在计划经济体制时期和社会主义市场经济转型时期采用了特征不同的技能形成方式。为了适应新中国成立初期加速工业化的需求，我国效仿苏联，从第一个五年计划开始采用计划经济体制。该体制取消了劳动力市场，以国家指令性计划来安排企业内部的技能养成和企业外部的学校职业教育。与此相适应，行业主管部门采用学徒制和技工学校两种方式进行技术工人培养，企业采用国家的工人技术等级标准对学徒和技工学校毕业生的技能进行等级评定。企业投入两种培训的费用由行业主管部门安排，从上缴利润中扣除。中等专业学校的招生配额和就业分配由劳动主管部门与企业、行业协商，同样采取"招生即招工"模式，所有经费由劳动部门负责。上述做法强调行业组织和企业与政府同时在职业培训中发挥作用，具有"集体主义技能形成体制"的部分特征。在"统招统包"的体制下，政府对职业教育采用了直接投入方式：一方面直接投入行业和企业或者直接投入中等专业学校等，另一方面直接为学徒工、技校学生和中等专业学校学生提供免费教育和生活补贴（王星，2014）。

1978年十一届三中全会以后，我国逐步恢复劳动力市场，将职业教育和培训体制以行政指令为导向转变为以市场需求为导向。政府从直接管理转为间接管理，不再直接管理培训机构；在职业培训投入方面，贯彻"谁受益、谁投资"的原则，由政府、企业和劳动者分担培训成本。在技能培训主体方面，伴随着国有企业改制，逐步将行业与企业所属职业院校转交给地方政府教育主管部门，劳动主管部门仅负责自己举办的技工学校。在技能认证方面，自1993年开始实施"学历证书＋职业资格证书"构成的国家证书制度。在此过程中，行业与企业在职前培训中的角色逐步边缘化，国家成为职业教育培训的主要投资者和提供者。政府从2000年开始构建中等职业教育和高等职业教育的国家准入认证标准、国家教学标准体系、国家职业教育评估和监测体系。在这一过程中，我国逐步采用了具有"国家主义技能形成体制"特征的技能形成体制，强调国家在职前教育中的角色（杨钋，2020）。20世纪90年代末期，国家对职业教育投入开始采用"成本分担"原则，由政府和受教育者共同承担培训成本。国家对中等和高等职业教育机构仍然采用直接投入方式。2012年实施了中等职业教育免学费政策。2014年引入了高等职业教育生均拨款制度，强化了政府对职业院校学生的投入责任。

二、我国职业教育经费投入配置概况

本章从多个维度来分析我国职业教育经费投入和配置的基本情况。首先，分析职业教育经费投入的总规模，并通过与国家教育总经费和国家财政性教育总经费的比较，说明职业教育经费投入的绝对水平和相对水平。其次，分析我国职业教育的财政体制，即职业教育的成本如何在政府和社会之间进行分担，并以政府和市场投入占比变化来加以说明。最后，进一步探讨我国职业教育财政的运行机制，尤其关注最近20年来政府出台的各类型转移支付项目，说明办学条件和教师培训经费、示范项目投入、综合奖补、学生资助投入等专项项目如何扩大了政府对职业教育经费投入的总规模，改善了我国职业教育经费的投入结构。

（一）国家职业教育经费投入和财政性投入持续扩大，呈现"事业规模扩大，经费投入增加"的新局面

新中国成立70多年来，我国政府一直重视职业教育发展，对中等和高等职业教育的投入持续增加。在中央政府层级，2005年印发的《国务院关于大力发展职业教育的决定》明确提出，各级政府要加大对职业教育的支持力度，逐步增加公共财政对职业教育的投入，省级政府应当制定本地区职业院校学生人均经费标准；要进一步落实城市教育费附加用于职业教育的政策，从2006年起，城市教育费附加安排用于职业教育的比例，一般地区不低于20%，已经普及九年义务教育的地区不低于30%。2010年颁布的《国家中长期教育改革和发展规划纲要（2010—2020年）》提出，要进一步明确各级政府提供公共教育服务的职责，完善包括职业教育在内的各级教育经费投入机制，保障学校办学经费的稳定来源和增长。2014年出台的《国务院关于加快发展现代职业教育的决定》提出"完善经费稳定投入机制"，"健全社会力量投入的激励政策"。这些政策为推动职业教育科学发展提供了制度性保障，职业教育总体上呈现"事业规模扩大，经费投入增加"的良好局面。

进入21世纪，随着职业教育规模的不断扩大，职业教育经费收入的绝对水平显著提升（参见图4-1和图4-2）。从绝对水平上看，我国中职和高职总经费收入稳步增长。2010年中职教育经费为1 357.3亿元、高职教育经费为1 051.5亿元；2015年，中职和高职教育经费分别上升到2 137.8亿元和1 726.3亿元；2016年中职和高职教育经费分别上升到2 222.9亿元和1 836亿元；2017

年中职和高职教育经费分别上升到2 320.1亿元和2 025.3亿元。2010—2017年中等职业教育经费总量的年均增长率为7.69%，高等职业教育经费总量的年增长率为9.28%。

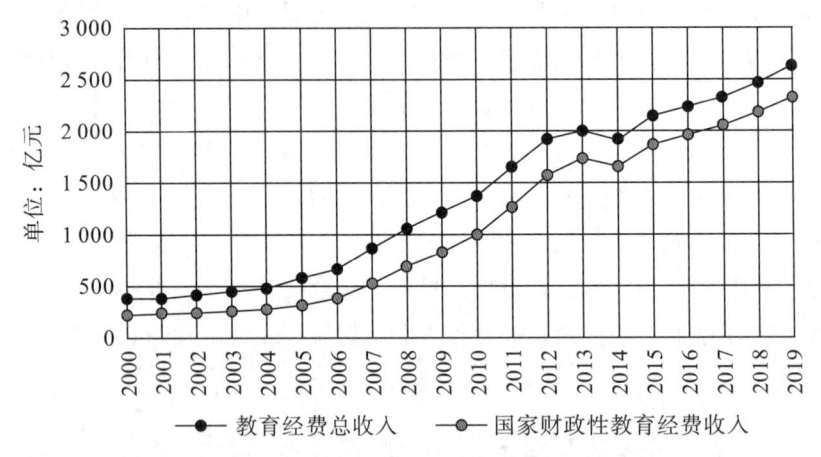

图4-1　2000—2019年全国中职教育经费收入情况

数据来源：历年《中国教育经费统计年鉴》。2000—2006年中等职业教育经费由中等专业学校、技工学校、职业中学相关数据加总所得。

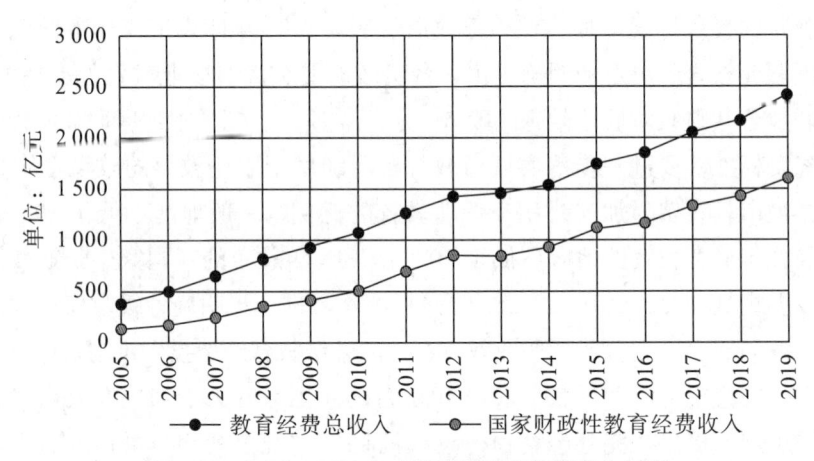

图4-2　2005—2019年全国高职教育经费收入情况

数据来源：历年《中国教育经费统计年鉴》。

图4-1和图4-2显示，职业教育国家财政性经费也大幅度提升。2010年中职教育财政性经费为968.0亿元、高职教育经费为491.6亿元；2015年，中职和高职教育财政性经费分别上升到1 861.0亿元和1 089.1亿元；2016年中职和高职教育财政性经费分别上升到1 948.7亿元和1 147.7亿元；2017年中职和高职教育财政性经费分别上升到2 038.9亿元和1 310.7亿元。2010—2017年

中等职业教育财政性经费总量的年均增长率为10.45%，高等职业教育财政性经费总量的年均增长率为13.47%。

从相对水平上看，中职和高职教育经费收入的比重稳中有降。在全国教育经费收入中，高职经费收入占比从2010年的5.40%逐步下降到2017年的4.80%，中职经费占比从2010年的6.94%下降到2017年的5.45%。中职教育经费占全国教育总经费的比例自2010年以来一直呈现下降的趋势，2010年占比为6.94%，2011年为6.86%，2014年为5.81%，2017年为5.45%。因此，职业教育经费占教育经费总收入的比例从2010年的12.40%下降到2019年的10.03%（参见图4-3）。这表明在我国各级各类教育经费投入中，职业教育的相对投入水平未能赶上教育总投入水平的增长速度，因此其相对比例逐步下降。

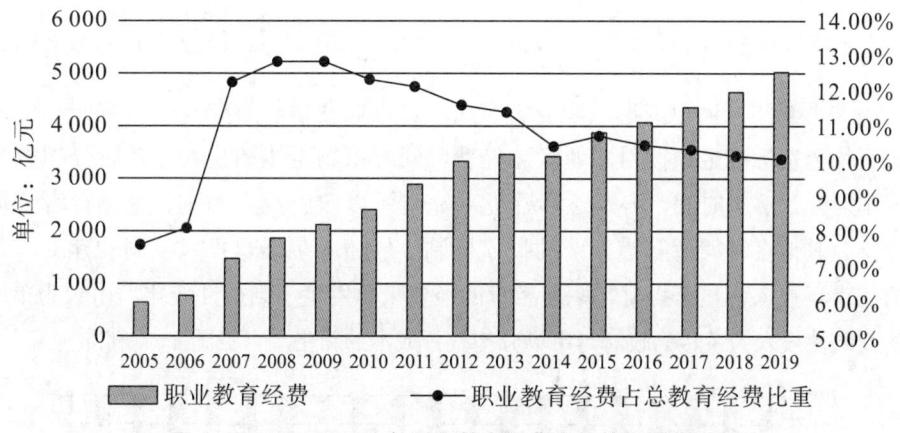

图 4-3　2005—2019 年职业教育经费占总教育经费比例

数据来源：历年《中国教育经费统计年鉴》。在《中国教育经费统计年鉴》中，2005年以前高职院校教育经费与普通高等学校教育经费合并为一项，没有单独区分。故此处从2005年的教育经费开始计算。

职业教育财政性投入的相对水平也呈现下降趋势。高职教育财政性经费占全国财政性教育经费收入比重从2010年的3.35%略微上升到2017年的3.83%，同时期中职教育财政性经费收入比重从6.60%下降到5.96%。2010到2013年，中职教育财政性经费占全国财政性教育经费的比重由6.60%提升到7.02%，达到峰值。该比例2014年以后出现下降趋势，2017年占比为5.96%。2010年高职教育财政性经费占全国财政性教育经费的比重为3.35%，2015年上升到3.73%，2017年为3.83%。因此，职业教育财政性经费收入比重从2010年的9.95%下滑到2017年的9.79%。该结果同样表明，职业教育财政性投入的增长速度慢于其他各级各类教育财政性投入增长速度，因而职业教育财政性投入占比相对下降。

总体而言，2009年之前我国职业教育经费总投入和职业教育经费占比均呈现上升趋势；2009年之后虽然职业教育经费总投入和财政性经费投入不断攀升，但其增长速度慢于其他各级各类教育，因此职业教育经费投入占比相对下降。"十一五"期间，中职教育经费从2005年到2010年的年增幅为38%，高职高专经费的年增幅为23%，远高于同期教育经费18%的年增幅。与之相应的是，中高职经费占教育总经费的比重，从2005年不足8.0%增长到2009年的12.8%，达到历史最高值。"十二五"期间，职业教育经费增长速度大幅回落。2011年至2016年，高职高专教育经费和中职教育经费的年增幅均跌至10%以下，低于同期12%的教育总经费年增幅。最终，中高职教育经费占总教育经费的比重一路回落（田志磊、赵晓堃、张东辉，2018）。

（二）职业教育多渠道投入体制建立，政府主渠道作用愈发明显

20世纪90年代中期，《职业教育法》提出职业学校举办者应当按照学生人数平均经费标准足额拨付职业教育经费，同时市场主体和受教育者应分担教育成本。经过多年时间，各地逐步建立和完善了以政府投入为主、受教育者合理分担、其他多种渠道筹措经费的投入机制。伴随着多渠道投入体制的建立，政府与市场投入都显著提升，职业教育的经费来源发生了结构性变化，由较为单一的财政性投入为主转为政府与市场分担教育成本的新格局（见图4-4和图4-5）。

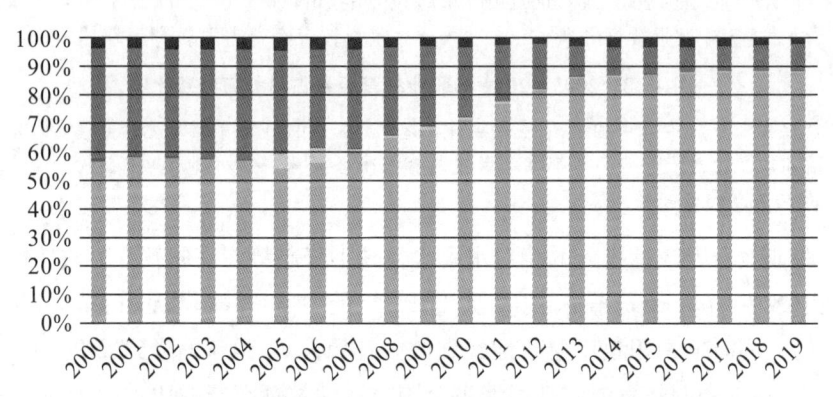

图4-4　2000—2019年全国中职教育经费结构

数据来源：历年《中国教育经费统计年鉴》。2000—2006年中等职业教育经费为中等专业学校、技工学校和职业中学三类经费加总计算所得。

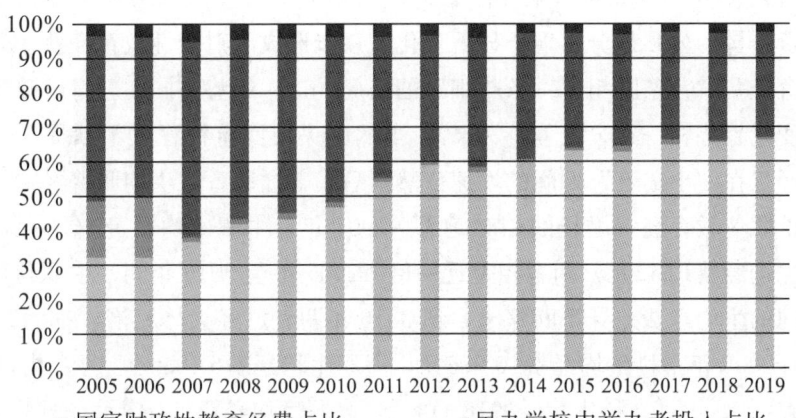

图 4-5　2005—2019 年全国高职教育经费结构

数据来源：根据历年《中国教育经费统计年鉴》相关数据计算所得。因 2005 年以前未区分普通本科和高职高专经费数据，本图从 2005 年的教育经费开始计算。

首先，各级政府作为职业教育服务的提供者，履行了自身的投入责任，财政投入达到较高水平。2010 年到 2017 年，中等职业教育的财政性经费投入累计达到 13 001.93 亿元，高等职业教育的财政性经费投入累计达到 7 279.10 亿元。同时，市场对职业教育的投入也逐年增加。高职学费和举办者投入稳步增长。从 2010 年到 2017 年，全国高职学费收入从 435.90 亿元上升到 511.60 亿元；同期举办者投入从 14.57 亿元提升到 26.67 亿元。

其次，职业教育经费结构中，政府投入占据主导地位，且所占份额不断提升。2010 年到 2019 年中职教育财政性经费占比从 71.34% 上升到 88.20%，同期事业收入占比从 24.46% 下降到 9.33%。随着 2009 年起逐步实施"中职免费"，事业收入占中职教育经费的比重大幅下滑，学费收入占比从 12.40% 逐步下滑到 5.20% 左右。高职教育经费结构中，2005 年和 2006 年是民办学校举办者投入的最高峰，占到高职教育经费的 16%~17%，随后迅速下降到 2% 以下。在 2010 年以前，事业收入一直是高职教育最主要的经费来源。2010 年之后，伴随着一系列高职财政政策的实施，财政性教育经费占比反超事业收入成为高职教育第一大经费来源，随后两者差异越来越大。2010 年到 2019 年高职教育财政性经费占比从 46.76% 上升到 66.26%，事业收入占比已经下滑至 30.33%。

研究表明，2005年以来伴随着财政对职业教育投入的不断增加，职业教育经费结构的公私划分出现了显著变化，逐步形成了财政性教育经费、非财政性教育经费"一条腿粗、一条腿细"的格局。这一趋势与同期教育财政体制的总体变化趋势相一致（王蓉，2015）。虽然中央层面重视程度不断提升，职业教育经费在"十二五"期间的增速依然落后于普通教育，生均职普经费的对比凸显了职业教育经费增长的相对乏力。1994年，中职生均经费3 096元，普通高中生均经费1 542元，两者相差近一倍。2005年至2016年间，中职与普通高中之间的生均经费差异不断缩小，到2016年两者已经大体相当，都为9 100元左右。2005年本科生均经费10 976元，高职生均经费6 103元，两者相差4 873元。在2016年，本科生均经费18 414元，高职生均经费11 049元，两者经费差距扩大到7 365元。虽然职业教育投入不断增加，但是与普通教育相比，生均经费的增长相对滞后（田志磊、赵晓堃、张东辉，2018）。由此可见，目前我国职业教育多元化投入体制在发展过程中，包括学费在内的事业收入的增长和举办者投入的增长远远慢于政府财政性教育投入的增长，导致二者在职业教育经费收入中的比重不断下降。

（三）中央专项扩大了政府经费投入的总规模，改善了经费配置结构

近年来，中央财政持续加大职业教育投入，教育部、财政部实施的一系列重大项目，在不断提升职业教育基础能力、改善职业院校办学条件、增强职业教育吸引力、促进教育公平等方面起到了有力的导向作用。2004—2013年，中央财政共投入各类专项资金1 113亿元，支持了四大类职业教育重大项目建设，解决了职业教育发展中的关键领域难题。中央政府通过专项项目实现了职业教育领域内部的转移支付，有力支持了地方职业教育的发展，平衡了区域差异，使得中央政府关注的核心政策问题得到了解决。由于多数专项项目带有配套资金支持，这些项目的开展扩大了政府财政性经费投入的总规模，改善了经费配置结构，在一定程度上弥补了经常性经费投入的不足，填补了职业教育建设的一些空白。

第一，专项项目的投入使得职业教育基本办学条件稳步改善，教师培训体系逐步完善。

从2004年实施以来，中央财政支持的职业教育实训基地建设计划切实改善了职业院校的实训条件，提升了职业院校的基础能力，也带动地方加大了实训基地建设力度。2004—2010年，中央财政先后投入38.6亿元，地方财

政、职业院校和行业企业投资34.9亿元，共同建设了2 356个实训基地。其中，中职项目数为1 508个，高职项目数为848个，平均每个项目投资达到312万元。

2011—2013年中央财政共安排16.6亿元，推动了国家、省级和学校三级教师培训体系的建立。"十三五"期间，中央财政每年划款6.75亿元，支持开展职业院校教师国家级培训，将国家教学标准、1+X证书制度等纳入培训规划，通过国家级、省级、地（市）级、学校级培训体系逐步完成全员培训，聘请职业高技能人才到学校兼职，全面提升职业院校教师整体素质和能力。2019年教育部等四部门印发《深化新时代职业教育"双师型"教师队伍建设改革实施方案》，计划到2022年，职业院校"双师型"教师占专业课教师的比例超过一半，建设100家校企合作的"双师型"教师培养培训基地和100个国家级企业实践基地，建成360个国家级职业教育教师教学创新团队，为全面提高复合型技术技能人才培养质量提供强有力的师资支撑。

第二，中高职示范引领项目作用明显，参与院校的办学基本条件、人才培养模式、校企合作等方面得到显著提升。

2006年，教育部、财政部在《关于实施国家示范性高等职业院校建设计划加快高等职业教育改革与发展的意见》中提出，要支持100所高水平示范院校建设，重点建成500个左右的特色专业群。2006—2013年中央财政投资共投入专项资金46亿元，分两期实施，支持建设了200所国家示范（骨干）高职院校。中央财政支持的示范性高等职业院校建设计划，带动地方政府支持省级示范高职院校建设数达282所。

2010—2013年中央财政共投入专项资金近100亿元，分三批支持了示范中职建设。2010年教育部、人力资源和社会保障部、财政部发布《关于实施国家中等职业教育改革发展示范学校建设计划的意见》（简称《意见》），在全国范围内重点支持建设一批中等职业教育改革发展示范学校（项目学校包括普通中专、成人中专、职业高中、技工学校）。《意见》指出所需资金主要由中央财政专项安排。2011年，根据《意见》，教育部、人力资源和社会保障部、财政部制定了《国家中等职业教育改革发展示范学校建设计划项目管理暂行办法》，其中指出，建设计划的资金包括中央财政专项资金、地方财政专项资金、项目学校举办者安排的专项资金和学校自筹专项资金。

第三，综合奖补政策发挥作用，生均拨款标准制度基本建立，省级统筹能力加强。

2014年教育部提出在高等职业教育领域实施生均拨款制度，2015年又建立了中职生均拨款制度。从2014年起，中央财政建立"以奖代补"机制，激励和引导各地建立完善高职院校生均拨款制度，提高生均拨款水平，促进高职教育改革发展。中央财政根据各地生均拨款制度建立和完善情况、体现绩效的事业改革发展情况、经费投入努力程度和经费管理情况等给予综合奖补。综合奖补包括拨款标准奖补和改革绩效奖补两部分，由地方统筹用于支持高职教育改革发展。截至2015年12月，已在全国31个省（区、市）建立了高职院校生均拨款制度。随着生均拨款制度的建立，我国各地区职业院校的生均经费投入水平显著提升（参见图4-6）。

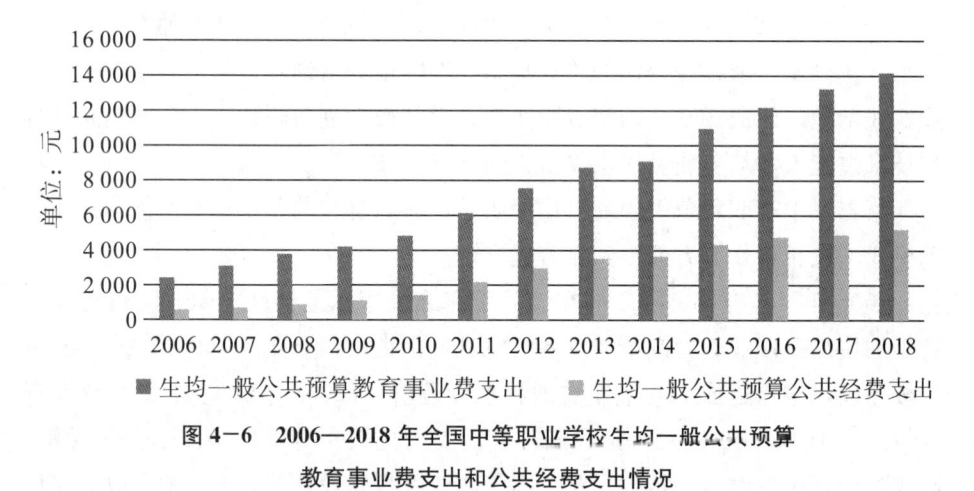

图4-6　2006—2018年全国中等职业学校生均一般公共预算教育事业费支出和公共经费支出情况

数据来源：教育部2006—2018年全国教育经费执行情况统计公告。

第四，学生资助覆盖面和投入规模不断扩大，学生资助体系的服务能力不断增强。

在职业教育学生资助体系的整体框架下，2006—2013年中央财政安排中职国家助学金472亿元，2009—2013年中央财政安排中职免学费补助资金289亿元。中职学生资助和免学费政策的推行产生显著效果。2012年之前中职学生助学金覆盖90%的学生，免学费覆盖30%的学生。2012年后免学费覆盖90%的学生，助学金覆盖30%的学生。资助覆盖面变化情况参见图4-7。

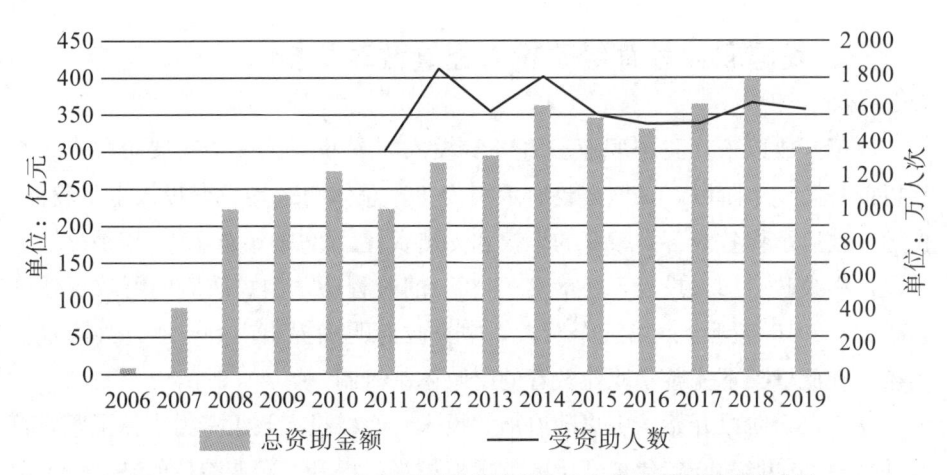

图 4-7　2006—2019 年全国中职学校学生总资助金额和受资助人数

数据来源：2006—2012 年全国中职学校学生总资助金额来源于《2012 年中国学生资助发展报告》，2013 年以后的数据来源于教育部官网。受资助人数从 2011 年开始披露，无之前年份数据。

2007 年至 2011 年，全国共资助中等职业学校学生 7 496.16 万人次，资助金额 1 051.33 亿元。资助学生由 2006 年的 80 万人次增长至 2011 年的 1 348.96 万人次，增长 15.86 倍；资助金额由 2006 年的 8 亿元增长至 2011 年的 223.24 亿元，增长 26.91 倍。2012 年，资助中职学校学生 1 838.11 万人次，资助金额 285.43 亿元（见图 4-7），比上年增加 62.19 亿元，增长 27.86%，比 2006 年增长 34.68 倍。2016 年全国共资助中等职业学校学生 1 502.66 万人次，资助金额 332.13 亿元，其中 1 000.53 万学生享受免学费政策，资助金额 200.11 亿元；249.21 万学生享受国家助学金政策，资助金额 49.84 亿元；地方政府资助 55.67 万人次，资助金额 6.45 亿元；学校资助 55.07 万人次，资助金额 3.58 亿元；社会资助 3.99 万人次，资助金额 1.09 亿元；顶岗实习 138.20 万人次，资助金额为 71.06 亿元。

进入 21 世纪，高等职业教育的学生资助体系日臻成熟。高等职业学校纳入了高等教育学生资助政策体系，从制度上保障了每个学生不因家庭经济困难而失学。2019 年，国家将本专科生国家奖学金奖励名额由 5 万名增加到 6 万名；扩大了高职院校国家励志奖学金覆盖面，将高职学生国家励志奖学金覆盖面提高 10%；扩大了高职院校国家助学金覆盖面，提高了补助标准。

三、我国职业教育经费投入配置改革举措

改革开放以来,我国职业教育经费投入配置经历了三个发展阶段。2004年以前是第一个阶段,以地方政府承担为主,总体财政性教育投入水平较低,由地方政府承担各级各类教育的事权和支出责任。2004年至2016年是第二个阶段,中央政府加大投入,在落实"4%"的过程中,中央政府的财政责任迅速扩大。2016年至今是第三个阶段,中央政府明确提出中央－地方共同事权框架,在此框架下完善了职业教育的财政体制机制。

从第二个阶段开始,中央政府加大投入,经费投入政策有力支持了职业教育体系自20世纪90年代末开始的大规模扩张,提升了职业院校的基础设施和师资能力,建设了一大批高水平的职业院校(杨钋,2020)。以下从事权安排、投入机制、财政体制机制和示范引领项目四个方面来总结近年来我国职业教育经费投入配置改革措施。

(一)将职业教育作为中央和地方共享事权领域,中央和地方政府共同分担职业教育投入责任

2010年颁布的《国家中长期教育改革和发展规划纲要(2010—2020)》提出,要进一步明确各级政府提供公共教育服务的职责,完善包括职业教育在内的各级教育经费投入机制。2014年出台的《国务院关于加快发展现代职业教育的决定》,提出"完善经费稳定投入机制","健全社会力量投入的激励政策",为推动职业教育经费投入机制的发展提供了制度性保障。

2019年国务院办公厅印发了《关于印发教育领域中央与地方财政事权和支出责任划分改革方案的通知》,提出"学前教育、普通高中教育、职业教育、高等教育等其他教育,实行以政府投入为主、受教育者合理分担、其他多种渠道筹措经费的投入机制,总体为中央与地方共同财政事权"。2019年《中华人民共和国职业教育法修订草案(征求意见稿)》的第三十一条、第四十七条、第四十八条和第五十一条对地方政府的职业教育投入体制机制进行了规范,明确了各级政府按照职业院校的隶属关系提供生均经费,并执行省级统筹的机制。

(二)建立健全以政府投入为主、受教育者合理分担、其他多种渠道筹措经费的投入机制

1996年颁布的《职业教育法》规定,省(区、市)人民政府应当制定本

地区职业学校学生人数平均经费标准。职业学校举办者应当按照学生人数平均经费标准足额拨付职业教育经费。各级人民政府、国务院有关部门用于举办职业学校和职业培训机构的财政性经费应当逐步增长。同时，职业学校、职业培训机构可以对接受中等、高等职业学校教育和职业培训的学生适当收取学费。国家鼓励企业、事业组织、社会团体、其他社会组织及公民个人对职业教育捐资助学，鼓励境外的组织和个人对职业教育提供资助和捐赠。上述规定奠定了我国职业教育多元筹资体制的基础。目前，我国职业教育经费来源分为五大渠道，即国家财政性教育经费、社会团体和公民办学经费、社会捐资集资办学经费、学费和杂费、其他教育经费（主要是产业收入和有偿服务等）。

2014年《国务院关于加快发展现代职业教育的决定》明确指出，各级人民政府要建立与办学规模和培养要求相适应的财政投入制度，地方人民政府要依法制定并落实职业院校生均经费标准或公用经费标准，改善职业院校基本办学条件。此后，我国进一步发展了以政府为主导的职业教育财政投入体制。2019年国务院《关于印发教育领域中央与地方财政事权和支出责任划分改革方案的通知》再次明确指出，职业教育"实行以政府投入为主、受教育者合理分担、其他多种渠道筹措经费的投入机制"。同年颁布的《国家职业教育改革实施方案》也规定，各级政府要建立与办学规模、培养成本、办学质量等相适应的财政投入制度，地方政府要按规定制定并落实职业院校生均经费标准或公用经费标准。鼓励社会力量捐资、出资兴办职业教育，拓宽办学筹资渠道。

（三）实施重大项目，引领职业教育发展

"十一五"期间，中央和地方加大了职业教育基础能力建设的力度，中等职业学校的办学条件有了明显的改善，高等职业院校服务社会的能力有了显著提升。国务院决定"十一五"期间通过中央财政对职业教育投入100亿元，重点支持"四大工程"和"四大计划"。"十二五"期间（2010—2015年），国家又实施了一系列涉及高等职业教育专业建设、教师发展、人才培养质量、技能大赛、示范性高等职业院校建设等方面的专项项目。专项项目有力支持了职业教育基础能力的提升，改善了职业院校的办学条件，增强了职业教育的吸引力，促进了职业教育质量和教育公平的提升。

1. 积极开展基础能力建设项目

职业教育实训基地建设计划。2004—2013年，中央财政共投入专项资金78亿元，支持建设了4 556个职业教育实训基地。2004—2007年，中央安排20亿元专项资金实施"推进职业教育发展专项建设计划"，加强了约1 000所市、

县级骨干中等职业学校（职教中心）的建设。

职业院校教师素质提高计划。2007—2013年中央财政共投入专项资金21亿元，引导和激励各地对职业院校优秀骨干教师进行了培训。2011年教育部、财政部发布《实施职业院校教师素质提高计划的意见》，2013年教育部、财政部印发了《职业院校教师素质提高计划中等职业学校专业骨干教师培训项目管理办法》等三个文件，进一步明确了相关规定。2011—2015年，教育部和财政部组织5万名中等职业学校专业骨干教师参加国家级培训，从中选派2 000名优秀学员出国进修，各省（区、市）组织20万名中等职业学校专业骨干教师参加省级培训。根据"中等职业学校青年教师企业实践项目"安排，教育部和财政部2011—2015年组织选派2万名中等职业学校青年教师到企业进行专业实践，项目所需经费以中央财政投入为主。

高等职业学校提升专业服务产业能力建设项目。该项目以提升专业服务产业发展能力为出发点，整体提高高等职业学校办学水平和人才培养质量，提高高等职业教育服务国家经济发展方式转变和现代产业体系建设的能力。中央补助资金主要用于专业人才培养方案制订与实施、课程与教学资源建设、实训实习条件改善、现代信息技术应用与数字校园建设、校企合作制度与管理运行机制建设、师资队伍与服务能力建设、实训实习耗材补贴、实习意外伤害保险等，不得用于基本建设、人员经费和化债等方面。2011—2012年，中央财政共投入专项资金40亿元，支持全国976所独立设置公办高等职业学校重点建设1 810个专业，惠及在校生61万人。

高等职业教育专业教学资源库建设项目。作为国家示范高职院校建设的一部分，教育部自2010年启动了职业教育专业教学资源库建设项目。2014年教育部对建设思路进行调整，根据"辅教辅学、扩展培训"的基本定位、"国家急需、全国一流"的水平要求和"碎片化资源、结构化课程、系统化设计"的设计思路，研制发布了建设指南，采用"统一要求、自主建设、自愿申请、择优支持"的原则。2010—2013年，中央财政共投入专项资金2.2亿元。截至2018年，累计批准111个建设项目和69个备选建设项目。

2. 不断深化示范引领项目

在中等职业教育层次，国家开展了"中等职业教育改革发展示范学校建设计划"。建设计划以提高中等职业教育改革发展水平为目标，支持1 000所办学定位准确、产教结合紧密、改革成绩突出的中等职业学校，以推进工学结合、校企合作、顶岗实习为重点，以加强队伍建设、完善内部管理、创新教育内容、改进教育手段为保障，进一步深化办学模式、培养模式、教学模式和评价模式改革，切实加强内涵建设，着力提高人才培养质量。

在高等职业教育层次，2006—2013年国家开展了"国家示范性高等职业院校建设计划"。该计划的总体目标是通过实施国家示范性高等职业院校建设计划，使示范院校在办学实力、教学质量、管理水平、办学效益和辐射能力等方面有较大提高，特别是在深化教育教学改革、创新人才培养模式、建设高水平专兼结合专业教学团队、提高社会服务能力和突出办学特色等方面取得明显进展。发挥示范院校的示范作用，带动高等职业教育加快改革与发展，逐步形成结构合理、功能完善、质量优良的高等职业教育体系，更好地为经济建设和社会发展服务。中央财政共投入专项资金46亿元，分两期实施，重点支持建设了200所国家示范（骨干）高职院校。2019年《国家职业教育改革实施方案》提出，到2022年职业院校教学条件基本达标，建设50所高水平高等职业学校和150个骨干专业（群），推动建设300个具有辐射引领作用的高水平专业化产教融合实训基地。

3. 持续完善综合奖补项目

2013年，中央财政安排职业教育"以奖代补"专项资金64亿元，用于各地建立完善职业教育生均拨款制度，改善职业院校办学条件，加强"双师型"教师培训和实训基地建设，提升职业教育基础能力和教学质量。通过中央专项资金的支持，带动地方政府投入18亿元，推动了各地建立完善以改革和绩效为导向的职业教育生均拨款制度，促进了职业院校办学模式改革和办学条件的改善。

4. 积极建立和拓展学生资助项目

在中等职业教育阶段，我国建立了以国家奖学金、国家助学金和免学费为主，地方政府资助、学校和社会资助等为补充的资助政策体系。在本专科教育阶段，建立了国家奖学金、国家励志奖学金、国家助学金、国家助学贷款、基层就业学费补偿国家助学贷款代偿、服兵役国家教育资助、师范生公费教育、新生入学资助、勤工助学、校内奖助学金、困难补助、伙食补贴、学费减免及新生入学"绿色通道"等相结合的资助政策体系。

2005年，国务院《关于大力发展职业教育的决定》提出建立职业教育贫困家庭学生助学制度。2007年，国务院发布《关于建立健全普通本科高校高等职业学校和中等职业学校家庭经济困难学生资助政策体系的意见》，中职学生首次被纳入资助体系。2009年《关于中等职业学校农村家庭经济困难学生和涉农专业学生免学费工作的意见》出台，规定从2009年秋季学期起，公办中等职业学校全日制正式学籍一、二、三年级在校生中农村家庭经济困难学生和涉农专业学生逐步免除学费，逐步实行中等职业教育免费。2012年《关于扩大中等职业教育免学费政策范围进一步完善国家助学金制度的意见》将免费范围扩大到所有农村（含县、镇）学生，城市涉农专业和家庭经济困难学生。

2019年《关于印发教育领域中央与地方财政事权和支出责任划分改革方案的通知》规定将中等职业教育免学费补助、国家助学金、国家奖学金，高等职业教育国家助学金、国家奖学金纳入共同事权范畴。2019年财政部、教育部、人力资源和社会保障部、退役军人部、中央军委国防动员部印发《学生资助资金管理办法》，规定中职免学费补助资金和国家助学金均由中央财政统一按每生每年平均2 000元的测算标准与地方分档按比例分担。2019年，教育部、人力资源和社会保障部、财政部印发《中等职业教育国家奖学金评审暂行办法》，规定中职国家奖学金由中央财政出资设立，用于奖励中等职业学校（含技工学校）全日制在校生中特别优秀的学生。

四、我国职业教育经费投入配置效益

新中国成立70多年来职业教育经费投入配置的改革举措，促进了我国职业教育事业的发展、质量的提升，以及职业教育结构的优化。对职业教育经费投入配置效益的分析，要结合职业教育事业发展、质量提升和结构优化来进行。以下围绕职业教育经费投入配置带来的规模效益、结构效益和质量效益这三个维度进行简要分析。

（一）我国职业教育经费投入配置的规模效益

职业教育经费投入是职业教育事业发展的基础。无论是在计划经济体制下，还是在我国社会主义市场经济转型时期，职业教育经费投入均有力地支持了以学校为基础的职业教育和培训规模的扩张。以投入为基础的规模扩张可通过职业院校数量、在校生数量及其增长率来衡量。

首先，改革开放以来，我国中等职业教育规模有了较大的增长。以中等专业学校为例，其在校生数量从2001年开始连续9年增长，在2010年达到峰值（参见图4-8）。

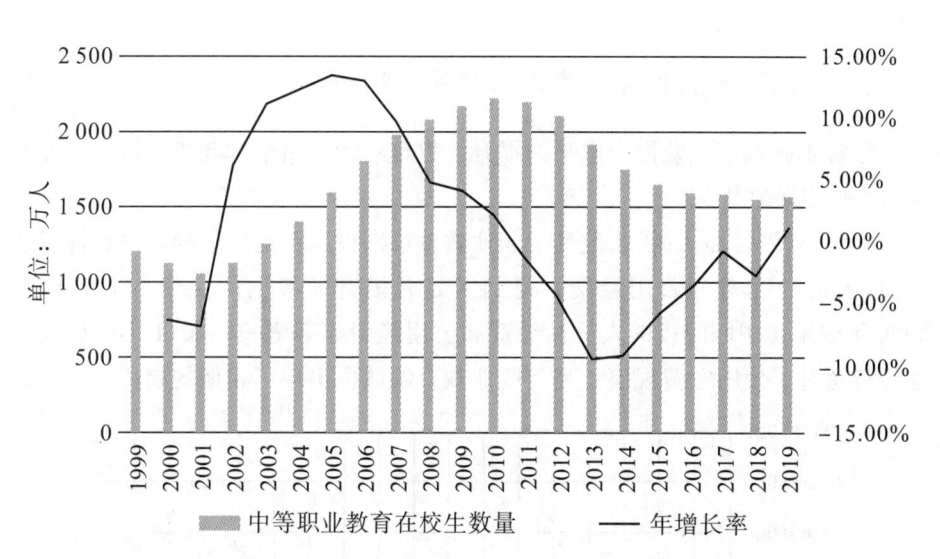

图 4-8　1999—2019 年全国中等职业学校在校生数量及其年增长率

数据来源：历年《中国教育统计年鉴》。1999—2002 年中等职业学校在校生数量为中等专业学校、技工学校、职业中学、工读学校学生数量加总而成，年增长率为后一年比前一年的增长率。

其次，20 世纪 90 年代末以来，高等职业教育院校数量和在校生数量在 20 年间显著增长（参见图 4-9）。可见，随着职业教育经费投入的增加，高等职业教育的规模有了显著的提升。

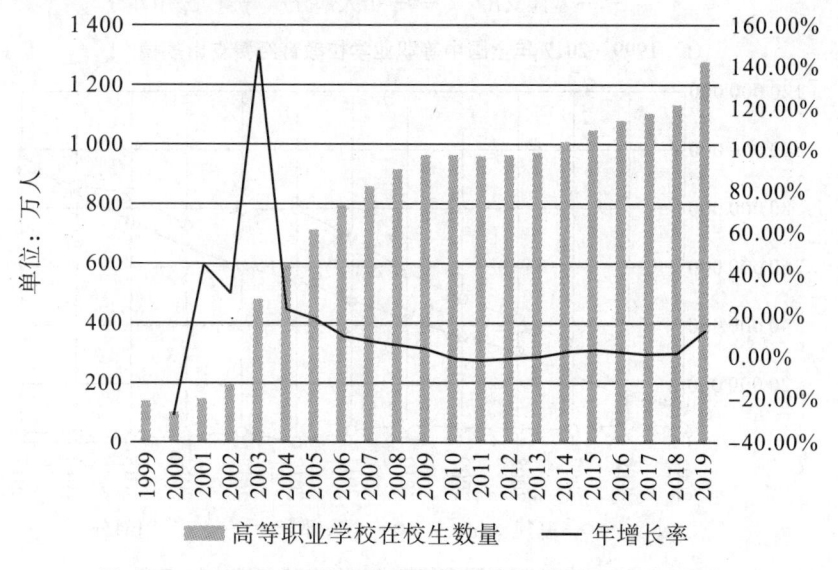

图 4-9　1999—2019 年高等职业学校在校生数量及其年增长率

数据来源：高等职业教育在校生数量来源于 1999—2019 年《中国教育统计年鉴》。高职在校生数量的年增长率由笔者计算所得。

(二)我国职业教育经费投入配置的结构效益

随着职业教育经费投入水平的提升,教育经费支出结构和职业教育事业的相对规模也随之优化。

首先,经费投入的扩张改变了职业教育长期投入不足的局面,事业性经费(包括人员性经费和公用经费)得到了显著提升[参见图4-10(a)(b)]。2006年以来,中职院校的人员性经费和公用经费显著增长,2014年以后人员性经费超过了公用经费规模。高等职业教育领域也出现了相似的趋势。

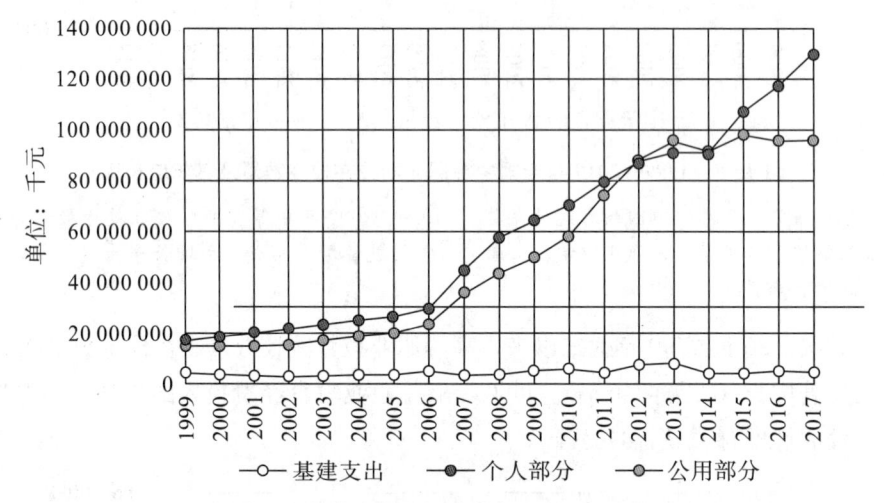

(a) 1999—2017年全国中等职业学校教育经费支出规模

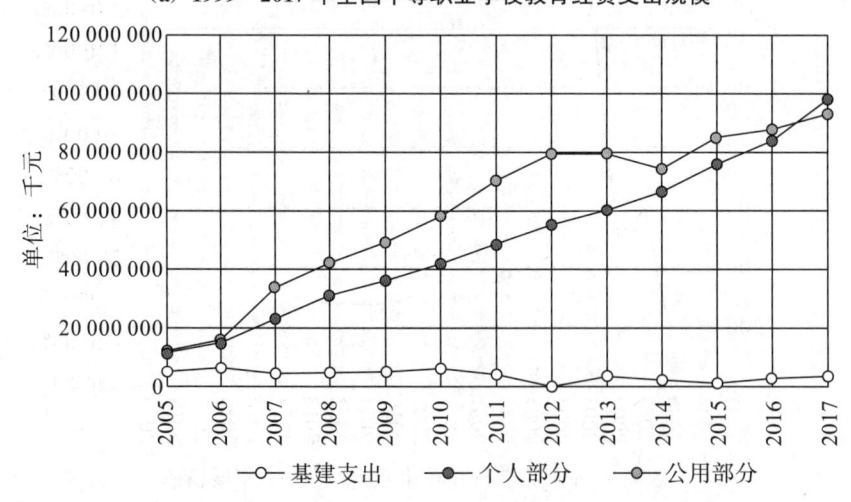

(b) 2005—2017年全国高等职业学校教育经费支出规模

图4-10 职业学校教育经费支出规模

数据来源:历年《中国教育统计年鉴》。

其次，教育经费支出结构也随着投入的增加而变化。一方面，随着职业教育财政性投入的增加，人员性支出比例增加，教师待遇明显改善。另一方面，基建支出在职业教育扩张早期占比较高，随着规模扩张速度减慢，基建支出占比逐步下降［参见图4－11（a）（b）］。

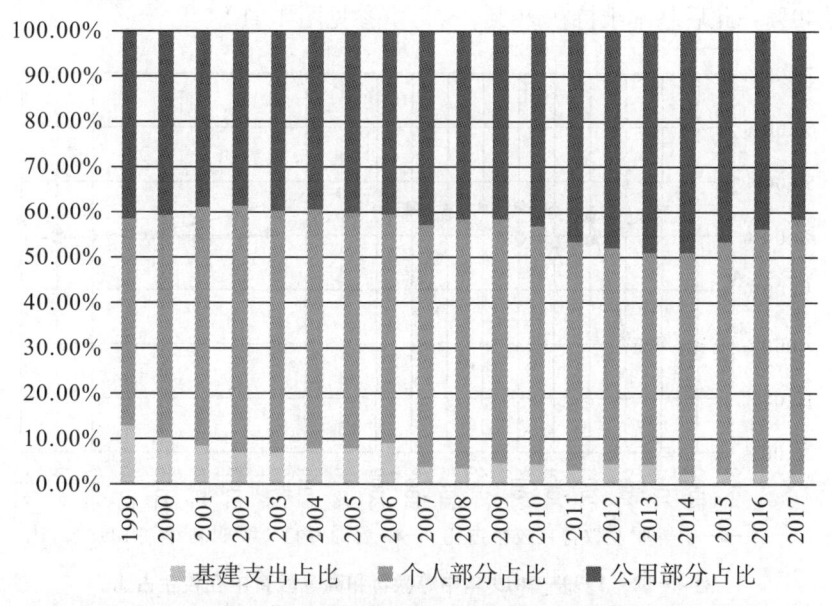

(a) 1999—2017年全国中等职业学校教育经费支出构成

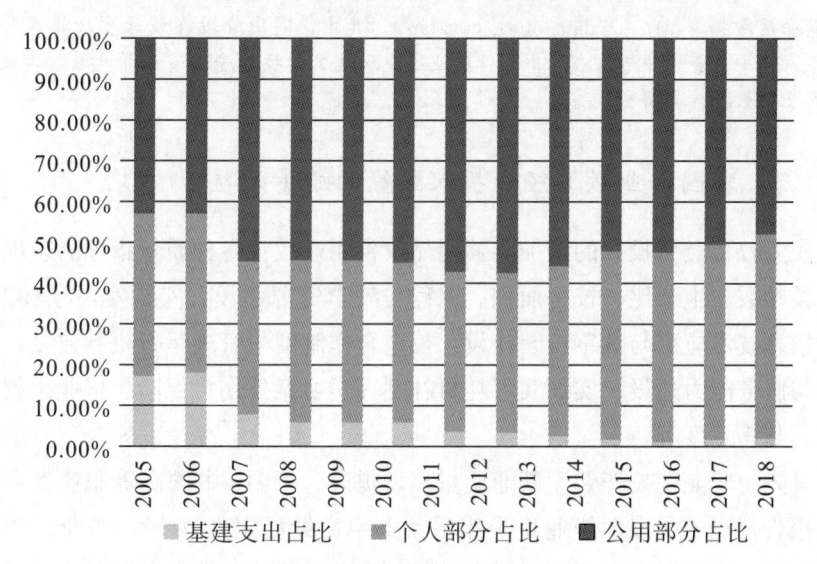

(b) 2005—2018年全国高等职业学校教育经费支出构成

图4－11 职业学校教育经费支出构成

数据来源：历年《中国教育统计年鉴》。

再次，经费投入配置的改革使得职业教育相对于普通教育的规模发生变化。高等职业教育经费投入支持其在校生规模大发展，高等职业教育在校生数量逐步达到了高等教育在校生数量的40%。与普通高中相比，中等职业教育学生数量的变化较大。1999年到2003年，中职在校生的比重从接近60%降至不到40%，此后基本维持在40%～50%（参见图4-12）。

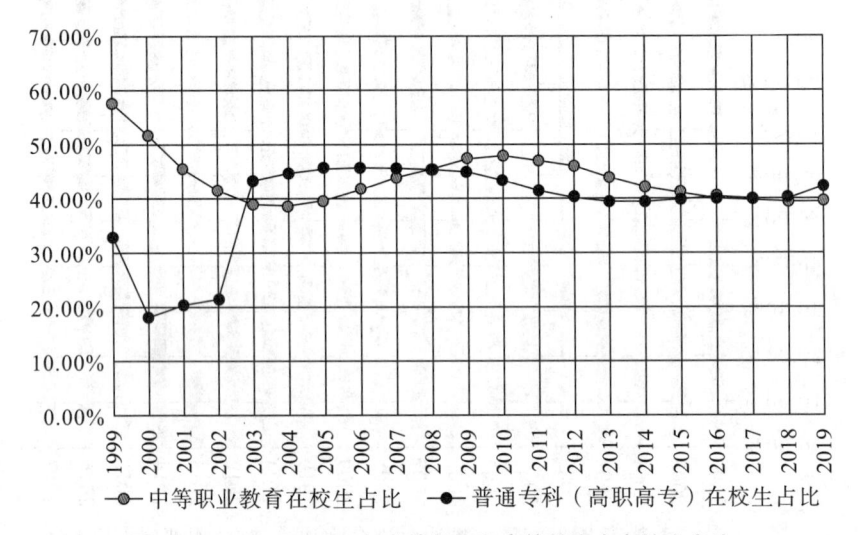

图4-12 1999—2019年中等教育和高等教育中在校生占比

数据来源：普通本专科、高中阶段、普通高中和中等职业教育在校学生数来源于国家统计局年度数据（https://data.stats.gov.cn/）。其中，高中阶段在校学生数指在普通高中、成人高中、普通中专、成人中专、职业高中和技工学校接受教育的学生数。占比由笔者根据上述数据计算得出。

（三）我国职业教育经费投入配置的质量效益

职业教育经费投入的增加能够明显改善职业教育各种质量指标的表现，如专任教师数、生师比、校舍面积、课程与教学资源建设、实训实习条件改善、现代信息技术应用与数字校园建设、校企合作制度与管理运行机制建设、师资队伍与服务能力建设、实训实习耗材补贴、实习意外伤害保险、毕业生就业率和起薪与满意度等。

首先，职业院校毕业生就业质量显著提升。《2019中国高等职业教育质量年度报告》显示，高职毕业生半年后就业率持续稳定在92%，毕业三年后月收入增幅达到76.2%，毕业生本地就业率接近60%，到中小微企业等基层服务的比例保持在60%以上。从2003年到2017年本专科毕业生就业情况来看（参见图4-13和图4-14），专科生的就业落实情况逐年好转，且与本科生的差距逐步缩小,并逐步超越本科生(岳昌君、周丽萍,2017)。2003年专科生就业落实率仅为33.8%,2017年为88.9%。同期,专科毕业生起薪也有大幅度增长,从2003年的1 356元提升到2017年的3 185元。

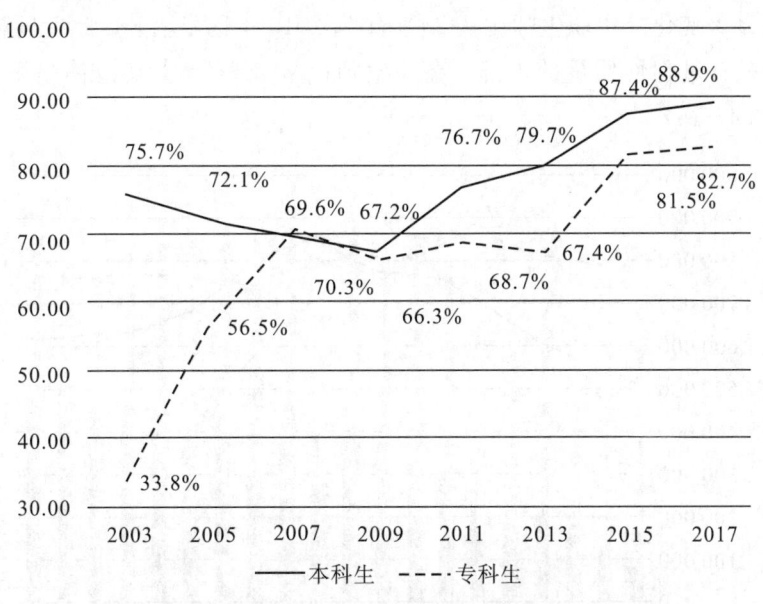

图4-13　2003—2017年本科生和专科生的就业落实率

数据来源:岳昌君,周丽萍.中国高校毕业生就业趋势分析:2003—2017年[J].北京大学教育评论,2017(4):92.

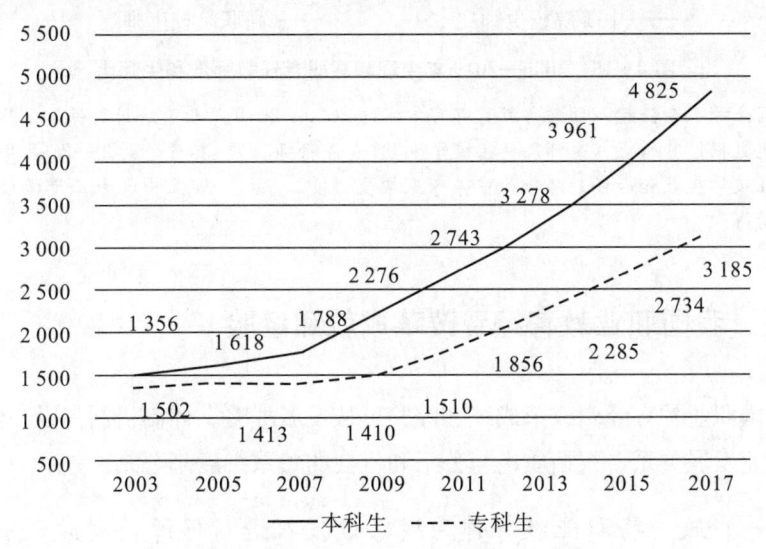

图4-14　2003—2017年本科生和专科生的月起薪

数据来源:岳昌君,周丽萍.中国高校毕业生就业趋势分析:2003—2017年[J].北京大学教育评论,2017(4):94.

其次，职业院校过程性质量指标显著改善。中等职业院校的专任教师数量逐步增加，在2008—2009年达到高峰，并保持在较高水平；高职专任教师数从2000年不足10万人增长到2019年的超过50万人。同期，职业教育生师比也发生显著变化。中职生师比从2001年到2010年逐步上升，此后显著下降，体现了教育过程性质量的提升。高职生师比从2004年开始总体呈下降趋势（参见图4-15）。

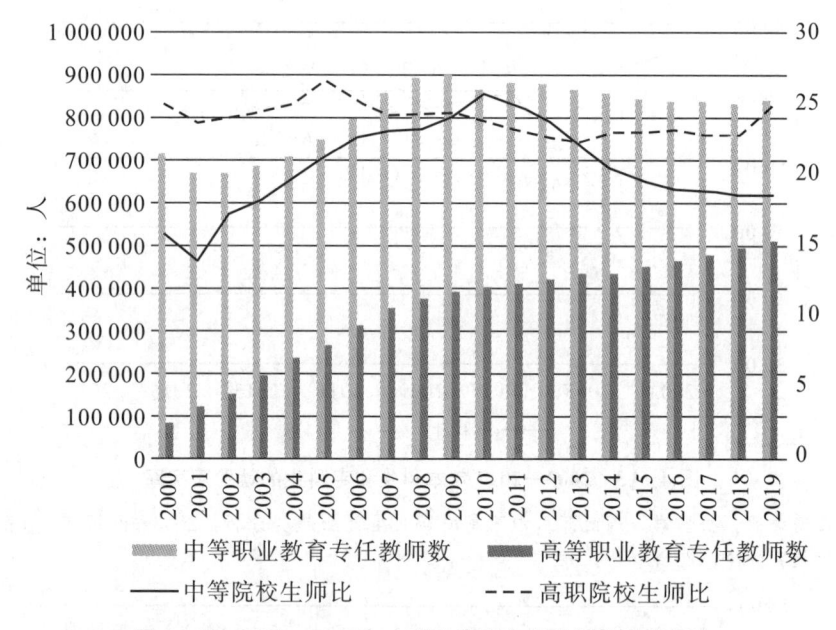

图4-15 2000—2019年中职和高职专任教师数和生师比

数据来源：专任教师数来自教育部官方网站2000—2019年教育统计数据，生师比由笔者经上述数据计算所得（生师比＝在校学生数/专任教师数）。其中，2000—2002年中等职业教育在校学生数和专任教师数为中等专业学校、技工学校、职业中学和工读学校相关数据加总所得。

五、我国职业教育经费改革成就和经验

我国职业教育经费改革成绩和经验可从发展战略、体制机制建设、经费投入与事业发展关系、权衡质量与公平和机会的关系维度来总结。

（一）政府将职业教育作为战略性投入进行保障，财政教育的投入力度持续加大，实现了财政教育经费投入的历史性增长

在《中国教育改革和发展纲要》《面向21世纪教育振兴行动计划》《关于

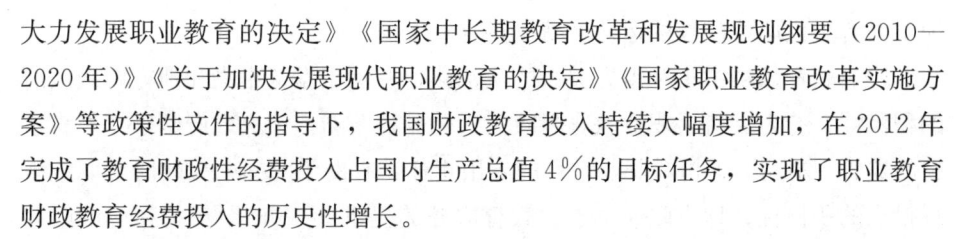

大力发展职业教育的决定》《国家中长期教育改革和发展规划纲要（2010—2020年）》《关于加快发展现代职业教育的决定》《国家职业教育改革实施方案》等政策性文件的指导下，我国财政教育投入持续大幅度增加，在2012年完成了教育财政性经费投入占国内生产总值4%的目标任务，实现了职业教育财政教育经费投入的历史性增长。

重大职业教育财政政策体现了国家和教育主管部门高度的政治责任感，将职业教育投入作为扶贫攻坚、推进教育公平、支持经济增长和产业转型升级的战略性投入。职业教育财政政策体现了历届政府"以人为本""建设和谐社会""全面建成小康社会"的执政理念，将职业教育作为重要的民生问题，以促进职业教育的发展来促进社会公平而有质量的发展。特别值得注意的是，近年来中央财政教育转移支付资金多用于中西部地区、贫困地区的职业教育事业发展，促进了教育公平的实现。

（二）高度重视顶层设计和系统性的教育财政体制机制建设，发挥中央和地方的积极性

2004年以来，职业教育财政的体制机制建设取得了长足进展。在宏观层面，职业教育领域加强了中央和地方关系的法治化，明确了各级政府在职业教育中的职责和支出责任。实行中职和高职以财政投入为主、其他渠道筹措经费为辅的筹资机制。在微观层面，建立完善中高职生均拨款制度，建立健全了从中职到高职的家庭经济困难学生资助政策体系。

在职业教育财政体制机制建设方面，我国对中央和地方政府在职业教育公共服务中的事权与支出责任进行了调整。2019年国务院办公厅印发了《关于印发教育领域中央与地方财政事权和支出责任划分改革方案的通知》，将中等职业教育免学费补助、国家助学金、国家奖学金和高职的国家助学金和国家奖学金纳入共同事权范畴，还一般性地提出，"学前教育、普通高中教育、职业教育、高等教育等其他教育，实行以政府投入为主、受教育者合理分担、其他多种渠道筹措经费的投入机制，总体为中央与地方共同财政事权"。这意味着中央政府将职业教育的部分事权纳入自己的管辖范围，并承担了相应的支出责任。

在此框架下，中央政府基于"教育事权的监管－调控"承担对职业教育的支出责任，主要通过转移支付来实施。目前中央政府在职业教育领域的转移支付覆盖了学生资助、基础能力建设、示范引领和生均拨款标准等领域。地方政府基于"教育服务的提供（举办）"承担相应的财政支出责任，主要方式是作

为举办者提供职业院校的运营经费（杨钋，2020）。

职业教育领域中央和地方关系的法治化，有利于发挥中央和地方两级政府的积极性，有力支持了职业教育财政投入体制的革新。中央政府基于"教育事权的监管－调控"承担对职业教育的支出责任，有助于发挥中央政府对职业教育投入的积极性；地方政府基于"教育服务的提供（举办）"承担相应的财政支出责任，有助于激发地方政府对职业教育投入的积极性。

微观层面职业教育财政政策体系的完善，为发挥中央和地方两级政府的积极性创造了载体和工具。在学生资助政策领域，2005年《国务院关于大力发展职业教育的决定》提出建立职业教育贫困家庭学生助学制度。2007年，国务院发布《关于建立健全普通本科高校高等职业学校和中等职业学校家庭经济困难学生资助政策体系的意见》，中职学生首次被纳入资助体系。近年来，我国中等和高等职业教育学生资助体系逐步完善。其中，中等职业教育免学费补助、国家助学金、国家奖学金和高职的国家助学金和国家奖学金等项目由中央政府和地方政府共同担负支出责任，"分项目、按比例"设定的配套投入责任确保两级政府积极支持学生资助体系的发展。

2014年教育部发布《关于建立完善以改革和绩效为导向的生均拨款制度加快发展现代高等职业教育的意见》，提出各地建立完善高职院校生均拨款制度，应当覆盖全部所属独立设置的公办高职院校。举办高职院校的国务院有关部门，应当参照院校所在地公办高职院校的生均拨款标准，建立完善所属高职院校生均拨款制度。2015年财政部、教育部与人力资源和社会保障部印发《关于建立完善中等职业学校生均拨款制度的指导意见》，提出到2016年底，各地应当建立完善中职学校生均拨款制度的目标。各地要根据本地区经济社会发展水平、职业教育发展规划、专业办学成本差异、财力状况等因素，因地制宜、科学合理地确定中职学校生均拨款标准（综合定额标准或公用经费定额标准），并逐步提高拨款水平。

高职和中职生均拨款制度由中央政府教育主管部门制定，地方政府实施，并由中央政府根据具体情况提供"奖补"经费予以支持。生均拨款制度一方面强化了地方政府对职业教育的支出责任，另一方面也鼓励中央政府通过转移支付来弥合地区差异，发挥了两级政府的积极性。

（三）重视经费投入与事业发展关系，抓住职业教育发展的关键环节，以重点项目建设引领职业教育发展模式转型

近年来，职业教育从外延扩张阶段过渡到内涵建设阶段。在外延扩张阶

段,我国政府强调通过"成本分担"来建立多元化投资体制,确保政府投入与社会投入互相配合。第十一个五年规划实施以来,职业教育逐步进入内涵建设阶段,中央政府开始加大对职业教育的投入。我国政府在"十一五""十二五"和"十三五"期间,通过基础能力建设、示范引领项目、学生资助和综合奖补四大类专项项目,促进了中高等职业教育发展模式的转型。2014年以来,伴随着现代职业教育体系的建设,中等职业教育逐步从生源需求吸纳型教育机构转变为兼具职业教育与培训功能的产业技能供给机构和升学服务机构,高等职业教育也发展为新类型的高等教育机构,逐步融入地方创新体系。

职业教育基础能力建设项目包含四大项目,其中高等职业学校提升专业服务产业能力建设项目和职业院校教师素质提高计划提升了职业院校服务地方产业发展的能力。通过职业教育基础能力建设项目的支持,部分高职院校开始与地方中小企业和科研院所合作,参与产品中试、工艺创新、组织流程创新以及应用型人才合作培养。随着新技术在制造业的广泛应用,高职院校逐步由教学型机构转变为教学和应用型科研机构,成为地方创新体系的重要组成部分。职业教育基础能力建设项目不仅提供了职业院校参与政校企合作的动力和经费、政策支持,还提供了人才培养模式变革的定位和方向,促使职业院校的功能定位拓展为"教育+发展+创新"的新知识三角。

示范引领项目为我国培养了一大批具备世界先进水平的职业院校。此类项目强调以推进职业院校的工学结合、校企合作、顶岗实习为重点,以加强队伍建设、完善内部管理、创新教育内容、改进教育手段为保障,进一步深化办学模式、培养模式、教学模式和评价模式改革。通过这种以人才培养模式变革为目标的组织创新,我国高职院校确立了以工学结合、校企合作为特征的人才培养模式,形成了具备中国特色的职业教育发展模式。这种技能合作创新的中国模式是职业教育经费投入与事业发展相匹配的产物。

(四)权衡质量、公平和机会的关系,在建设高水平院校的同时,以基础能力建设和学生资助体系提供"托底保障",确保质量与公平和机会同步发展

作为系统性改革,职业教育经费改革需要兼顾质量、公平与机会,在扩大优质职业教育供给的同时,兼顾职业院校基本服务能力的提升和以学生资助体系扩大职业教育机会,这是我国职业教育经费改革的另一条基本经验。

2010年以来,政府通过"中等职业教育改革发展示范学校建设计划"和"国家示范性高等职业院校建设计划"建立起1 000所优质中等职业教育机构和

200所优质高等职业教育机构。目前，国家示范中职学校约占中等职业教育学校的十分之一，国家示范和骨干高职院校约占高职院校的七分之一。高水平职业院校建设一举改变了我国职业教育领域优质教育资源供给不足的局面。

同时，中央财政通过支持职业教育实训基地建设计划、职业院校教师素质提高计划、高等职业学校提升专业服务产业能力建设项目、高等职业教育专业教学资源库建设项目，极大提升了多数职业院校的基础人才培养能力，改善了非示范院校学生的教学和学习质量。例如，职业教育实训基地建设实施期间，中央财政先后投入38.6亿元，地方财政与职业院校和行业企业投资34.9亿元，共同建设了2 356个实训基地，中职项目数为1 508个，高职项目数为848个。中央财政为高等职业学校提升专业服务产业能力建设项目投入专项资金40亿元，支持全国976所独立设置公办高等职业学校重点建设1 810个专业，惠及在校生61万人。这些专项项目虽然采用了竞争性的资源分配，由于其覆盖面较大，惠及较多的职业院校和专业，使得普通职业院校的人才培养质量也得到了较大提升，具有一定的普惠性。

此外，职业教育学生资助体系的扩张也使更多弱势群体学生能顺利完成学业。例如，2019年国家资助中职学校学生1 592.86万人次，资助金额305.00亿元。其中，中职教育资助财政资金投入302.75亿元，占中职资助资金总额的99.26%。2019年，1.99万中职学生享受国家奖学金政策，奖励金额1.19亿元；296.32万中职学生享受国家助学金政策，资助金额59.26亿元；1 161.93万学生享受免学费政策，资助金额232.39亿元；地方政府资助99.85万人次，资助金额9.91亿元；学校资助29.54万人次，资助金额1.47亿元；社会资助3.23万人次，资助金额0.78亿元。各类学生资助项目促进了教育机会和公平的发展[①]。

六、当前我国职业教育经费改革存在的局限及对策建议

（一）职业教育经费改革存在的问题

对我国职业教育经费改革存在的问题可以从两大方面进行分析。一是职业教育经费投入配置存在的问题，二是职业教育经费投入配置与职业教育事业发

---

① 教育部全国学生资助管理中心.中国学生资助发展报告（2020年）[EB/OL].（2021-09-16）[2022-04-15]. http://www.xszz.cee.edu.cn/index.php/shows/70/7262.html.

展关系的问题。

教育经费投入配置中有五个方面的问题。一是职业教育经费在教育总经费和财政性教育经费中的占比下滑。在总经费方面,近年来我国职业教育经费和财政性教育经费持续增长,但由于其速度慢于全国教育经费和财政性教育经费的增长速度,二者在全国教育经费和财政性教育经费中的比重持续下滑。在生均经费方面,虽然中职与普通高中的生均经费大体相当,但高职与本科院校的生均差距持续扩大,生均职普经费的对比凸显了职业教育经费增长的相对乏力。

二是改善投入结构"一条腿粗、一条腿细"局面的任务艰巨。1996年中等专业学校和职业中学的国家财政性教育经费占比约为65%,事业收入约占26%~32%。2017年中等职业教育中国家财政性经费投入占比超过88%,民办学校举办者投入和事业收入占比之和不足10%。同年,高等职业教育中国家财政性经费投入占比超过65%,民办学校举办者投入和学费收入占比之和不足27%。由此可见,职业教育经费结构的政府和市场划分出现了显著变化。在多元化筹资体制下,形成了财政性教育经费和非财政性教育经费"一条腿粗、一条腿细"的局面。在当前的政策环境下,调整经费投入的政府和市场划分结构的难度大,激发中职和高职院校获取市场资源意愿的挑战也很大。

三是多渠道投入机制对地方政府和举办者激励不足。当前教育财政策略的关键是压缩教育主管部门和教育机构在自我筹集预算外资金方面的自由度,这在职业教育财政领域表现为实行免费的中等职业教育和控制职业院校学费的增长。这些政策导致职业教育机构向体制内竞争财政资源的冲动增强,筹措预算外资金的能力变弱,多渠道投入机制的成本分担功能弱化。近年来中央政府加大了对职业教育的投入,有可能"挤出"了地方政府和其他职业院校举办者的职业教育投入。当前中职教育民办学校举办者投入不足0.4%,高职民办学校举办者投入不足1.4%。显然,目前鼓励地方政府和职业教育民办学校举办者加大投入的政策实施效果不佳。

四是专项项目的激励作用和可持续性发展面临挑战。作为政府运作的特定形式,项目制是在财政体制的常规分配渠道之外,按照中央政府意图,自上而下以专项化资金方式进行资源配置。项目制在一定条件下可以集中力量办大事,高效率配置资源。"十一五"和"十二五"期间累计超过千亿元的中央职业教育专项项目投入显著改善了职业院校的基本办学条件,建设了一批优质中职和高职院校,在扩大职业教育就学机会的同时提升了职业教育质量。然而,项目制也能导致职业院校只关注"向上负责",产生效率损失,背离职业教育

"社会平衡器"的功能。此外,项目制取得的成就与我国政府长期致力于达成"4%"的政策目标相关。2012年"4%"目标实现以后,职业教育领域三个增长的速度放缓,专项项目的数量和规模有所下降。在未来经济增速放缓的环境中,以专项项目为载体的中央对地方政府职业教育的转移支付也会放缓,这会显著影响专项项目的激励作用和可持续发展。

五是生均拨款制度与职业教育经费投入可持续性增长之间存在张力。近年来,中职招生数量逐年减少,中职学生占高中阶段学生数的比重大幅度下滑,2017年降至40%左右。在以生均拨款标准为主的职业教育经费投入体系下,中职学生的持续减少将进一步制约中职教育经费、中职财政性教育经费的规模及其在总经费中的占比。与此同时,2019年和2020年高等职业教育先后扩招300万学生,这给生均拨款制度带来极大的财政压力。生均拨款制度适用于生源稳定的环境,在生源大幅度变化的环境中,它会影响职业教育经费投入的可持续性发展。

职业教育经费投入配置与职业教育事业发展关系中也存在一些问题。一是职业教育经费投入的结构效益和质量效益有待进一步提升。毋庸置疑,近年来职业教育投入的持续增加扩大了职业教育就学机会,产生了积极的规模效益。然而,职业教育结构效益和质量效益的提升慢于规模效益的增长。这一方面是由于结构效益和质量效益指标本身变化较为缓慢且受外部影响大,另一方面是由于目前职业教育经费投入重点仍未完全从规模扩张转向内涵质量建设。例如,生均拨款制度和学生资助制度均与招生数或在校生数挂钩,而未能与毕业生数和毕业生就业质量挂钩。二是对职业教育经费投入的评价仍未与职业教育事业发展联系起来。当前,职业教育经费投入配置仍是独立的政策领域,未能与职业教育事业发展的其他领域联系起来。对职业教育经费投入配置的评价往往采用绩效评价的方式,从财务视角来评估资金使用效率,忽视了资金对学生发展、院校发展和职业教育体系发展的贡献和影响。成本－效益和成本－收益原则尚未能引入对职业教育经费投入的评价体系。在新的权责发生制会计体系下,职业院校尚未能建立基于功能支出分类的经费归集和分析系统。这些都制约了对经费投入使用效率的全面评价。

(二)职业教育经费改革的对策建议

一是解决职业教育经费改革与事业发展缺乏衔接的问题。经过70多年的发展,我国职业教育的主要问题已经从"上学难"的问题转变为"上好学"的问题,即满足人民群众对优质职业教育的多元化需求的问题。在此背景下,职业教育经费投入应从满足职业教育快速扩张转变为支持职业教育的内涵发展和质量提升。在内涵发展和质量提升阶段，职业教育经费投入具有二重属性：一方面，经费投入是基本办学条件或者办学基础能力；另一方面，它也反映了职业教育发展水平，是衡量职业院校和职业教育体系发展的关键指标。

基于这个认识，要将经费投入改革与职业教育事业发展的关键环节联系起来，关注经费投入与职业教育三个质量的关系，即结构质量（如办学基础条件等），过程质量（如师资队伍、人才培养模式、教与学条件、课程建设、专业建设、实践教学、校企合作、产教融合、质量保障体系等）和效果质量（如教学效果、学生发展、社会服务能力、办学效益、社会评价、国际影响力、服务贡献等）的关系。在确定了经费投入与职业教育的结构质量、过程质量和效果质量的关系后，就可以确定教育事业发展对经费投入规模、结构、类型和投入方式的短期、中期和长期需求。现阶段需要开展大量高水平的实证研究来确定经费投入与职业教育的结构质量、过程质量和效果质量的关系，从而为科学的规划和使用职业教育经费提供分析性基础。在深入研究的基础上，政府可以协同规划职业教育经费投入和事业发展，以系统性思维建立二者之间的有机联系，促进职业教育经费和事业的可持续发展。

二是为职业教育发展动员更多支持性力量，发挥中央和地方两个积极性，发挥体制内其他部门和市场主体的积极性。近年来，随着地方政府财力的提升，社会力量参与办学的积极性也在提高，在我国部分地区出现了社会力量与地方政府、行业企业合作建设高水平产教融合型企业、产教融合型高校的尝试。如何通过职业教育多元化筹资机制和多元办学体制的结合来为职业教育发展动员更多的支持性力量是我国下一阶段职业教育政策制定的重点和难点。

《国家职业教育改革实施方案》已提出多种激励产教深度融合发展的政策措施，这些措施有助于发挥体制内其他部门、行业企业和其他社会力量参与和举办职业教育的积极性。职业教育经费改革要积极响应和支持中央政府的上述激励措施，鼓励地方职业院校先行先试，为产教融合协同发展提供新经验和新模式。在这一过程中，将"单一部门（教育部门）办职业教育"转变为"多部门办职业教育"，形成实质性的多元办学和多元投资职业教育的新局面。

三是为支持高职扩招和现代职业教育体系建设，改革有关的教育财政体制机制。高职扩招和现代职业教育体系建设将使得职业教育供给侧发生一系列变化：①在招生录取方面，以开放入学和分类招生的形式接纳大量非传统生源；②在专业和课程设置方面，增加灵活性，通过弹性学制、学分制、模块化教学等满足学生多元化就学模式的需求；③在培养模式方面，以工学结合、校企合作和产教融合为目标重新梳理人才培养过程；④在学生资助方面，根据弹性学制的需求，改进学生资助的审核过程和绩效评价标准。

新的职业教育供给模式需要新经费投入模式的配套和支持。新经费投入模式的设计应考虑两条原则：一是将经费投入对象从教育机构转向具体的教育活动和受教育者（王蓉、田志磊，2018），以适应更加灵活的教学组织模式和就学模式；二是将国家教学标准体系等职业教育教学标准纳入经费投入配置过程，将财政性教育经费投入与基本办学标准、教师资格标准、院校评价标准等联系起来，以经费投入来激励和保障职业教育标准化建设。特别是将生均拨款制度与标准化建设联系起来，以标准化建设来拉动对职业教育的经费投入，而非以生源数量变化来推动经费投入的增加。

第五章 产教融合

一、产教融合的何为和为何

（一）何为产教融合

1. 产教融合的由来

"产教融合"概念最开始由美国辛辛那提大学工程学院的教务长赫尔曼·施奈德在 19 世纪初提出，最初被称为"合作教育"。他在教学工作中发现，工程专业是需要在实践的过程中检验利用书本知识的，且很多岗位需要的经验技能需要通过实践才能获得，只是单纯地进行课本知识的学习是远远不够的。他认为，应该让学生在学校学习理论知识，再到企业进行实践锻炼。所以，他提出了让学校和企业进行合作。学生在校期间就进入企业进行锻炼，让学生获得参与企业岗位工作实践的机会，在为企业带来劳动力的同时，也锻炼了学生的实践工作技能，并且学生可以按工作时长结算工资来抵部分学费。于是，1906年美国辛辛那提大学教务处提出了一种全新的教学计划，将一个学年分为上下两个学期，上学期为"理论学期"，下学期为"实习学期"。这样一个全新的教学计划后来成为产教融合的典型运作模式，在全球范围内被各大高校接纳、认可并广泛采用。

在我国的职业教育发展历史中，产教融合的概念从思想萌芽到发展完善历经了一个较长的时期。在洋务运动中，张謇、张之洞等人走在探索实业教育的前列。他们提出了一些先进的教育思想，通过实业来促进教育，提倡教、学、做合一的教育方式。民国时期，开始出现"产教联办"形式，产教融合思想初步形成。此后，产教融合的教育思想一直在不断发展、进化。从工作、生产、学习相结合到半工半读，再到改革开放初期积极发展校办产业，办好生产实习基地。1995 年，我国出现了"产教融合化"一词，意为将产品生产与专业教学结合起来，但这一理念并没有被广泛应用。2011 年，教育部提出了"促进产教深度合作",后来这一概念逐渐演化为了"产教融合"。

2. 产教融合的内涵

"产教融合"这一概念内涵丰富,不同学者研究角度不同,在使用这一概念时,产教融合所指内涵也不尽相同,国内没有统一定论。国内文献大体上都认为"产"是指产业,"教"泛指教育,此处一般特指职业教育。产教融合是指校方与校方所处区域范围的有关产业、行业以及各类企业在人才培养、科学研发和成果转化中紧密合作、相辅相成,是高校为了提升人才培养质量而与业界联合开展的深层次合作。

产教融合是一种人才培养模式。产教融合是将产业发展与学校教育进行有效融合,在融合基础之上加强实践教学,从而提升人才创业创新能力的一种人才培养模式(黄倩,2017)。与传统的人才培养模式不同,产教融合的基础是"产",即学生必须在真实的生产活动中进行专业实践,从而达到"教"的目的。学校将课堂设置到企业中去,让学生在企业生产经营过程中学习,在劳动中直面行业与产业;企业把学生视为正式员工使用,按企业要求进行管理和考核,以培养适合产业需要的应用型人才(李新生,2006)。

产教融合是一种学校和企业之间的合作关系。学校和企业既彼此分工又相互合作,首先将资源细分,然后进行资源重组,最后实现融合创新。在培养人才的所有环节中院校和行业企业间都相互影响。院校与行业企业合力打造的产教同盟,给生产、建设、服务和管理前线培养输送高能力、高素养的技能型人才,能够最大限度地达成院校和用人方之间的"双赢"。

产教融合是一种教育和生产的交叉制度。这些年,伴随产教融合的深度发展,单靠校企双方的力量往往不能有效解合作办学中出现的问题,对涉及产业与教育发展的相关制度做出整体规划与系统安排显得尤为重要,于是渐渐发展出了一种将产教融合看作教育和产业的交叉制度的观点。将产教融合视为教育和产业的交叉制度的观点,拓宽了产教融合的内涵,开拓了产教融合研究与实践的新视角(万轶等,2020)。

3. 产教融合的特征

特征是一事物异于其他事物的征象。产教融合是企业生产与职业教育的深度合作,是职业院校和企业为培养符合产业需要的技术技能型人才而进行的合作,具有以下五个鲜明的特征。

(1) 多主体性

2017年12月19日，国务院办公厅印发《关于深化产教融合的若干意见》，其显著特点是强调充分发挥政府、企业、教育、社会组织在产教融合中的重要作用，搭建"四位一体"架构，充分发挥各自的职能和优势，协同推动产教深度融合（曹晔，2018）。政府是产教融合的主导者，企业和学校是人才的供给方和适用方，其他社会组织是产教融合的监督者和评估者。产教融合实质上是"关键因素"的融合，是产教融合各主体借助合作创新机制把各因素有机融合起来，通过聚集裂变产生更大的经济和社会效能（王保宇，2018）。不同主体要在产教融合时互相合作，保持协调，协同运行。

(2) 跨界性

职业教育是与经济发展联系最为密切的一种教育类型，而经济发展是社会、科学、技术、人文诸方面发展综合集成的结果，这就意味着职业教育所涉及的领域必然会跨越教育学、科学、社会学等学科，具有明显的跨界特征（张翌鸣、张园园，2015）。从某种程度而言，正是由于职业教育的跨界性决定了职业学校要采用产教融合人才培养模式。根据组织学理论，职业院校是以技术技能型人才培养为主要任务的社会组织，企业是以盈利为目标追求的经济组织，两者是性质迥异的社会组织，在价值追求、发展目标、管理方式、组织架构等方面存在着明显的差异，两者的合作是不同性质组织之间的"联姻"，具有鲜明的跨界特点（李德方，2019）。

(3) 互利性

真正的产教融合一定是基于共赢，互利性原则是建立在学校和企业双方平等和互惠的基础上的。互利并不是放弃利益，而是求得更大的共同利益（张光跃，2006）。"产教融合"的互利性主要体现为三方面：一是社会效益，由社会上管理和技术较为先进的企业加盟校企合作，由企业提供设备，让学生参与产品生产，为社会发展培养优秀的劳动者；二是学校利益，参与产教融合的学校在教学大纲拟定、课程设置以及人才培养方案制订等工作中能够更具针对性、方向性和前瞻性，教育教学质量和人才培养质量由此提升，得以培育更加符合市场实际需要的人才；三是企业利益，企业参与职业教育能给企业带来许多实惠与效益，比如，企业能够直接从职业培训中挑选专业人才，节省劳动者熟悉工作岗位的费用，节省一定的生产成本。

(4) 动态性

随着经济与科技的进步，产业的发展日新月异，国家产业结构不断调整与优化，当下技术或生产模式很可能在短期内被更新的一批替代，产业发展本身

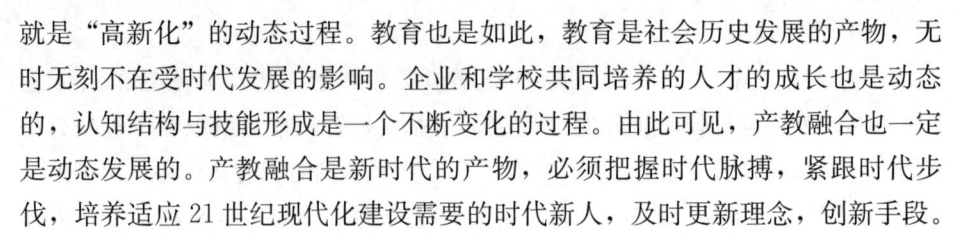

就是"高新化"的动态过程。教育也是如此，教育是社会历史发展的产物，无时无刻不在受时代发展的影响。企业和学校共同培养的人才的成长也是动态的，认知结构与技能形成是一个不断变化的过程。由此可见，产教融合也一定是动态发展的。产教融合是新时代的产物，必须把握时代脉搏，紧跟时代步伐，培养适应21世纪现代化建设需要的时代新人，及时更新理念，创新手段。

(5) 层次性

产教融合是产业和教育的融合。一方面，产业具有层次性，它在大类上分为第一产业（农业）、第二产业（工业和建筑业）以及第三产业，其中第三产业又分为流通部门、为生产和生活服务的部门、为提高科学文化水平和居民素质服务的部门、为社会公共需要服务的部门四个层次；另一方面，教育也具有层次性，职业教育从广义上来说包括学校职业教育和职业培训，学校职业教育包括初等、中等和高等职业学校教育，高等职业教育又包括专科和本科两个学历教育层次。产业和教育两部分的层次性决定了产教融合的层次性，学科专业设置要符合各层次产业发展的需求。

(二) 为何产教融合

1. 产教融合是国家经济的重要推动力

"十三五"时期，我国经济发展呈现出新的阶段性特征，进入新常态。新常态的内涵，即经济增长从高速转向中高速，动力从要素驱动、投资驱动转向创新驱动，经济结构不断优化升级。为保持经济持续稳定发展，实现发展动力从主要依靠资源和低成本劳动力等要素投入转向创新驱动，国家将教育部门和产业行业融合，这种融合使得国家培养人力资源的效率最大化，极大促进了国家经济结构优化。职业教育与产业共同培养人才，可以解决人才与就业不匹配，新兴就业缺口大的问题，职业教育所培养出的高素质技术技能型人才是促进生产力发展的重要力量。随着新一轮科技革命与产业变革的到来，一系列重大颠覆性技术创新以及由此带来的新产业、新趋势呈现出蓬勃发展、破茧而出的态势，我国经济发展应对产业变革需要大量高素质人才。产教融合人才培养模式下培养出的新型科技人才，能够摆脱陈旧的课程内容，紧跟科技变革前沿和新兴产业发展潮流，具备更强的适应能力、学习能力和创新能力，能更好地适应我国经济发展新常态，以创新引领产业变革，成为我国经济建设的一支重要推动力量。

2. 产教融合是职业教育发展的必然选择

教育是为了帮助我们获得生活与生产中的知识、技能。而获得技能的最佳方式是将"做"与"学"相结合。劳动分工后形成了职业分工，早期的职业教育开始形成。根据人们长期形成的经验，在现代社会，要想获得技术技能，需要获取很多利益主体的支持，包括政府、企业、学校等。要想在实际工作中更好地运用自己的技术技能，就不能仅仅依靠学校，更需要在企业的真实生产活动中历练成长。职业教育的发展，必须要有产教融合的模式。在产教融合的过程中，我们探索建设出来的产教融合型企业已经帮助职业教育从单纯的扩大规模转变为更深层次的内涵式发展、从普通化的教育转变为类型化的教育。目前存在的主要问题是，企业对人才培养的积极性不高。原因在于，企业只作为职业教育人才培养的"参与者"，人才需求信息不能及时传递到学校，这造成了过去职业教育培养出来的人才不能很好地胜任岗位的现象。基于此，产教融合中探索出来的产教融合型企业消除了过去职业教育单一培养模式的所造成的弊端，将企业作为人才培养的主体，校企合作共同育人，并将企业的人才需求及时反馈给学校，实现信息共享，以让学校设置适合于时代发展的人才培养体系。产教融合使供给和需求合二为一，引导职业院校依据企业、市场需求，更科学有效、有针对性地设置专业与课程，促进人才链与产业链有效衔接，帮助职业教育实现更好的发展（顾志祥，2020）。

3. 产教融合是产业兴旺的有力保障

产业系统的行动主体以企业为核心（石军伟，2019），而产教融合能够很好地推动企业的发展。首先，产教融合能够有效降低企业的人力资源培养成本，从而提升整个产业的经济效益。在经典的人才培养模式中，学校注重培养学生而企业注重培养员工，培养环境以及培养理念的不同导致学校培养和企业培养相对割裂，衔接性差。产教融合的出现打破了这样一种彼此孤立的培养状态，将校企培养融为一体，产教融合型企业可以根据产业行业的需要，依据自身的经验和视野参与学生的具体培养过程，为学生制订更具有针对性、专业性和前瞻性的人才培养方案，提前增强学生对具体产业的了解和适应力，大大缩短了从学生到员工这一身份转换的过渡期，加快了人才孵化的速度，节省了企业的人力资源培养成本。其次，产教融合给企业带来了学校方面的雄厚师资和专业知识，有助于推动企业创新和产业升级。以产教融合组织"中药制药产业技术创新联盟"为例。联盟学校根据制药企业的需求选派了优秀教师来到企业，帮助企业制定创新战略，提供技术咨询服务并对员工进行职业培训，在企业的 GMP 认证过程中发挥了重要作用，还帮助企业在科研方面取得了重要突破，取得专利并使其产业化。该实例是产教融合推动产业兴旺的典型例子。此外，产教融合的实例还有建立产教融合实训基地，办"校中厂""厂中校"等举措,都大大地推动了企业的技术创新和产业转型升级,帮助企业实现了更好的发展(黄丽平等,2015)。

二、我国深化产教融合改革的主要举措

2013年,党的十八届三中全会审议通过的《关于全面深化改革若干重大问题的决定》提出,要加快现代职业教育体系建设,深化产教融合、校企合作,培养高素质劳动者和技能型人才。这指明了今后一个时期职业教育改革创新发展的目标、途径和任务[①]。如何推进产教融合,是职业教育现代化的重要议题。从实践需求看,产教融合涉及产业与教育两大系统在不同层次、不同类型、不同时期、不同性质的有效融合,涉及面广,持续时间长(石军伟,2019)。产教融合的推进关乎职业教育的整体发展局面,也关乎我国经济现代化的发展局面,需要从宏观、中观和微观三个层面同向发力。

(一)宏观层面——政府相关部门与教育行政部门

1. 政策引导

为加快职业教育发展,实现产教融合、融通的新生态,进而增强创新动力,近年来,党中央、国务院以及各级地方政府出台了一系列的相关文件,大力推动职业教育与产业发展密切对接。2015年,国务院签发《中国制造2025》,强调人才为本,鼓励产业与教育共同发展,加快培养制造业发展急需的专业技术人才、经营管理人才和技能人才。同年,教育部发布《深化职业教育教学改革全面提高人才培养质量的若干意见》和《关于引导部分地方普通本科高校向应用型转变的指导意见》,提出了"深化校企协同育人,强化行业对教育教学的指导,培养应用型技术人才"等指导意见,强调建立校企协同育人机制。2017年国务院向各省市、教育部门下发《国家教育事业发展"十三五"规划》,提出要推行产教融合的职业教育模式,推行校企一体化育人,"产教融合发展"被列入教育现代化重大工程。2017年12月,国务院办公厅颁布了《国务院办公厅关于深化产教融合的若干意见》,进一步揭示了深化产教融合的主要目标是逐步提高行业企业参与办学程度。2018年2月,教育部、发改委

---

① 教育部. 全面贯彻落实十八届三中全会精神 努力构建现代职业教育体系[EB/OL]. (2014-01-07)[2020-08-31]. http://www.moe.gov.cn/jyb_xwfb/moe_176/201401/t20140107_161993.html.

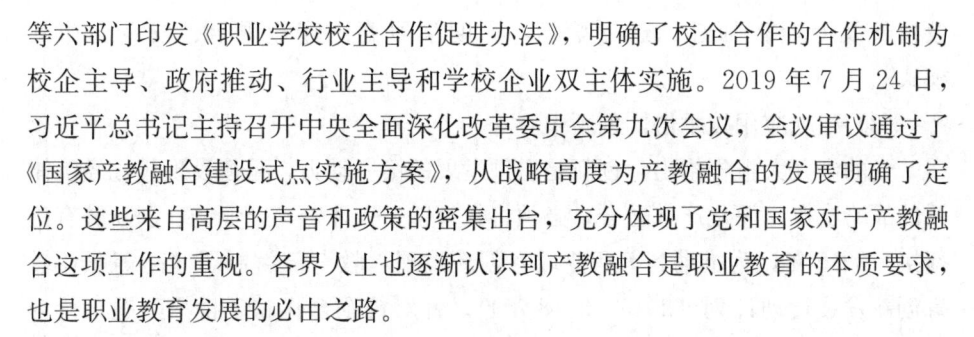

等六部门印发《职业学校校企合作促进办法》，明确了校企合作的合作机制为校企主导、政府推动、行业主导和学校企业双主体实施。2019年7月24日，习近平总书记主持召开中央全面深化改革委员会第九次会议，会议审议通过了《国家产教融合建设试点实施方案》，从战略高度为产教融合的发展明确了定位。这些来自高层的声音和政策的密集出台，充分体现了党和国家对于产教融合这项工作的重视。各界人士也逐渐认识到产教融合是职业教育的本质要求，也是职业教育发展的必由之路。

2. 项目牵引

重点工程或项目可直接助力产教融合改革的深化。中央启动并实施了一系列重大教育发展项目，对巩固强化和探索创新产教融合模式，深化完善校企合作机制，提升职业技术育人成效和育人质量，加快培养优质应用复合型人才具有非常重要的意义，有力拉动了我国职业教育的现代化水平。其中，比较具有代表性的重大项目有以下几种。

（1）校企共建的生产性实训基地建设

产教融合实训基地是推进教育教学改革和人才培养模式创新的重要载体与平台，对创新推进工学结合的人才培养模式，完善校企合作机制，深化校企合作深度以及服务国家产教融合战略布局具有非常重要的意义。为落实2019年11月印发的《职业院校全面开展职业培训促进就业创业行动计划》，教育部将建设200个职业院校标准化培训基地和500个高水平培训实训基地确定为重点建设项目[①]。

（2）职教师资培训

职教师资是职业教育的主体和关键，职业教育师资队伍的能力素质，不仅决定职业教育的教学质量和办学特色，而且还影响就业队伍的技能和职业素质，甚至影响整个国家的经济发展水平和科技竞争实力（刘兆宏、郑莉，2007）。2018年7月上旬，国务院总理李克强与德国总理默克尔在柏林共同主持了第五轮中德政府磋商。在双方总理见证下，签署了《关于深化高等教育和职业教育领域合作的联合意向性声明》。该声明指出中德双方将在"中国制造2025"与"工业4.0"框架下实施职教师资培训项目，中方每年将派遣职业院

---

① 人民网. 推动职业院校全面开展职业培训［EB/OL］.（2020-01-09）［2020-08-26］. https://baijiahao.baidu.com/s?id=1656115812570835841&wfr=spider&for=pc.

校校长及专业教师赴德进行培训,深度学习德国产教融合、校企合作的模式[①]。

(3) 建立应用技术协同创新中心

党的十九大报告指出,创新是引领发展的第一动力,是建设现代化经济体系的战略支撑。深化产教融合,必须将教育链、人才链与产业链、创新链有机衔接。2015 年,为推动高等职业教育创新发展,教育部编制了《高等职业教育创新发展行动计划(2015—2018 年)》。针对校企合作缺乏桥梁问题,行动计划强调学校、行业、企业多方联动,支持高职院校与行业企业深度合作共同建立应用技术协同创新中心(朱厚望,2015)。应用技术协同创新中心是多主体共同参与的技术同盟,面对市场需求需要来合力打造应用技术协同创新中心,能够把项目企业和院校建设成技术攻关地,协力推动技术技能的发展与突破。

(4) 开展现代学徒制试点

现代学徒制是学校、行业和企业深度参与的人才培养新模式,学校和企业共同指导学生"做中学,学中做",工学交替,让学生在岗位中成才。试点单位是教育部按照"自愿申报、省级推荐、部级评议"的工作程序确定的。2015 年 8 月 5 日,教育部遴选 165 家单位作为首批现代学徒制试点单位和行业试点牵头单位[②]。2017 年 8 月 23 日,教育部确定第二批 203 个现代学徒制试点单位[③]。2018 年 8 月 1 日,教育部确定第三批 194 个现代学徒制试点单位[④]。现代学徒制将为抢占并巩固全球人才竞争制高点,为开启全面建设社会主义现代化国家新征程、向第二个百年奋斗目标进军做好人力资源深度开发的基础准备。

---

① 教育部. 第五轮中德政府磋商教育领域合作取得丰硕成果 [EB/OL]. (2018-07-12) [2020-08-26] http://www.moe.gov.cn/jyb_xwfb/gzdt_gzdt/moe_1485/201807/t20180712_342916.html.

② 教育部办公厅. 教育部办公厅关于公布首批现代学徒制试点单位的通知 [EB/OL]. (2016-08-30) [2020-08-26]. http://www.moe.gov.cn/srcsite/A07/moe_737/s3876_cxfz/201508/t20150817_200588.html.

③ 教育部办公厅. 教育部办公厅关于公布第二批现代学徒制试点和第一批试点年度检查结果的通知 [EB/OL]. (2017-08-25) [2020-08-26]. http://www.moe.gov.cn/srcsite/A07/moe_737/s3876_cxfz/201709/t20170911_314178.html.

④ 教育部办公厅. 教育部办公厅关于公布第三批现代学徒制试点单位的通知 [EB/OL]. (2018-08-02) [2020-08-26]. http://www.moe.gov.cn/srcsite/A07/moe_737/s3876_cxfz/201808/t20180810_344970.html.

3. 平台搭建

职业教育产教融合平台是指基于市场机会、企业和职业院校的使命与战略目标，结合共同的愿景，利用各自的资源或优势，建立优势互补、利益共享的合作（翁伟斌，2019）。通过搭建平台职业院校可以与行业企业直接见面，深入交流，强化教育与产业合作。在深化产教融合改革的过程中，政府作为统筹领导者，充分发挥自身的桥梁和纽带作用，助推科技、资本和产业结合不断向纵深推进，搭建更多能够实现资源整合、利益共享的产教融合平台。

（1）"引企入教"平台

《国务院办公厅关于深化产教融合的若干意见》第九条提出了深化"引企入教"改革的系列措施，促进企业需求融入人才培养环节，推行面向企业真实生产环境的任务式培养模式，鼓励企业依托或联合职业院校设立产业学院或创新基地、实践基地[①]。

（2）实习实训平台

实训是职业教育重要的育人环节，为培养出具有实际动手能力与操作能力、能够服务于生产第一线的应用性人才，政府也在积极搭建平台，使学生的培养过程真正融入企业需求，使培养出的人才符合企业的用人要求。教育部《关于全面提高高等职业教育教学质量的若干意见》首次提出，要使学生通过生产性实训获得真实的岗位体验和技能。校内生产性实训基地以"人才的培养和使用"为纽带，为产教融合的深化提供了平台和途径。

（3）产学研创新服务平台

产学研战略联盟已成为新时期构建创新型国家的重要技术支撑平台，对于推动地区经济发展，推进全国产教融合进程，具有重要的现实意义。政府部门作为协调三方协同发展的主导力量，致力搭建协调三者一体化发展的有效平台。近年来，各级地方政府相继出台了一系列优惠政策，鼓励通过设立大学科技园、科技孵化园、高新技术创业园区等实现高校技术探索与企业现实需求的对接，全国各地产学研创新服务区域平台发展势态良好（张健、陈利华，2013）。

（4）集团化办学平台

2015年教育部印发的《关于深入推进职业教育集团化办学的意见》提出，要扩大职业教育集团覆盖面，到2020年，职业院校集团化办学参与率进一步

---

① 国务院办公厅. 国务院办公厅关于深化产教融合的若干意见［EB/OL］. （2017－12－19）［2020－08－27］. http://www.gov.cn/zhengce/content/2017-12/19/content_5248564.htm.

提高，规模以上企业参与集团化办学达到一定比例，初步建成300个具有示范引领作用的骨干职业教育集团，建设一批中央企业、行业龙头企业牵头组建的职业教育集团，基本形成教育链与产业链融合的局面[①]。集团化办学是贯彻落实《国家职业教育改革实施方案》和《职业教育提质培优行动计划（2020—2023年）》的重要举措，是深化职业教育校企合作协同育人模式改革、提升校企合作水平的重要环节。职教集团通过增进成员间的交流与沟通，促进政行校企交流合作，实现了优质资源的共建共享，其成长与发展为产教融合、校企合作搭建了新的平台，为学院的改革发展提供了新的契机。

（5）职业教育与产业对话平台

职业教育与产业对话活动主要由全国行业职业教育教学指导委员会发起开展，旨在促进产教融合、校企合作，重点围绕人才培养模式、专业课程建设、就业创业、国际交流合作等领域。自2011年以来共组织举办了百余场，为职业院校和行业企业合作交流搭建平台，有效促进了校企协同育人，获得广泛认可，已成为职业教育领域品牌活动[②]。

（二）中观层面——学校与企业

校企合作一头连着就业，一头连着人才，事关职业教育高质量发展，关乎社会经济发展，是助推产业转型升级，提升企业核心竞争力的必然要求。企业为学校提供办学、课程、人才培养的要求和标准，为教师和学生提供实践学习的场地和指导，学校为企业提供专业业务知识和符合企业需求的优秀人才，不断提高办学质量（张俊英，2010）。深化产教融合改革需要学校和企业发挥各自特长，找准自己的定位，在合作过程中实现优势互补、资源共享、互惠双赢、科学发展。

1. 学校方面

为了更好地贯彻落实国家关于加快发展产教融合、校企合作的政策要求，顺应时代与时俱进，职业院校主动承担起主体责任，积极采取措施与产业对接。首先是更新和优化专业设置以及推进职教课程改革，把专业建在产业链上，更好地了解产业发展的现状，适时动态调整专业结构；把课堂搬进生产现

---

① 中国新闻网. 教育部：到2020年建成300个骨干职业教育集团[EB/OL].（2015-07-23）[2020-08-27]. http://www.chinanews.com/gn/2015/07-23/7423710.shtml.

② 教育部职业教育与成人教育司. 职业教育与产业对话活动有关情况介绍[EB/OL].（2018-04-27）[2020-08-24]. http://www.moe.gov.cn/jyb_xwfb/xw_fbh/moe_2069/xwfbh_2018n/xwfb_20180427/sfcl/201804/t20180427_334411.html.

场，通过精准施教，主动适应行业企业需求，充分利用职教资源，主动对接市场，发挥技能培训优势。其次是提升职教师资队伍建设质量，鼓励教师转型提升，重视发挥教师技能特长，多措并举大力培养具有高素质的"双师型"教师。截至2019年我国职业院校专任教师133.2万人，其中，中职专任教师83.4万人，高职专任教师49.8万人。"双师型"教师总量为45.56万人。其中，中职教师26.42万人，占专任教师总数的31.48%；高职教师19.14万人，占专任教师总数的39.70%[①]。"双师型"教师规模不断扩大，"双师"素质持续提升，"双师"结构逐步优化，为职业学校的发展提供了有力的支撑和保障，充分体现了职业学校在师资队伍建设上所做出的努力。最后是积极联系企业寻求合作。职业院校通过与企业开展"订单培养"、申报现代学徒制试点、申报1+X证书制度试点、建设企业教学实习基地、参与行业活动、组织专业技能大赛等方式，主动适应企业需要，寻求与企业的对口交流。

2. 企业方面

企业作为生产的组织形式，在产教融合改革的深化过程中起着举足轻重的作用，企业的参与程度决定了产教融合的深度。企业不但是产教融合发展的直接参与者、人才和技术的应用者、先进技术的引领者、资金的支持者、合作的管理者，还是产教融合发展的终极评估者（王保宇，2018）。《国家职业教育改革实施方案》中提出，到2022年，企业参与职业教育的积极性要有较大提升，要培育数以万计的产教融合型企业[②]。企业深入产教融合是教育系统的根本诉求，可以为企业提供直接的人力资源，间接增加企业的经济利益，是未来校企共同发展的重要形式（修南，2019）。

为适应时代发展趋势，企业自身也采取了一些措施，深化产教融合。比如，参与职业院校的办学模式及教学改革环节，以独资、合资、股份制、混合制等形式参与办学过程，积极开展现代学徒制试点，加大各生产要素在职业技术人才培养过程中的投入，在基地建设、专业实训教材、科研项目、订单培养、顶岗实习、创新创业等方面与职业学校进行深度合作。

(三) 微观层面——师生与企业师傅

产教融合的制度、措施、价值、功能等，最终都要落实到微观层面，故该

---

① 《深化新时代职业教育"双师型"教师队伍建设改革实施方案》发布——聚焦高素质打造职教"双师型"教师 [J]. 职业教育（中旬刊），2019, 18 (10)：12.

② 国务院. 国务院关于印发国家职业教育改革实施方案的通知 [EB/OL]. (2019-02-13) [2020-08-28]. http://www.gov.cn/zhengce/content/2019-02/13/content_5365341.htm.

层面是产教融合的核心主体（刘其晴，2018）。在新时代的产教融合建设中，教师、学生、企业师傅作为核心主体更应尽心尽力。一方面要转变观念、端正态度。师生和企业管理者都应充分认识到产教融合是取得社会效益和个人利益的必经之路，只有学习目的向发展岗位能力看齐，培养目标向市场实际需求瞄准，企业不断提供指导与支持，才能促进产业与教育的共同发展。另一方面要立足实践、勇于创新。产业链与教育链上的每一个人都应该做好自己的本职工作，教师努力提升自身专业素质与教学能力，学生参与实习实训、学习职业知识与技能，企业师傅提供指导与监督，在实践中探索深化产教融合改革的新思路。

三、我国职业教育产教融合改革成效

（一）行业企业参与职业教育的深度和广度不断加强

1. 行业企业参与职业教育的组织机构日益健全

在教育部和有关行业主管部门、行业组织的领导下，全国行业职业教育教学指导委员会围绕落实立德树人根本任务，积极发挥研究、咨询、指导和服务作用，在促进深化产教融合、校企合作，推进职业教育教学改革、提高人才培养质量等方面做出了积极贡献[1]。为贯彻落实《国家职业教育改革实施方案》，进一步加强行业指导，教育部决定组织开展行业指导委员会换届工作，新一届拟设置55个行指委，基本覆盖国民经济各行业门类[2]。

2. 行业企业与职业教育的交流更加频繁

自2010年以来，仅产教对话活动就举办了百余次，2017年，产教对话活动紧紧围绕制造强国建设战略、"一带一路"倡议等，重点服务先进制造业、现代服务业、乡村振兴和养老事业发展，共举办具有一定规模和影响的各类活动25场次，吸引共计1 500余家行业企业、中高职院校参加，参会人数达4 100余人次，取得显著成效。

---

[1] 教育部办公厅. 教育部办公厅关于推荐全国行业职业教育教学指导委员会（2020—2024年）委员的通知 [EB/OL].（2019-12-25）[2020-08-26]. http://www.moe.gov.cn/srcsite/A07/moe_953/201912/t20191227_413755.html.

[2] 中国教育在线. 全国行业职业教育教学指导委员会将换届，新一届拟设置55个行指委 [EB/OL].（2019-12-27）[2020-08-25]. https://baijiahao.baidu.com/s?id=1654065921373141246&wfr=spider&for=pc.

3. 行业企业联合推动教育教学改革步伐日渐加快

行业企业对职业教育具有指导作用，把行业的发展情况及时体现和反馈到职业教育教学标准体系建设中，有利于推动职业教育教学改革。以高职专业目录修订工作为例，一共有59个行业专家组参与，直接参与的行业企业、院校的专家达到了2 800多人，在中职教学标准的制定过程当中参与的企业有12 600多家，还有1 700位来自行业企业的专家参与。顶岗实习标准的制定有3 000余家学生实习企业参与，行业企业在教学标准的制定过程中做出了重要贡献[①]。

(二) 校企合作形式日趋丰富

目前我国职业教育产教融合改革不断深化，涌现出了一批新的教学模式和教学经验。其一，职业教育集团化办学模式发展较快。职业教育集团化可以促进各地方企业和学校的交流与合作，能进一步促进产教融合模式的创新。改革开放40余年来，全国共组建职教集团1 400余个，覆盖面愈发广泛，覆盖90%以上的高职院校、100多个行业部门、近3万家企业[②]。其二，近年来教育部出台文件积极试行现代学徒制。相比于学校单一主体的职业教育形式而言，现代学徒制可以更加有效地解决学校职业教育实践教学效率低、校企合作表面化等问题。其三，院校和企业合力构建新型校企合作共同体。学校通过引企入校、建立学生创业实践孵化中心等举措，深化校企合作；企业通过打造企业校区、设立教师工作室等措施，强化联合育人。其四，PPP（Public-Private Partnership）合作办学模式（政府和社会资本合作模式）作为一种强调引导和运用社会资本的有效办学模式逐渐得到各方重视。近些年，PPP合作办学模式在财政乏力又急切需要促进职业学校发展的地区，有效地促进了职业学校的良性运行（辛越优，2016）。2018年，财政部公布了联合多个部委共同筛选出的第四批PPP示范项目，涉及18个行业领域。随着校企合作程度的不断加深，校企合作办学联盟也纷纷在各个地方兴办起来。

---

① 教育部. 介绍职业教育国家教学标准体系建设有关情况［EB/OL］.（2017-08-30）［2020-08-24］. http://www.moe.gov.cn/jyb_xwfb/xw_fbh/moe_2069/xwfbh_2017n/xwfb_20170830/201708/t20170829_312663.html.

② 新华社. 我国已建设职教集团1 400余个近3万家企业参与［EB/OL］.（2014-06-26）［2020-08-28］. https://baike.baidu.com/reference/2652225/4f22rbPHozhW3UH43IUMRJNuuAGqd6YJlnFCkFjtUYOoqCnNZ4NvDIneoFayYIcSMeK6TET3EorCPmfpck019MqDs5_hgGtLP10XZ1LpuPuJBZfNsdaLUEUqlo-SpUOQZRM.

（三）产教融合法规政策得到了初步完善

2010年以后，深化产教融合成为职业教育发展的主体，国家也出台了系列政策推进产教融合事业的发展。为促进工学结合、校企合作的制度化建设，2014年国务院发布了《现代职业教育体系建设规划（2014—2020年）》。该文件明确提出了要进一步发挥社会行业企业参与职业教育的主体办学作用，为校企协同育人的产教融合指明了方向。2015年，教育部在随后的《关于深化职业教育教学改革，全面提升人才培养质量的若干意见》中对完善校企合作、工学结合等模式做了细致的规定，特别是在人才培养过程中，要求职业院校的教学过程与区域性的产业结构转型升级保持衔接，产业部门要强化对职业院校教学过程的指导、评价与服务，进而实现"三位一体"式的校企协同育人机制建设（肖靖，2019）。2017年，在全面建成小康社会的决胜阶段、中国特色社会主义进入新时代的关键时期，国务院办公厅印发《关于深化产教融合的若干意见》，将产教融合上升为国家教育改革和人才资源开发的基本制度安排，充分体现了产教融合这一教育思想的重大意义（马树超、郭文富，2018）。2018年，教育部等六部委联合发布《职业学校校企合作促进办法》。该文件是关于我国职业教育实施产教融合的首个法规性管理文件，为职业教育实施校企合作、产教融合发展提供了具体操作性依据和法律保障（古光甫、邹吉权，2020）。2019年2月，国务院印发的《国家职业教育改革实施方案》提出，到2022年培育数以万计的教育产教融合型企业，推动建设300个具有辐射引领作用的职业教育集团化、专业化的高水平产教融合实训教育基地[①]。上述法规政策的制定实施，标志着我国职业教育产教融合办学模式已经发展到了一定规模，显示出初步成效。

（四）职业院校学生就业情况得到改善

根据当前就业形势，越来越多的企业在招聘时更愿意选择实践能力丰富的学生进入单位任职，使得青年就业形势严峻。产教融合发展下，出现了人才定制式的"订单培养"模式，校企合作办学，面向具体的就业岗位进行人才培训。联合培养过程中，行业企业的岗位需求直接影响着职业学校的教育教学内容和方法。企业行业依据与校方签订的合作办学协议，为人才培养提供一定的

---

① 国务院．国务院关于印发国家职业教育改革实施方案的通知［EB/OL］．（2019-02-13）［2020-08-28］．http://www.gov.cn/zhengce/content/2019-02/13/content_5365341.htm.

资本、师资和设备等生产要素，具有优先录用关联方毕业生的权利，这种人才定制式的培养模式有效地促进了职业院校毕业生的就业。

2014年，教育部副部长鲁昕介绍全国职业教育工作会议和《国务院关于加快发展现代职业教育的决定》的有关情况时表示，统计数据表明，我国每年有近千万的职业院校毕业生，其中中职就业率在95%以上，高职在90%以上，这些年为我们国家的一、二、三产业，尤其是二、三产业提供了8000万的带技能的新生劳动力，这些人已经成为我们中高端制造业、现代服务业、现代农牧业的主要人才来源[①]。

以重庆市为例，近一两年来，重庆工业职业技术学院的"工匠班"由于采用企业新型学徒制的方式教学，学生技术底子扎实，毕业生很早就被用人单位"预订"，很多人年薪超过10万元。鉴于这种模式效果较好，重庆在2019年至2021年底计划培训10万名企业新型学徒，以职业院校教师和企业技术骨干"双师带教"的方式，助力职业院校学生培养、高技能产业工人培育[②]。校企双元育人，两批师资相互协同，合力完成学徒制的教学任务，有利于学生提前适应未来工作环境，发展自己的职业规划，与就业岗位无缝衔接。

（五）社会对职业教育的看法有所转变

过去很长一段时期，我国职业教育的社会认可度较低，职业教育是低水平、低层次的教育的观念深入人心。社会民众普遍认为技术工种更加耗费体力和精力，但与此同时收入较低，因此学生自身和家长往往不会把利用技术技能谋发展作为第一选择，进入职业学校就读往往成为一种被迫的、勉强的选择。这种认知偏差导致职业教育的重要性没有得到广泛认可，职业院校招生也成为难题。同时，《当代中国社会阶层结构研究报告》将"产业工人阶层"列为十个社会阶层的第八个阶层，位居其后的是农业劳动者阶层及城乡无业、失业、半失业者阶层[③]。产教融合为职业教育带来了快速发展的契机，也带来了扭转社会看法的转机。2017年10月18日，习近平同志在党的十九大报告中指出，要深化产教融合。农村职业院校与企业联合，扩大面向贫困地区的招生人数，开展订单式培养，实施精准扶贫，使更多贫困地区青少年接受职业教育，让更

---

① 中国新闻网. 教育部：职业院校毕业生就业率超90% 年薪最高20万 [EB/OL]. (2014-06-26) [2020-08-28]. http://www.chinanews.com/gn/2014/06-26/6322689.shtml.
② 新华网. 重庆："产教融合"助力大学生就业 [EB/OL]. (2020-05-03) [2020-08-28]. https://www.chinacourt.org/article/detail/2020/05/id/5171830.shtml.
③ 社科院将当代中国社会划分为十大阶层 [J]. 中国林业企业, 2002 (3): 11.

多的贫困人口接受技能培训，实现继续升学和就业创业，提升就业质量，从而摆脱贫困（王慧，2018）。随着产教融合的快速推进，如今，产教融合已成为主流的职业教育模式。各级政府不断推出并落实新政，新闻媒体不断加大对职业教育产教融合的宣传力度，大大提升了职业教育及产教融合的影响力与引领力。在产教融合改革的推行中，职业教育迎来了发展新机遇，城市与农村不少职业院校交出了漂亮的就业率成绩单。职业教育与普通教育是两种不同教育类型，具有同等重要地位的观念正在深入人心。

四、当前我国职业教育产教融合改革存在的局限及对策建议

相较于西方发达国家，我国职业教育兴起较晚，产教融合发展进度也相对滞后。1985年《中共中央关于教育体制改革的决定》重新明确了职业教育在整个教育体系中的独立地位之后，我国一直在竭力探索一条适合中国国情的职业教育发展道路。几十年来，我国职业教育改革迎难而上快速推进，取得显著成效。但是，也应清醒地看到，职业教育产教融合改革进程中还存在不少问题，应当引起高度重视，并采取有力举措加以解决。

（一）我国职业教育产教融合改革存在的局限

1. 法律制度需要进一步完善

职业教育产教融合需要完备的法律制度体系作为保障。政府在职业教育立法上的态度和措施影响着本国职业教育的影响，自从国家教育职能确立以来，各国不断完善干预、调控教育的手段（崔海魂、柳靖，2019）。德国颁布法律明确了企业与学校两个主体的地位，准确界定了企业在职业教育产教融合中的主导性；美国出台的职业教育产教融合法律制度旨在制定详尽可行的具体方案，提供充裕的经费支撑并与时俱进地予以及时修正完善；日本职业教育产教融合校企合作法律制度注重企业内部培训与内容的具体化（赵永胜，2020）。这些国家利用强制性的法律制度确保产业与学校紧密衔接，促进职业教育产教融合顺利施行。我国1996年颁布的《职业教育法》虽然规定了行业组织和企业、事业组织应当依法履行实施职业教育的义务，但对于行业组织和企业、事业组织的具体范围没有给出明确界定，对于行业组织和企业、事业组织如何参与职业教育也未出台与之相适应的实施细则，原则性有余而操作性不足，产教融合缺乏有效的法律制度保障。2007年教育部和财政部联合颁布了《中等职业学校学生实习管理办法》，国家税务总局也制定了《企业支付实习生报酬税

前扣除管理办法》等，这些法规政策的颁布虽然在一定程度上对产教融合起到了支持作用，但不够系统全面。我国与职业教育产教融合直接相关的教育行政法规还是空白，既没有政府所颁布的产教融合具体规章，也没有产教融合的地方立法。

2. 政策执行力度不足

近年来，政府出台了许多关于推进产教融合发展的政策。但政策制定之后在实践中其原设计功能出现降低乃至缺失的现象，在执行过程中达不到预期目标，政策执行出现了一些问题。一是实践流于形式，目前国家虽然出台了许多关于职业教育产教融合的政策文件，但事实上部分地区产教融合更多停留在召开会议、签订协议及少量的实习实训和订单就业上，"产"与"教"没有真正开展深层次合作，使得职业教育产教融合的实践往往流于形式（古光甫、邹吉权，2020）。二是违背政策制定初衷，如"双师型"教师原本是要求教师既具备理论教学的素质，又具备实践教学的素质，即在具备基本的班级管理、教学管理等能力的同时，也要具备企业、行业管理能力，了解企业和行业运作规律，并具备指导学生服务于企业、行业的能力。但部分职业院校招聘教师时却越来越偏重于教师的学历层次与技能证书。三是利用政策谋求私利。如部分地区在实际执行中将"引教入企"变成了"供应廉价劳动力"，打着"产教融合校企合作"的幌子，安排学生从事机械的无法提高技术技能的流水线生产工作，支付学生较低的劳动报酬，从而降低生产成本。

3. 各主体权责划分不明确

（1）政府与市场的平衡点有待寻找

在市场经济调控中，政府计划与市场"看不见的手"一直难于放在双方最恰当的位置。虽然国家已经提出"让市场在资源配置中起决定性作用"，但如何更好地发挥政府的作用依然未找到问题的最优解，这在职业教育产教融合的改革中体现得最为明显。一方面，政府若彻底放任由市场进行调控，在产教融合的过程中过分依赖市场，完全不制定政策进行宏观调控，可能会使高校与企业更自由地进行交往与合作，在融合的形式与内容上有更多的可能和途径。但是其弊端也是很明显的，完全的放任会使监管大大缺失，而在监管力度不足的情况下，产教融合可能在"资本逐利"的影响下变了质，改变了其原来的价值追求，甚至有可能触犯法律（李政，2018）。另一方面，政府若设立太多的政策，并实行过多的行政手段，就很有可能会造成产教融合的内容与方式受到限制，使高校与企业之间的合作机械化，不灵活，资源配置达不到最好的效果，进而抑制产教融合更好地发挥其作用与价值。

（2）企业在职业教育人才培养中作用发挥不明显

企业参与职业院校人才培养过程的积极性不高，是我国经济体制改革之后呈现的一种趋势。在计划经济时代，企业是有教育功能的，但社会主义市场经济体制实行后进行了一系列改革，原来由行业管理的学校全归教育部门管理，企业一度失去了教育功能。并没有硬性规定要求企业参与人才培养这一环节，企业成为完全的经济实体。一味地用办教育的标准要求作为经济主体的企业履行本不属于它职责的事，会导致学校与企业之间的合作充满不稳定（姜蓓佳、冯子宜，2020）。且企业是以营利为目的的，现阶段职业院校的实习生能为企业创造的价值是有限的，对职业院校学生进行专业化培训也会增加生产成本，企业出于各方面的考虑，内在参与动力不足。

（3）职业院校重视自身发展忽视企业需求

在产教融合办学实践中，有些职业院校虽然通过协议、合同等方式与企业建立了合作关系，但往往只重视自身发展，不履行责任和义务，勉强维持和企业的低层次合作，导致一些合作以失败告终。学校与企业是教育与产业两个不同系统里的组织，其价值追求、目标愿景、文化氛围都有一些出入。他们的行动背后有着不一样的驱动因素。学校承担着提高教学水平、培养人才、提升科研能力等责任，而企业的目的是追求更多的经济利益，是人才将这两个组织联系在了一起。职业院校在专业课程的设置以及人才培养模式上无法真正达到融合企业生产，加上传统教学模式的影响，重理论知识轻实践操作，这导致职业院校所培养的学生与企业生产需要匹配度不高。如果职业院校不能给企业提供足量的优质人才，那么企业也就失去了参与产教融合的动力。因此，不能只要求行业企业承担责任和义务，学校自身也应该反思怎样能为行业企业提供实用型人才，怎样满足企业在产教融合中的合理需要。

（4）中间性组织的作用并未得到完全的重视

目前产教融合项目主要由高校与企业双方自主促成、实施、管理、评价。尽管这种"点对点"式的产教融合实践机制符合市场化运作的基本要求，但完全由合作双方自主促成、自主实施、自主评估的做法也存在明显弊端（张建平，2019）。如出现产权归属不清、国有资产流失以及高校教师与学生权益受损等问题。行业组织、商会、非政府组织等校企的中间性组织在产教融合的过程中可以有效地实现政府所代表的高校与市场所代表的企业难以实现的利益协调。若使组织性质、文化氛围等有很大差异的教育端与产业端直接对接，会造成很大的交易与管理成本，而校企中间性组织的存在能有效解决这些问题。而现状是，校企中间性组织的作用并未得到完全的重视，权威性不足。

4. 监督评估机制有待完善

我国职业教育产教融合除了需要具有可操作性的有效治理法律体系，标准体系、绩效体系、评价机制等配套制度也有待完善。产教融合监督评估从理论上来说有四个层面，分别是各级政府的监督评估、行业组织的监督评估、合作主体的监督评估、社会舆论的监督评估（赵永胜，2020）。

（1）各级政府的监督评估

政府发挥主导作用是职业教育产教融合改革成功的关键。目前，在职业教育产教融合治理体系中政府主导作用发挥还不够充分。产教融合不是简单的"院校＋企业"，需要调动各方面的积极因素协同推进改革，因此，政府的宏观监督指导尤为重要。

（2）行业组织的监督评估

行业组织是企业和职业院校共同开展行业人才培养的桥梁。行业组织代表的是行业内全体企业的共同利益，对行业产品和服务质量等具有监督管理的职能。但如前文所讲，行业组织等中间性组织的监督评估作用并未得到足够的重视，行业组织的权威性不足。

（3）合作主体的监督评估

国家法律法规和相关政策并没有厘清政府、学校、企业、行业、中间性组织等各主体在产教融合中的"职责、权利、义务"，各主体自我监管与自我评价的参照标准也就无法确定，各主体对自身的主观管控与评价缺乏科学性，其客观性也就存在一定的质疑。

（4）社会舆论的监督评估

社会舆论是指公民对某一问题的共同看法或意见，是大众以拥护或反对、赞扬或谴责的方式对某一公共问题做出的公开评价。随着传媒的信息化、大众化和传播工具的现代化，尽管社会舆论对职业教育产教融合有一定的监督和评估作用，但不容否认，受眼球效应和政治因素的制约，社会舆论监督与评估的持久性与可控性无法保障。

（二）增强职业教育产教融合有效性的措施

1. 提高职业教育产教融合法律制度的有效性

我国应借鉴发达国家制定产教融合相关法规的经验，正视国家制定法律过程中存在过于宏观性、原则性，并只停留在倡导阶段，实操性不足等问题，完善我国产教融合的法律保障体系，为提高我国职业教育产教融合工作质量提供法律保障。一方面是法律的内容应翔实可行。职业教育产教融合法律总体框架应包括：由目的、范围、工作方针等组成的总则，企业主体、学校主体、企业管理人员、企业职工、学校领导、老师、学生等组成的主体，由"职教集团""校企合作管理平台"等组成的工作机制，由合作的内容与形式、实习制度、教师挂职等组成的运行机制，由优惠政策、准入机制等组成的运行机制，由监督机构、绩效评定等组成的监管部分，由各主体的违法行为及其法律处罚后果组成的法律责任部分，还有法律救济与维权以及附则部分。另一方面是厘清各实践主体之间的法律关系。首先应修订和完善我国的《职业教育》中关于产教融合的部分，法律制定的内容要具有完整性，明确产教融合中各主体的权利与义务，规范各实践主体的行为，对违法行为制定惩处措施。其次要制定更多中央和地方关于产教融合的法律法规，建立完备的法律体系，使产教融合改革有法可依。制定的职业教育产教融合法律要具有实用性，具体化，有可操作性，尽量使文本语言精练，避免使用"可以""应当"等只有原则性的、抽象化的、高度概括的法律语言。

2. 建立合理灵活的制度体系

2019年发布的《国务院关于印发国家职业教育改革实施方案的通知》提出了"健全国家职业教育制度框架"的要求。同年，中共中央、国务院印发《中国教育现代化2035》，提出"大力推进教育理念、体系、制度、内容、方法、治理现代化"，"健全职业教育人才培养质量标准"，"构建教育质量评估监测机制，建立更加科学公正的考试评价制度，建立全过程、全方位人才培养质量反馈监控体系"[①]。这些文件的颁布，都要求职业教育要推进制度建设工作。制度体系涵盖行为管理、任务分担、福利分配等多个方面，是一个组织中所有制度安排的总和，制度约束并引导着各责任主体的行为。高校与企业是两个不同的组织，其间存在着不同的组织文化以及价值观，对政策的解读也会有一定的差异性。国家顶层设计要根据这一特点，建立相适应的制度体系，用强制性的制度促进政策的贯彻落实，使高校与企业能够更好地进行合作。高校与企业有着自身独特的文化和运行模式，各个校企合作单位也要根据自己的实际情况，建立符合自己的制度体系，从而确保产教融合政策的有效执行。

3. 建立产教融合各主体协同联动机制

建立产教融合联动工作机制是推进各主体共同参与和深度合作的前提条

---

① 中共中央、国务院印发《中国教育现代化2035》[N]. 光明日报，2019-02-24 (1).

件。只有建立政行企校协同联动机制，才能统筹教育和产业融合发展格局，优化职业教育产教融合人才培养模式。

（1）注重企业在人才培养中的作用，进行人才培养模式的改革

职业教育有两条主线，一条是学校职业教育，另一条是职业培训。在我国，职业教育以学校职业教育为主，即通过学校培养职业所需的人才，企业在人才培养中的作用比较有限。21世纪以来，世界上各个国家开始盛行学校与企业联合起来共同培养人才的模式，着重发挥企业在人才培养中的作用。我们要在学习世界上先进的职业教育人才培养模式的基础上探索创新，吸取德国"双元制"等模式，总结现代学徒制等试点经验，将新技术、工艺及时与教学无缝衔接，并增加学校学生的实习时间。让校企在磨合实践中商讨、研究、制定更科学的人才培养方案。

为了改变我国企业在职业教育人才培养中作用发挥不明显的现状，特提出如下三点建议：第一，灵活调整专业设置，专业与企业需求同步。地方教育局要做好各种企业的人才需求调查，制定出专业目录，供各个学校参考，每隔五年修订一次。将企业的人才需求信息及时反馈给学校，校方根据企业提供的需求信息调整、设置学校专业，并健全专业设置定期评估机制。第二，定期更新学生所学教材及电子信息资源。当今社会发展极快，教材上的内容若不及时更新，便会出现"无用之书"的情况，浪费老师、学生的时间与精力。所以，校方与专业对应的目标企业要进行合作，定期修订出更符合现实需要的教材，并派优秀教师与企业工作者进行沟通探讨，设计与时代同步的精品课程。第三，将企业发展过程中所使用的先进技术融入学校的教学之中。很多企业很注重科技的创新，甚至很多优秀的企业，其科技创新都走在了高校的前面。学校教育教学过程中要利用好互联网、5G等技术，例如建设虚拟工厂等网络学习空间，推进教育教学工作的发展。

（2）构建校企利益共同体

只有企业与职业院校共创共享利益，才能解决职业教育产教融合过程中长期存在的校企合作不稳定、合作层次过低等问题。利益共同体目标相同，承担共同的责任，共同出资，享受共同的利益，要切实提高各主体的参与积极性，不能顾此失彼。高校与企业的合作涉及教育与经济两大社会系统。我们要利用好两大系统中的教育资源与产业资源。一方面，让从事教育事业的教师参与产业生产，提高生产力；另一方面，将企业的资源与优势注入教育行业，提升教育水平及科研能力。高校通过向企业输送高素质的科研教师为企业节约了巨额的科研经费，企业为高校带来的资金资助加强了学校学科建设与科研能力。

(3) 政府应建立经费投入的激励保障机制

政府是职业教育顶层设计和发展环境优化的责任者和主导者，政府统筹的实质是对全社会的统筹，积极打破行政部门间壁垒，系统整合学校、企业、行业、研究机构等多个主体、多种资源，协同推进校企合作（和震，2014）。政府应根据高校和企业产教融合的需求，制定详细的政策法规，进行顶层规划，加强监督，利用财政刺激积极引导和推进高校和企业的合作育人。政府应建立经费投入的激励保障机制。一是财政补贴，补贴企业在产教融合过程中所产生的费用。二是政府购买，增加企业对产教融合的投入。三是有效补偿，提供法律制度保证、政策引导，建立长效补偿机制。

4. 完善评估监督机制

完善职业教育产教融合的评估监督机制可以从以下五个方面着手：第一，建立完善的产教融合法律制度体系。针对产教融合过程中的参与主体制定相对应的法律法规。要依据我国国情和实际情况，制定出一套符合时代发展的产教融合校企合作的监督体系。划清法律的底线，要有适当且有力的惩戒措施。制定的法律要可操作性强，具有实用性。法律的实施部门要遵守职业道德，绝不纵容违法者。第二，使政府在监督过程中占主体地位，并建设监管组织。政府要重视产教融合监督机制的建设，尽快建立起适合我国的完备的产教融合监督机制。另外，可建立针对产教融合的专门的监督机构进行监管，在法律上授予其监督权，并使监管部门的职责分配清晰具体。很多国家成立了相应管理机构，如美国的合作教育协会、韩国的产学合作科等，具体负责管理和服务等职能。我们要学习发达国家的经验，由政府成立专门机构，营造良好的政治氛围，统筹推进各项工作。第三，完善产教融合各主体内部的监管机制。主体内部的监管可以督促内部组织及成员更严格、更自律地要求自己。要制定完备的约束标准与规则，形成一种程序规范、项目透明的工作机制。目前，我国产教融合内部的监督机制比较匮乏，少有产教融合组织制定内部监督机制。要提倡鼓励产教融合的各参与主体积极设立制定其内部监管机制，以保证产教融合更健康地发展。第四，建立起社会评估监督网络。社会监督对产教融合健康发展有着重要作用。社会监督评估主要包括以下两个方面。①社会大众：针对个人设立起相关机构或电话热线，收集记录建议反馈和投诉举报，增强公众监督评估的主动性。②网络媒体：媒体具有消息流通迅速的特点并具有威慑特性。媒体的监督可以对产教融合各个环节的管理者形成强有力的约束作用。利用媒体进行评估，可以获得更平民化的意见建议。要利用各类媒体建立起产教融合网络监督评估平台。第五，建立第三方评估机构。发达国家在职业教育产教融合改革过程中重视第三方评估机构的建立与发展,也在实践中取得了良好的督评效果。第三方评估机构会更客观地对企业和学校做出评价,以辅助相匹配的校企进行合作,并可向不合格的校企施加压力,帮助其进步与发展。要学习借鉴发达国家的做法,建立并完善我国的产教融合第三方评估制度。

第六章　人才培养模式

1998年教育部举办的全国普通高校教学工作会议首次正式提出人才培养模式的概念，明确阐述人才培养的目标和标准，以及实现培养目标的方法或手段。

随着学术界对人才培养模式的深入研究，人才培养模式的内涵不断丰富。目前，人才培养模式被定义为：在一些现代教育理论和思想的指导下，人才培养模式是人才的教育实施过程及课程体系的总和。

一、我国职业教育人才培养模式的沿革

（一）人才培养模式的提出

文玉林（1983）在《改革人才培养模式，按学科设置专业》一文中首次提出了"人才培养模式"一词。刘明浚（1993）在《大学教育环境论要》中首次明确界定了人才培养模式的概念。1998年，教育部下发文件《关于深化教学改革，培养适应21世纪需要的高质量人才的意见》，这是我国首次在国家层面强调人才培养模式的重要性。

（二）推动我国职业教育人才培养模式改革的相关政策

自1999年以来，教育部出台了大量旨在大力发展高职教育的文件，在提出"落实产学结合思想"等建设性主张的同时，"积极开展有序训练"，"大力推进学习一体化"，"深化订单培养，改革工学交替"，"深化工学一体化，校企合作，顶岗实习"，"校企联合招生，联合培养"，在这些政策的指导和推动下，高职院校正在不懈地开展人才培养模式改革。关于工学结合、校企合作和现代学徒制的相关文件概述如下。

1.《关于全面提高高等职业教育教学质量的若干意见》

《关于全面提高高等职业教育教学质量的若干意见》指出工学结合是高职

人才培养模式改革的重要突破口，促进了专业的调整和建设，指导了课程改革、教学内容和教学方法的改革。

2.《教育部关于深化职业教育教学改革　全面提高人才培养质量的若干意见》

《教育部关于深化职业教育教学改革　全面提高人才培养质量的若干意见》提出"深化职业教育教学改革，全面提高人才培养质量"的四项基本原则，同时提出了人才培养模式、工学结合、校企合作的基本原则。

3.《关于开展现代学徒制试点工作的意见》及现代学徒制试点单位的确定

2014年8月，教育部正式下发文件《关于开展现代学徒制试点工作的意见》，成为我国现代学徒制普及探索和实践的里程碑。现代学徒制是传统学习与高职教育相结合的新尝试。通过校企深入合作，学校与企业联合培养，对学生实施以技能发展为基础的现代人才培养模式。

教育部按照"自愿申报，省级推荐，教育部审查"的工作程序，2015年、2017年、2018年分三批确定了现代学徒制试点单位，第一批包括165家现代学徒制试点单位和行业试点牵头单位，第二批包括203个现代学徒制试点单位，第三批包括194个现代学徒制试点单位。

在现代学徒制试点单位中，高职院校数量最多，成为现代学徒制改革的主导者。现代学徒制试点高职院校名单见表6-1。

表6-1　现代学徒制试点高职院校名单[①]

省市	试点批次	学校		
安徽	第一批	芜湖职业技术学院	安徽机电职业技术学院	安徽职业技术学院
	第二批	安徽工商职业学院	安徽国际商务职业学院	安徽交通职业技术学院	安徽商贸职业技术学院
		淮南职业技术学院	徽商职业学院	安庆职业技术学院	
	第三批	安徽财贸职业学院	安徽电气工程职业技术学院	安徽国防科技职业学院	安徽水利水电职业技术学院
		阜阳职业技术学院	合肥职业技术学院	滁州职业技术学院	

---

① 中国教育在线. 现代学徒制试点高职院校名单［EB/OL］.（2019-11-18）［2020-04-05］. https://gaokao.eol.cn/news/201911/t20191118_1693624.shtml.

续表6-1

省市	试点批次	学校			
北京	第一批	北京交通运输职业学院	北京电子科技职业学院	北京财贸职业学院	
	第二批	北京工业职业技术学院	北京劳动保障职业学院	北京农业职业学院	北京信息职业技术学院
	第三批	北京经济管理职业学院			
福建	第一批	福州职业技术学院	福建林业职业技术学院	福建生物工程职业技术学院	
	第二批	福建船政交通职业学院	湄洲湾职业技术学院	泉州工艺美术职业学院	
	第三批	黎明职业大学	泉州轻工职业学院	三明医学科技职业学院	漳州职业技术学院
甘肃	第一批	兰州资源环境职业技术学院	酒泉职业技术学院		
	第二批	甘肃工业职业技术学院	甘肃交通职业技术学院		
	第三批	甘肃建筑职业技术学院	兰州石化职业技术学院		
广东	第一批	清远职业技术学院	广东科学技术职业学院	广东工程职业技术学院	广东机电职业技术学院
		广东邮电职业技术学院	广州番禺职业技术学院	广州铁路职业技术学院	
		广东环境保护工程职业学院	广东建设职业技术学院	广东理工职业学院	广东食品药品职业学院
	第二批	广州工程技术职业学院	中山火炬职业技术学院	中山职业技术学院	珠海城市职业技术学院
		广州城建职业学院			
		东莞职业技术学院	广东碧桂园职业学院	广东工贸职业技术学院	广东科贸职业学院
广东	第三批	广东水利电力职业技术学院	广州科技贸易职业学院	广州民航职业技术学院	河源职业技术学院
		顺德职业技术学院	广东轻工职业技术学院	深圳信息职业技术学院	
广西	第一批	广西职业技术学院	广西建设职业技术学院	广西交通职业技术学院	
	第二批	广西电力职业技术学院	广西工商职业技术学院	广西工业职业技术学院	广西经贸职业技术学院
		南宁职业技术学院			
	第三批	广西农业职业技术学院	广西水利电力职业技术学院		

续表6－1

省市	试点批次	学校			
贵州	第一批	贵州轻工职业技术学院	贵阳职业技术学院		
	第二批	毕节医学高等专科学校	贵州交通职业技术学院	黔东南民族职业技术学院	铜仁职业技术学院
	第三批	贵州电子信息职业技术学院	贵州护理职业技术学院	贵州建设职业技术学院	贵州盛华职业学院
		黔南民族职业技术学院			
海南	第一批	海南职业技术学院	三亚城市职业学院		
	第二批	海南经贸职业技术学院	海南软件职业技术学院	三亚航空旅游职业学院	三亚理工职业学院
河北	第一批	河北建材职业技术学院	唐山工业职业技术学院	邢台职业技术学院	石家庄铁路职业技术学院
		渤海理工职业学院	石家庄邮电职业技术学院		
	第二批	邯郸职业技术学院	河北工业职业技术学院	河北软件职业技术学院	秦皇岛职业技术学院
		石家庄职业技术学院	石家庄科技工程职业学院		
	第三批	沧州医学高等专科学校	河北对外经贸职业学院	河北轨道运输职业技术学院	河北化工医药职业技术学院
		廊坊职业技术学院	河北交通职业技术学院		
河南	第一批	河南工业职业技术学院	开封文化艺术职业学院	河南农业职业学院	漯河职业技术学院
		商丘医学高等专科学校			
	第二批	黄河水利职业技术学院	济源职业技术学院		
	第三批	河南经贸职业学院	河南水利与环境职业学院	河南职业技术学院	三门峡职业技术学院
		郑州铁路职业技术学院	郑州信息科技职业学院	许昌职业技术学院	
黑龙江	第一批	哈尔滨职业技术学院	哈尔滨铁道职业技术学院	黑龙江农业工程职业学院	
	第二批	大庆医学高等专科学校	黑龙江建筑职业技术学院	黑龙江林业职业技术学院	黑龙江农业经济职业学院
		黑龙江职业学院	佳木斯职业学院	黑龙江生物科技职业学院	
	第三批	黑龙江交通职业技术学院	黑龙江民族职业学院	黑龙江生态工程职业学院	黑龙江信息技术职业学院

续表6-1

省市	试点批次	学校			
湖北	第一批	黄冈职业技术学院	武汉铁路职业技术学院	武汉船舶职业技术学院	武汉职业技术学院
	第二批	长江职业学院	湖北交通职业技术学院	湖北生物科技职业学院	
		武汉城市职业学院	仙桃职业学院	襄阳职业技术学院	湖北职业技术学院
		湖北城市建设职业技术学院	湖北工业职业技术学院	湖北国土资源职业学院	湖北科技职业学院
	第三批	三峡电力职业学院	武汉交通职业学院	武汉软件工程职业学院	咸宁职业技术学院
		湖北轻工职业技术学院			
湖南	第一批	湖南石油化工职业技术学院	湖南工艺美术职业学院	长沙民政职业技术学院	长沙航空职业技术学院
	第二批	常德职业技术学院	湖南汽车工程职业学院	湖南铁道职业技术学院	湖南现代物流职业技术学院
		永州职业技术学院			
		湖南化工职业技术学院	湖南环境生物职业技术学院	湖南理工职业技术学院	湖南三一工业职业技术学院
	第三批	湖南邮电职业技术学院	娄底职业技术学院	岳阳职业技术学院	长沙环境保护职业技术学院
		湖南生物机电职业技术学院	长沙商贸旅游职业技术学院		
吉林	第一批	长春汽车工业高等专科学校	长春职业技术学院		
	第二批	长春金融高等专科学校	吉林交通职业技术学院		
	第三批	吉林电子信息职业技术学院	吉林工业职业技术学院	吉林铁道职业技术学院	
江苏	第一批	江苏食品药品职业技术学院	无锡商业职业技术学院	南京工业职业技术学院	南通职业大学
		南京信息职业技术学院	江苏农林职业技术学院		
	第二批	常州信息职业技术学院	江苏建筑职业技术学院	江苏农牧科技职业学院	苏州工业园区职业技术学院
江苏	第三批	江苏海事职业技术学院	江苏经贸职业技术学院	南京铁道职业技术学院	苏州工业职业技术学院
		徐州工业职业技术学院	扬州工业职业技术学院	苏州工艺美术职业技术学院	

续表6-1

省市	试点批次	学校			
江西	第一批	江西应用技术职业学院	江西航空职业技术学院		
	第二批	江西工业工程职业技术学院	江西工业贸易职业技术学院	江西建设职业技术学院	江西泰豪动漫职业学院
		九江职业技术学院	江西冶金职业技术学院		
	第三批	江西财经职业学院	江西工业职业技术学院	江西环境工程职业学院	江西旅游商贸职业学院
		江西水利职业学院	江西陶瓷工艺美术职业技术学院	江西外语外贸职业学院	江西生物科技职业学院
辽宁	第一批	辽宁林业职业技术学院	辽宁职业学院	沈阳职业技术学院	大连装备制造职业技术学院
		辽宁医药职业学院	辽宁冶金职业技术学院	辽宁水利职业学院	辽宁石化职业技术学院
	第二批	辽宁农业职业技术学院	辽宁金融职业学院	辽宁建筑职业学院	辽宁城市建设职业技术学院
		辽宁省交通高等专科学校			
	第三批	辽宁轨道交通职业学院	辽宁机电职业技术学院	辽宁经济职业技术学院	辽宁轻工职业学院
		辽宁职业学院	现代服务职业技术学院		
内蒙古	第一批	内蒙古机电职业技术学院	内蒙古商贸职业学院		
	第二批	鄂尔多斯职业学院	包头职业技术学院	包头轻工业职业技术学院	
	第三批	包头铁道职业技术学院	内蒙古化工职业学院	乌海职业技术学院	
宁夏	第一批	宁夏职业技术学院			
	第二批	宁夏财经职业技术学院	宁夏工商职业学院	宁夏建设职业技术学院	宁夏民族职业技术学院
青海	第一批	青海畜牧兽医职业技术学院			
	第二批	青海柴达木职业技术学院			
	第三批	青海建筑职业技术学院	青海交通职业技术学院	青海卫生职业技术学院	

续表6-1

省市	试点批次	学校			
山东	第一批	东营职业学院	滨州职业学院	山东商业职业技术学院	山东交通职业学院
		青岛职业技术学院	日照职业技术学院	山东科技职业学院	
	第二批	山东城市建设职业学院	山东畜牧兽医职业学院	山东工业职业学院	山东理工职业学院
		烟台职业学院	淄博职业学院	威海职业学院	
		德州职业技术学院	济宁职业技术学院	莱芜职业技术学院	聊城职业技术学院
重庆	第一批	重庆工业职业技术学院	重庆航天职业技术学院	重庆电子工程职业学院	
	第二批	重庆城市管理职业学院	重庆电力高等专科学校	重庆工商职业学院	重庆三峡医药高等专科学校
		重庆医药高等专科学校			
	第三批	重庆三峡职业学院	重庆财经职业学院	重庆城市职业学院	重庆电讯职业学院
		重庆能源职业学院	重庆水利电力职业技术学院	重庆科创职业学院	

4.《国务院关于加快发展现代职业教育的决定》

《国务院关于加快发展现代职业教育的决定》提出创新促进人才培养模式。坚持校企合作，产学研结合，推行学历证书和职业资格证书的"双证"制度。开展现代学习试验，完善政策支持体系，促进学校教育与企业教育的融合。

5.《关于职业院校专业人才培养方案制订与实施工作的指导意见》

2019年6月18日，教育部发布了《关于职业院校专业人才培养方案制订与实施工作的指导意见》，提出了职业人才培养的指导思想，职业院校人才培养方案制定的基本原则、方法、程序，以及实施程序和监督指导要求，阐明了人才培养过程的逻辑。它充分体现了新时期对职业教育的新要求，创建了产教融合人才培养的新模式。

二、我国职业教育人才培养模式及其内涵、基本要素、逻辑架构、运作逻辑与运作保障机制

（一）我国职业教育人才培养模式内涵

20世纪90年代以来，人们对人才培养模式的关注度越来越高，相关的研

究随之增多，已形成几种得到学术界认可的概念界定[①]（如表6-2所示）。

表6-2 几种代表性的对人才培养模式的概念界定

序号	对人才培养模式的概念界定	代表人物
1	人才培养模式是人才培养目标，培养规范和基本培养方法	周远清
2	人才培养模式是学校为学生构建的知识、能力和素质的结构，以及实现这一结构的途径	钟秉林
3	人才培养模式是指在一定的教育思想和理论指导下，为实现培养目标（包括培养规范）而采取的一定的标准建设风格和培养过程运作模式	龚怡祖
4	人才培养模式是将教育思想、教育观念、课程体系、教学方法、教学手段、教学资源、教学管理体制、教学环境等按照一定规律有机结合在一起的综合性教学活动，它体现了教育的本质	刘红梅
5	人才培养模式是指在一定的教育思想和理论指导下，采用系统性与规范性的运作模式，实现人才培养目标	张晓松

上述观点的相似之处在于：人才培养模式应以教育思想和教育理论为指导，但也存在培养模式取向、培养目标偏重、素质结构偏重等差异。

目前，大多数学者认为，人才培养模式不能局限于教学过程，也不能延伸到高校整体管理的层面，它应该是结构与过程的统一、静态风格与动态机制的统一。

有学者认为人才培养模式贯穿整个教育过程，而有的学者认为它集中于教学活动的范围。人才培养模式是教育各要素的结合，涉及培养目标、专业设置、课程体系、教育评价等各个要素。它具有强调操作过程的动态结构，是理论与实践的纽带，具有可操作性。这是一种标准的人才培养风格，但不是对具体技术技能或实践经验的简单总结。

人才培养模式是分层的。第一个层次是指主导整个高等教育体系的模式，如素质教育、通识型人才教育和专业型人才教育模式；第二个层次是各高校倡导的培养模式；第三级是某专业特有的培养模式。

目前，在高等教育人才培养模式的基础上，我国已经逐步形成了具有我国职业教育特色的独特人才培养模式。

---

① 人才培养模式［EB/OL］.（2017-02-05）［2020-04-05］. http://www.360doc.com/content/17/0205/12/40129725_626649793.shtml.

（二）职业教育人才培养模式的基本要素

职业教育人才培养模式包含培养目标、课程体系、教育教学过程体系和评价体系四个要素，也可以分解为课程模式、教学模式、途径模式和评价模式四个子模式。

1. 培养目标

培养目标是人才培养模式的核心，是人才培养模式的主体。根据学校的培训标准，从高层次的设计理念出发，正确认识培养目标，正确定位培养目标，体现培养目标的决定性、综合性和关联性，重视各子系统的互动与整合，实现高素质人才的培养。

2. 课程体系

课程体系是人才培养模式的基础和内涵，也是人才培养模式的重点。课程体系体现了知识、能力、创新和智慧的融合，体现了对学生综合素质和专业能力的培养。

课程体系建设必须综合考虑学校的水平、专业设置、服务定位和学校特色。在设置课程体系的过程中，应在专业能力方面根据社会发展的需要，结合专业定位，合理构建课程体系和教学内容。同时，实践课要贯穿高职教育的全过程，培养学生的综合技能。

3. 教育教学过程体系

教育教学过程体系是人才培养模式的实施路径。在教育教学过程中，必须落实既定的教学目标和课程体系。因此，应建立良好的教育教学过程体系，通过课堂教学、实践教学、社会实践和毕业设计（论文）来保证培养目标的实现。

4. 评价体系

评价体系应以提高学生综合素质为目标，促进人才培养模式的完善和推广。不断探索评价指标体系、评价方法、评价实施、评价结果分析与应用。教学管理制度和评价制度是考核体系的基础。应全面有效地评价学生、管理者、教学资源、教学环境、教学过程以及社会支持对教育的影响，不仅要进行静态评价，而且要进行动态评价，并分析其发展趋势。

（三）职业教育人才培养模式的逻辑架构

所谓人才培养模式的逻辑架构，是指人才培养模式的一般规律（或模式）。

明确人才培养模式的逻辑架构对指导具体人才培养模式的实施以及评价人才培养模式，进而完善它都具有重要意义。职业教育人才培养模式的逻辑结构是以职业教育人才培养目标为导向的范式（邵峰，2014）。职业教育人才培养模式的逻辑架构如图6-1所示。

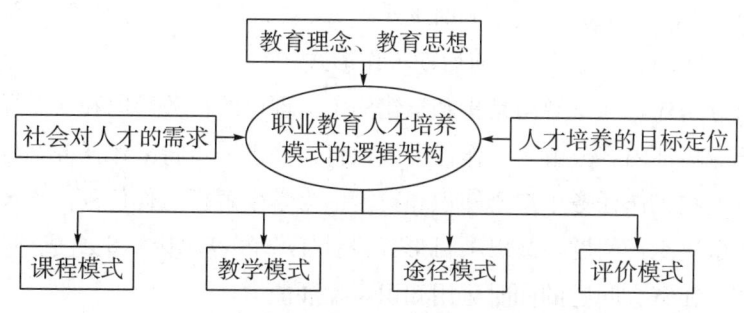

图6-1　职业教育人才培养模式的逻辑架构

图6-1描述了职业教育人才培养模式的逻辑架构，即在一定的教育思想和理论的指导下，采用一定的人才培养模式，实现技术技能型人才的培养目标（包括培养标准）。这一架构可以分解为课程模式、教学模式、途径模式和评价模式。其中，课程模式是人才培养的基础，为人才培养提供必要的知识和技术；教学模式是人才培养的方法，为人才培养提供具体的操作方法；途径模式是人才培养的方向，提供了人才培养的发展轨迹；评价模式是人才培养的标准和规范。这四个子模式有机融合，相互作用，相互影响，呈现出动态变化，共同完成了专业人才的培养。

（四）我国职业教育人才培养模式

我国职业教育已形成多种多样的人才培养模式，已有的职业教育人才培养模式的主要形式汇总如下：

1. 工学结合人才培养模式

工学结合的人才培养模式的实质是充分利用学校和企业的资源环境，通过课堂教学和企业实际工作完成人才培养，达到学校和企业双赢的效果。我国工学结合的人才培养模式不断发展，出现了顶岗实习式、工学交替式、项目导向式等多种形式。

顶岗实习。岗位实习模式是工作实习的一种形式。学生在公司的一些岗位上积累经验，获得专业知识和技能，获得劳动报酬，工作内容比较稳定。学校会经常与行业中有代表性的、有适当规模的一家或多家公司联系，建立校外实习基地，密切配合，为学生提供实习机会，遵循公司工作规则，不断完善和创新专业实习运行机制，提高学生专业实习效率。

工学交替式。工作与学习交替进行是最常见的工学相结合的形式。按照工作与学习交替的时间间隔可分为"0.5+2.5"和"1+2"等前期工作形式、"1+1+1"和"1.5+0.5+1"等中期工作形式、"2.5+0.5"和"2+1"等后期工作形式、"0.5+2+0.5"等前后期工作形式。

项目导向式。项目导向是指基于建构主义理论的任务导向和项目导向的工作，将职业培训内容分解为工作任务或项目，并进一步将工作任务细分为不同的子任务，在工作任务中渗透知识和技能，为学生解析工作任务，指导学生完成任务，解决工作问题，或以项目形式设计工作内容，让学生组成项目团队，深入工作，在解决问题的同时运用知识，发展能力。

综上所述，对工学结合人才培养模式的改革创新构建了灵活多样的模式，突出了人才培养方式和过程的开放性和专业性。工学结合人才培养模式对培养高素质、高技能、创新型人才具有重要作用。

2. 校企合作人才培养模式

校企合作人才培养模式是指利用学校和企业各自的优势建立适合学校实践教学的实践培训基地，突出实践教学的生产特色。积极向行业企业引进一线专家和员工，建立一支"双合格"的教学队伍，与企业建立长期合作关系，帮助学校利用企业的生产设备和技术优势，满足学生掌握技能的需求；同时，学生对企业的工作实践有了深入的了解，更接近工作一线，学习新知识、新技术。目前，我国校企合作的人才培养模式主要有以下几种形式。

技术推广型。技术推广是指学校利用自身的科技优势组织师生开发新产品、新技术和新工艺，解决企业和生产线的实际问题，同时将学校的科研成果推广到企业，使科技成果真正转化为生产力。

任务驱动型。任务驱动是指教师在教学过程中，将企业产品的设计需求引入课堂，根据企业产品设计和研发的需求指导学生，学生完成工作，由企业专家评选产品和鉴定成果。

公司经营型。公司经营是指学校介绍企业经营管理模式，由学生组队创立公司，实现自主管理，独立核算，自负盈亏，以提高学生运用知识和实践技能的能力。

3. "订单式"人才培养模式

"订单式"人才培养模式是指企业提出人才需求，学校根据企业的实际需要来设计学生的未来,围绕专业岗位的需要来确定教学内容和课程设置。

常见的订单形式有学前签订订单、学中签订订单、毕业季签订订单、与企业直接签订订单、与中介企业签订订单等。订单培养通常分成五个主要环节:①学校从企业获得人才培养订单;②招收学生;③通过校企合作对学生实施订单培养计划;④对学生进行上岗考核;⑤在学生上岗后继续关注和评价人才培养的质量。

"订单式"人才培养模式要求学校和企业明确各自的权利和义务,确定人才培养的数量和标准,设置课程和教学内容,商定管理制度和考核方法等。

"订单式"人才培养模式,让学生预定就业岗位,提高了人才培养的针对性。学校和企业共同制订教学计划,共同进行课程改革,正因为企业参与了学校人才的培养过程,实现了教学内容与社会需求的真正同步。

4. 现代学徒制人才培养模式

现代学徒制是以职业岗位为基础,围绕培养形式、课程建构、基地建设、师资培养、教学实施和质量监控六个要素展开的人才培养活动。以"双元制"教育与工学相结合为教育教学主要的组织形式。

在现代学徒制人才培养模式中,利益主体包括学徒、学校和企业,它们构成了学徒培训的利益共同体。因此,需要平衡多个主体的利益。主体的利益达到动态平衡是现代学徒制改革成功的关键。可通过签订协议,包括校企培训的框架协议、家长(学徒)与校企签订的培训协议等,明确学徒、学校和企业三方的责任和权力,提高人才培养的效率。

在现代学徒制人才培养模式下,企业的主要职能包括:参与招生;提出人才培养的专业标准和要求;参与制订人才培训方案;参与课程体系的设计与实践;任命专家和技术人员为大师;从教育培训的角度科学合理地安排学生在企业的工作和学习;进行学习期间服务期的计算,提供奖学金、实习保险等,组织参与学习评估,聘用符合学习完成标准的毕业生。

在现代学徒制人才培养模式中,学校的主要职能包括:界定学徒制的专业范围和领域,根据企业的需要全面了解专业发展和人才需求;确定专业人才培养标准,制订现代学习教学规划;构建现代课程体系;选择优秀的"双合格"教师作为现代学习型教师,组织实习教师岗位管理;构建适应现代学徒制度的考核管理体系,为优秀学徒颁发奖学金。

在现代学徒制人才培养模式中,学徒的主要职权包括:对职业性质和职业培训需求进行把握;要求学校和企业提供专业成长所需的教育资源,实施人才培养计划;积极参与工作与学习相结合的培训,包括学校和企业的学徒培训;

遵守学校和企业的规定，在学习期满后按照协议进行有关工作。

现代课程建设注重能力标准与要求的整合。现代学徒制是职业培训、工作实践和大学教育相结合的制度。应整合多维培养目标，整合学历培训要求，使之符合国家职业资格标准和企业用人标准，满足学习可持续发展的要求，应结合专业知识，从典型工作内容中提取典型任务，开发模块化课程。现代学徒课程一般由"通用课程平台""基础技术模块""技术应用""综合实践技能"四个模块组成，与校本课程和企业课程相一致。

现代学徒制人才培养模式往往采用多方参与的质量控制，强调过程评价。多元参与是指政府部门、行业委员会、学校和企业对质量控制的参与。政府部门起着指导和决策的作用，行业起着指导、诊断和认证的作用，学校和企业直接负责整个质量控制过程。在现代学徒制人才培养模式下，过程性评价与终结性评价相结合，教育标准和专业标准相联系，这一模式强调对工作能力的考核，实行学位证书与职业资格证书挂钩的"双证"制度。

（五）我国职业教育人才培养模式的运作逻辑

高职教育人才培养模式的逻辑架构应以"以人为本，知识，能力，素质，智慧全面发展"为指导思想（邵峰，2014）。根据人才培养的目标取向，人才培养模式得以构建。它由四个子模型组成：课程模型、教学模型、方法模型和评价模型。

如前所述，图6-1反映了职业教育人才培养模式的逻辑架构，形成了职业教育人才培养模式的运作逻辑。

第一，在高职教育人才培养模式改革中，必须要认识人的本质。因为对人性的认识是推进人才培养模式改革的基本前提。

第二，我们必须进一步认识职业教育人才培养模式的特点，找出培养高素质、高技能专业人才的方法和途径，即明确培养目标，牢牢把握高职人才培养模式的特点。

第三，人才培养模式是一种范式，然而，不同学校和不同专业的人才培养模式会有不同的表现形式，如学科型人才培养模式、市场需求导向型人才培养模式、专业型人才培养模式，但无论以何种标准构建人才培养模式，都应有一套与之对应的人才培养流程设计。

第四，人才培养模式犹如生产工艺品的"工艺设计方案"。我们培养高素质的合格人才如同制作"工艺品"。要生产出精美的工艺品，首先要有工艺设计和工艺加工。工艺过程需要设备、工艺流程、过程控制等，加工工作的核心是工程师，它使这些过程中的要素协调发挥作用。因此，人才培养模式改革的关键是人才培养模式的设计者。他们在"工艺设计"中起着重要的作用（邵峰，2014）。

（六）我国职业教育人才培养模式的运作保障机制

为了充分发挥职业教育人才培养模式在人才培养中的作用和优势，培养出越来越多的专业人才，需要一定的保障机制来促进人才培养模式的实施。

1. 目标管理机制

学校和企业作为人才培养过程中的利益相关者，应在共同研讨的基础上确立各类专业人才的培养目标、培养方案、培养计划，然后明确具体的教学任务、学生应达到的技能水平和量化的培养目标。

2. 组织管理机制

组织管理机制的建立对于保证人才培养模式的顺利运行具有重要作用。组织管理的首要任务是明确学校、企业等利益相关者的责任和权利，建立完善的教学评价指标，建立专业队伍，实施人才培养模式。

3. 过程管理机制

应建立过程管理机制，以保障人才培养模式的顺利实施。要在选择企业导师、设置岗位、搭建实践培训平台等方面获得企业的支持与合作，建立合理的资源配置与管理体系，严格执行各项管理制度。同时，高职院校也应在动态调整的可控范围内，根据具体情况制定经常性的控制措施，对整个教学过程进行控制。

4. 评价反馈机制

实施人才培养模式后，学校应对学生的技能掌握程度、工作适应能力和工作态度等进行综合评价。学校和企业以及其他利益相关者应该制定一个多方评估机制，对学生的学习效果进行评估和反馈，以便及时调整人才培养计划。

5. 激励补偿机制

在现代学徒制人才培养模式下，必须建立激励和补偿机制。一方面，学校可建立激励补贴机制和措施；另一方面，企业负责对学生或学徒实习后的表现进行评估，为实习提供补贴，并在此基础上制定支持和激励学生或学徒的政策和激励措施。

三、我国职业教育人才培养模式改革的成就和经验

1999 年以来,国家大力发展职业教育,教育部出台了大量文件,对职业教育人才培养模式提出了建设性建议。在这些政策的指导和推动下,职业院校花了二十年的时间尝试构建和改革人才培养模式,初步形成了工学结合、校企合作、"订单式"培养、现代学徒制等职业教育的人才培养模式。

(一)我国已形成的职业教育人才培养模式

1. 工学结合

工学结合是一种基于社会和市场需求的人才培养模式,学校和企业利用其教育环境和教育资源,在双赢的基础上共同培养学生,从而提高学生的综合素质、综合职业能力和就业竞争力。

工作学习与人才培养相结合的模式是高职教育的重要特征,体现了高职教育的核心理念,对提高高职教育人才培养质量起着重要作用(左晓琴,2012)。工学结合不仅是高职教育理念发展的结果,也是高职教育发展的必由之路(高春庚、冯高峰,2012)。

2. 校企合作

校企合作模式以市场和社会需求为导向,以培养学生的综合素质、综合能力和就业竞争力为目标。学校和企业利用其教育环境和教育资源共同参与人才培养过程。校企合作模式的出现对职业教育的发展具有重要意义。

余祖光(2009)提出在工学结合校企合作项目中,应根据时间、空间和组织要素的不同组合来划分校企合作模式。他详细阐释了九种校企合作的模式,包括"学年分段"模式、"阶梯分段"模式、"半工半读"模式、"灵活安排"模式、"订单式"模式、"教学工厂"模式、"厂内基地"模式、"行业主导"模式、"职教集团"模式。上述九种基于时间和空间的校企合作模式有时会有交叉形式,由此衍生出更多的模式。

3. "订单式"培养

"订单式"培养是指企业按照人才标准的要求与学校和企业签订劳动合同,共同制订人才培养方案,共同开展招生、培训、就业等活动,合作形成人才培养模式。

顾园等人(2008)认为,为促进大学生的稳定就业,应以市场化为指导思

想，培养精英，服务社会，不仅注重培养学生的职业技能，更要培养学生的创新精神和进取精神。

刘菲（2012）提出，"订单式"培养对于提高学生的能力和道德素质、解决大学生就业问题具有十分重要的作用。

傅君君（2007）对实现"订单式"培养的路径给出建议：一方面，建议高职院校与订单企业保持密切联系，了解人才培养的最新要求，根据企业的需要修改培训计划和专业课程。另一方面，订单企业应积极与高职院校联系，传递新产品信息和技术，并为学生提供实习岗位和场所。

黄金火等人（2009）在分析传统"订单式"人才培养模式存在问题的基础上，提出了提高学生就业竞争力的"三位一体人才培养模式"。

陈启强（2008）认为，"订单式"人才培养模式不是学校培养学生的简单模式，而是企业聘用学生的独特模式，它使学生的职业规划从以往的毕业时提前到了进校时。

王燕萍等人（2010）认为，"订单式"人才培养模式是人才培养模式的创新，是人才培养观念的转变，是高职院校市场意识的增强，是企业对职业教育信任和支持的深化。因此，职业培训可以更好地为企业和当地经济服务。通过公司人员在学校进行教学，企业向学生传递了企业文化，使学生了解了企业理念，熟悉了企业规章制度，使企业文化在学生日常学习过程中得到了体现。

4. 现代学徒制人才培养模式

现代学徒制是传统学徒制度与高职教育相结合，通过学校与企业的深度合作、学校教师与企业师傅的联合传授，实施的以技能培养为主的现代人才培养模式。有关现代学徒制人才培养模式的研究与实践备受多方关注，其中一些代表性的研究文献见表6-3。

表6-3　关于现代学徒制人才培养模式研究的部分代表性文献

序号	研究内容	文献作者
1	首次提出我国高职教育人才培养模式需借鉴西方现代学徒制，准确定位培养目标	蔡泽寰（2004）
2	在对西方现代学徒制进行综合比较的基础上，总结出学徒制历史演变的基本特征与驱动因素	关晶（2010）
3	从政策分析的视角对比英国现代学徒制与我国工学结合制度，提出政策建议	王喜雪（2012）

续表6-3

序号	研究内容	文献作者
4	重点分析了英国现代学徒制在制度设计、规模、主体、评价上的特征，为建立中国特色的现代学徒制及现代职业教育体系提供理论参考	吴静等（2014）
5	通过分析现代学徒制人才培养模式改革的基本特征，提炼了现代学徒制实践六要素："培养形式""课程建构""基地建设""师资培养""教学实施""质量监控"，并阐释了如何构建现代学徒制学校实践模型	成洁（2015）
6	基于智能化时代背景，构建基于深度校企合作的高端现代学徒制	徐国庆（2016）
7	基于政、校、行、企多方联动，提出现代学徒制人才培养模式成功与否的5个关键要素	焦玉君（2016）
8	以教育部批准的首批现代学徒制试点中山市为研究对象，分享现代学徒制本土化经验，为其他试点地区提供可借鉴的经验	陈建国（2016）

5. 中本衔接、高本衔接的人才培养模式

我国应用型本科院校积极参与中本衔接、高本衔接、专－本－硕衔接，构建中本衔接的"3+4"模式和高本衔接"3+2"模式。

促进中本衔接。在国家政策的推动下，建立普通高中教育、中等职业教育与应用型院校的联动机制。目前，中本联动已经建立，办学模式正在逐步推进。它为优秀的高中学生提供了继续深造的机会，也拓展了应用型本科大学的办学模式。

促进高本衔接。在国家政策的推动下，建立高职与应用型院校的联动机制。建立高本衔接的办学模式，为优秀高职学生继续深造开拓渠道。

总之，近年来，随着职业教育人才培养模式的研究和实践，职业院校倡导和实践了多种人才培养模式，许多专业也形成了独具特色的人才培养模式。在国内第一批示范院校中，几乎校内所有专业都建立了反映自身专业和办学特点的人才培养模式（刘松林，2009）。双证与课证融合模式、校企合作模式、"教－学－做"一体化模式，都从不同的层次和角度探索了职业教育工作与学习相结合的途径。另外，还有高职院校选择了德国多元制模式。

随着智慧时代的到来，社会对人才的需求将会发生变化。徐国庆（2016）提出，智慧时代正在从根本上改变职业教育的人才培养模式。智慧时代职业教育人才培养模式的基本框架是构建从中等职业教育到高职教育的技术人才培养体系和建立在高职技术人才深度合作基础上的高端现代学徒制，构建高水平技术人才培养体系，并建立基于工作系统分析与职业能力研究相结合的课程开发方法。

（二）卓有成效的职业院校改革案例

近年来涌现了一批在职业教育人才培养模式改革中取得突出成绩的职业院校。以下介绍其中几个具有突出特色、改革卓有成效的职业院校案例。

1. 山东经贸职业学院"工学结合"人才培养模式

（1）构建"工学结合"人才培养模式的指导思想

山东经贸职业学院按照高职教育的方向，树立农村合作金融人才培养理念。高职院校在普通本科课程中应以培养"精英"为目标，人才培养应以培养各领域的一线或基础技术人才为目标。

因此，在人才培养模式下，农村合作金融专业应把培养适应一线或基层农村合作金融机构需要的高素质应用型人才作为一项基本任务。这样可以避免激烈的市场竞争，发挥自身的特点，谋求更大的发展。

探索工作与学习相结合、任务为本、教学与工作为本的教学模式，培养学生的能力。在完成财务管理技术课程后，通过开展农村金融会计、银行柜台操作、小额信贷操作和风险管理实践，对学生进行了银行会计综合模拟培训和银行柜台操作综合培训。安排学生在农村合作金融机构进行银行柜台操作和会计操作，并返校攻读其他课程。课程结束后，安排学生到农村合作金融机构实习一个学期。

任务驱动模式是通过选择典型的工作任务来组织教学。针对农村合作金融机构专业现状中存在的实际问题，组织和重构课程内容。采用将课堂和实训室融为一体的教学模式，模拟专业环境和氛围，将教师的教学和学生的学习行为有机结合起来。学生可能在学习过程中遇到常见问题，然后通过老师的统一讲解来解决问题。

（2）人才培养模式的实施

该校按照图6-2所示的过程推进对农村合作金融专业人才的培养，实施过程主要由五个环节构成。

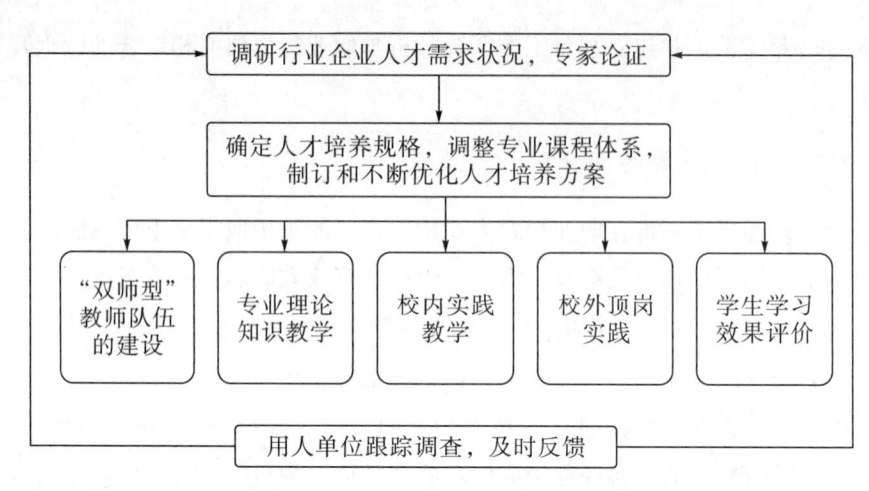

```
           ┌──────→ 调研行业企业人才需求状况，专家论证 ←──────┐
           │                         ↓                          │
           │      确定人才培养规格，调整专业课程体系，           │
           │           制订和不断优化人才培养方案                │
           │     ┌──────┬──────┬──────┬──────┐                  │
           │     ↓      ↓      ↓      ↓      ↓                  │
           │  "双师型"  专业理论  校内实践  校外顶岗  学生学习    │
           │  教师队伍  知识教学   教学     实践    效果评价     │
           │   的建设                                            │
           │     └──────┴──────┴──────┴──────┘                  │
           └────────── 用人单位跟踪调查，及时反馈 ──────────────┘
```

图6—2　山东经贸职业学院农村合作金融专业人才培养模式的实施过程

2. 嘉兴市交通学校"双元六共·互联互通"校企合作人才培养模式

嘉兴市交通学校通过搭建"双元六共·互联互通"的人才培养架构，实施校企合作，实现企业参与人才培养的全过程，真正满足企业的需求。

（1）凝聚力和联合招聘

在前期研究的基础上，选取一汽奥迪、一汽大众、诚信汽车和通用别克四大企业为试点合作企业。根据各试点企业的岗位需要，邀请企业开展校园宣传。

（2）通过协同工作建立校企合作模式

通过结合同类汽车品牌的4S店，在专业岗位的基础上建立企业间岗位群，根据汽车应用和各阶段维修专业人才培养的需要，开展五星级渐进式人才培养活动。根据学习任务，每学期组织学生往返于学校和企业之间，学习专业知识和技能，参加专业培训和实习，积累实践经验，接受企业文化。

（3）校企联合建设实训基地

学校正在与上述四家公司建立"1+4个培训基地"，即1个学校培训中心和4个校外培训基地。在学校培训中心完成学生基本职业技能的培训，定期组织学生完成相关业务的工作实践。

（4）共同努力，形成教学团队

学校专业带头人和企业管理人员建立培养合格人才的专业课程体系，根据人才培养要求制定企业课程。专业课程的教学必须由学校和企业共同承担。通过校企合作，组建由骨干教师和企业技术干部组成的"双师"教学队伍。

(5) 学校和企业联合实施培训方案

制订培训方案，满足学校、企业、学徒等各方面的需求。在培训计划中界定学校和企业的权利和义务，并从整体上促进学生的可持续发展。

(6) 共同努力实施多元评估

多元评估包括专业课程考核与企业生产考核，教学、生产、考核同时进行。生产考核是由企业管理人员对学生各个阶段的实践内容进行考核，包括职业道德、职业能力、团队精神和解决实际问题的能力等。职业技能是通过实地技能测试来评估的。

3. 天津职业教育的"鲁班工坊"现代学徒制人才培养模式

按照教育部和天津市建设"国家级现代职业教育创新与改革示范区"的要求，天津市教育局提出举办"鲁班工坊"，以推动这一创新的国际职业教育服务项目。

2016年初，在教育部的领导下，天津市率先实施鲁班工坊建设，深化现代化职业教育改革，学历教育和技术技能培训并行，在创新示范区的全面支持下举办"鲁班工坊"，为合作国家培养技术技能人才，以满足当地经济和社会发展的需要，向全国输出优秀的专业技术和专业文化人才，与世界分享天津职业教育，架起与世界对话和交流的桥梁。

天津职业学院已在泰国、英国、印度、印度尼西亚、巴基斯坦、柬埔寨、葡萄牙和吉布提设立了八个"鲁班工坊"，涉及自动化、新能源、机械、汽车、铁路、通信、电子信息、商业和餐饮等专业。鲁班作坊已经成为中国职业教育对外文化交流的一张靓丽名片，把天津的职业教育推向世界。

以泰国鲁班工坊为例，其教学是依托天津职业院校国际化专业建设国家级教学成果奖获奖成果工程实践创新项目来进行设计的。课堂教学选用天津职业院校开发的工程实践创新项目国际化双语教材，并根据泰国大成学院现有专业的特点，由中泰两国的专业教师共同开发教学项目并组织实施教学。教学活动以工程实践创新项目为载体，实现综合职业能力的培养，主要涵盖以下四个部分：能力源创新课程套件，培养学生的创新能力、动手能力、协作能力；机器人部分，主要涉及安全生产以及智能机器人应用能力的培养，包括救火机器人、防化工泄露机器人、引导机器人、仿生机器人的使用和调试等；电脑鼠走迷宫项目是将该项目融入单片机课程或其他相关课程之中，培养学生的自主创新意识和创新思维；自动化生产线，将软件仿真、硬件仿真和实物制作等融于一体，为培养学生创新能力搭建硬件平台。

4. 其他特色人才培养模式改革成就与经验

还有一些职业院校也构建了特色的人才培养模式，例如四川交通职业技术学院构建了"双平台、双主线"现代IT人才培养模式，宁波职业技术学院设计并实施"按需定制、分流培养"人才培养模式，天津职业技术师范大学附属技师学院构建了"四层次、五契合"人才培养模式，湖南科技职业学院软件技术专业建立了"双园轮换，工学迭代"人才培养模式等（谢凤静，2016）。

四、当前我国职业教育人才培养模式改革存在的问题及对策建议

20世纪50年代至80年代，我国的职业教育都是模仿苏联模式，强调知识而忽视技能，职业教育与普通高等教育并无显著差异。20世纪90年代转向"能力本位"模式，但逐渐凸显对行为培养的重视，学生创新能力和社会适应性较差。进入21世纪，在我国创新发展战略背景下，人才培养模式的改革由"应用型"转向"创新型"（罗时华，2013）。

（一）当前我国职业教育人才培养模式改革存在的问题

1. 职业教育人才培养模式要素存在的问题

职业教育人才培养模式要素存在的主要问题有人才培养模式缺乏实践性，人才培养目标缺乏独立性、责任性和承载力，工学结合的人才培养模式外部支撑体系不完善。根据存在问题进行改革设计，形成有针对性的人才培养模式，在已有的研究成果中占一定比例（蓝洁，2015）。

2. 职业教育人才培养模式构建忽略学生需求

目前，人才培养模式的讨论往往集中在企业的需求上，对学生的需求重视不够，忽视了学生作为学习主体的需求，没有考虑到学生需求的多样性。因此，高职院校人才培养模式的构建既不是盲目的迎合企业，也不能让学生随便与某个"订单"企业签约了事。否则，对学生的培养将缺乏迁移能力和耐力的培养，学生将缺乏社会竞争力。职业教育也应始终强调以学习者为中心，在不同教育层次为学生提供个性化、多样化、高质量的教育服务，促进学习者主动学习，释放他们的潜能，使他们得到充分发展。

同时，职业教育的人才培养模式应充分考虑各级学生的需求，使学生可以根据自己的情况，在"深造"成为创新技术人才、"寻求创业项目"成为企业

家或"获得某些方面的技术技能"成为"大国工匠"之间做出选择。

3. 高等职业教育人才培养模式构建过分强调"职业性",弱化了"高等性"

高职教育作为高等教育的一种类型,应该具有高等教育和职业教育的双重属性。目前大多数高职院校构建的人才培养模式过于强调"专业性",过多考虑企业需求,忽视了"高水平"。应对其两个属性都给予应有的重视,实现高职与职业教育的和谐发展,在现代人才培养体系中体现高职教育类型的特点和优势,不断提升其核心竞争力。

4. 职业教育人才培养模式实施过程中存在的问题

从实施的角度来看,人才培养模式的实施有限,仅在部分职业院校或部分领域进行。目前我国的职业教育还需要进一步实现为不同层次、不同类型的受教育者提供个性化、多样化、高质量的教育服务,促进学习者主动学习、释放潜能、全面发展。高等职业院校人才培养模式的构建,不是一味"讨好"企业,更不是仅仅让学生随便"订"一个企业就完成人才培养了。这样培养的学生会缺乏职业迁移能力、发展后劲和社会竞争力。

(二) 职业教育人才培养模式改革的对策建议

1. 总结经验,多方调研

首先要总结新中国成立以来我国职业教育培训模式的经验和存在的问题,并分析造成这些问题的深层次的原因。然后,对职业教育相关利益主体,包括学生、职业院校、企业及行业组织、政府部门等进行多方调研,了解相关主体的需求,以及区域经济发展规划对人才的需求等,从而准确定位人才培养目标,找到职业教育人才培养模式改革的方法和路径。

2. 建立由多元主体构成的研究共同体

理论领域和实践领域的不同专业人员需要组成研究团队,拓宽研究思路,充分利用多种多样的研究范式和方法,对人才培养模式改革与创新进行多维分析。

研究团队应包括多学科的专家,形成合理的结构,团队应具有较强的专业性以及丰富的理论和实践经验,以更好地发现和分析现实问题,探索研究方法,进行多维度、全方位的研究。

3. 深化对人才培养模式技术层面与价值层面的研究

在深化对人才培养模式技术层面与价值层面的研究方面,一方面重视对人才培养模式的要素组合途径、运行机制、方法等技术层面的研究，另一方面也要关注对人才培养模式的基本理念、价值取向等价值层面的研究。

第一，重视职业教育人才培养模式的中介性、构成要素的复杂性、实践操作的可效仿性等一般属性。

第二，充分认识到高职人才培养模式不是标准化的统一体系，而是因时、因地、因条件而变化的，是可变的、多样的人才培养过程，不仅与经济社会发展保持联动关系，而且会由于人才培养对象的不同表现出差异性。

第三，将研究现状、研究方法、研究内容等置于批判的视域中加以审视，通过反思与评判，寻找理论的生长点，与具体实践相结合，在否定中不断创新职业教育的人才培养模式。

第七章　专业设置

一、我国职业教育专业设置历史沿革

专业设置是指专业的设立和调整，设立是指专业的新建与开设，调整是专业的变更或取消（杜怡萍，2014）。职业教育专业设置是职业院校开展教学工作的起点，也是职业院校与经济社会的接口，影响着职业院校的办学水平和学生就业率（张耘，2015）。在职业教育中，专业培养目标是依据经济社会产业职业岗位的综合素质要求设定的，而专业课程群组建的依据又是专业培养目标，因此，专业是连接职业岗位的综合素质要求和职业院校专业教学课程群的桥梁和纽带。职业教育教学中，专业课程群的组建既要遵循教育的基本规律，也要考虑到学生的终身教育需求。职业教育的专业设置内涵如图7-1所示。

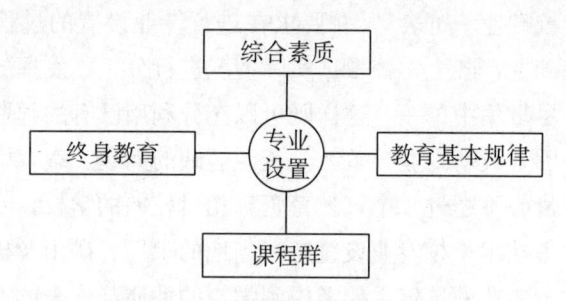

图7-1　职业教育的专业设置内涵

职业院校的专业设置工作是职业教育中最重要的基础工作。职业教育专业设置的优劣不仅关系到学生是否招得来、学得好、能就业，更关系到是否能有效地为经济社会产业发展服务。职业院校必须要着眼于经济社会产业的人才需求，针对专业人才的培养目标，充分利用各种教学资源，灵活进行专业设置，凝练职业技术特色，为经济社会产业的发展输送更多更好的专业人才。

国家根据经济社会发展的需要出台了职业教育专业目录，旨在引导学校科学合理地设置专业。专业目录规定了专业类别的划分和专业的名称，反映了人才培养的技术范围和就业方向，是职业教育专业规划、设立和调整的重要依据，也是指导毕业生就业、用人单位录用毕业生及考核的重要依据。国家颁布专业目录之后，还会持续关注职业院校的执行情况和实施效果，并根据经济社会的发展变化适时更新专业目录。

(一) 中等职业学校专业设置历史沿革

1. 奠基式发展阶段

1949—1991年是我国职业教育的"1.0时代"，是职业教育的奠基式发展阶段。新中国成立之初，中等职业学校普遍规模较小，条件简陋。学校的专业设置与经济社会发展的需求契合度不高，培养目标不明确。根据统计，1950年全国中等职业学校共有约500所，在学校的专业设置中，医药类专业占比最高，其次是农林类专业和工业类专业。在工业类专业中，作为工业发展基础的钢铁、化工、地质、采矿、机械制造和电子信息技术等专业基础薄弱，有的甚至是空白。当时的中等职业教育，无论是学校分布，还是专业设置，均不能满足新中国社会经济建设的需要。1951年，国家召开关于中等技术教育的专题会议，提出要对当时的中等技术教育状态进行调整。1952年，国家要求相关部门以苏联的中等技术学校专业设置方法为参考，结合当时经济社会发展建设的人才需求情况，提出中等技术学校的专业设置计划。1953年，教育部颁布了《中等专业学校专业一览表》，并要求在进行专业设置的过程中，在遵循中央统一计划的基础上，各个学校根据实际情况进行分工，发挥各自的优势。每个学校所设专业尽量集中单一，这样既可以充分利用已有的师资力量和教学设备，又可以避免因开设新专业导致教学资源短缺的问题。教育资源相对较好的学校，专业设置最好不超过4个；教育资源相对较差的学校，专业设置尽量不超过2个。各中等技术学校专业设置应以当地的工厂、矿山及机关事业单位的需求为依据。学校专业的选定，要考虑到学校的性质与未来的发展需求，要求在较长的时期内保持稳定。

1953—1957年，我国中等职业教育的专业设置根据社会经济的发展状况进行了调整。全国中等技术学校一共设立了医药、农科、林科、工科、财经、体育和艺术7个专业科类，其中，工科专业科类目录下又设置了13个专业，其余专业科类目录下没有设专业类别。学校在专业类别数量和招生规模上以工科类为主，截至1957年，我国中等职业教育在校学生共有48.22万人。从这一时期国家颁布的一系列职业教育政策可以看出，各个职业学校需严格按国家的专业目录进行专业设置，每个学校以1~2个专业为主，职业教育专业设置的指令性很强，学校缺乏自主权；在专业的选取上注重与当地的厂矿企业需求相结合，体现了职业教育工学结合的原则。此时，中国职业教育专业设置主要是借鉴苏联的经验，专业种类没有根据中国社会经济发展的实际需求设置，并且专业划分过细。

1978 年，我国开始实行改革开放政策，随后逐步由计划经济向市场经济转变。改革开放促进了社会经济的发展，我国各行各业都欣欣向荣，迫切需要各类专业技术人才。1979 年，中等职业学校工作条例指导文件颁发，要求学校的专业设置应依据经济社会的发展情况和学校拥有的教学资源基础来决定；一个学校在进行专业设置时，要尽量做到专业相近，控制专业数量，保证专业稳定发展。1980 年，国家对专业目录进行了修订，要求各教育相关单位及部门根据社会经济发展的新情况对专业设置进行调整，以适应我国社会经济发展的需要，并提出专业划分应更注重基础知识积累，扩宽专业面，提高实操技能，增强适应性。

2. 规模化发展阶段

1992—2013 年是我国职业教育的"2.0 时代"，是职业教育规模化发展阶段。新中国成立以来，我国一共颁布了 5 个《中等职业学校专业目录》。在职业教育"2.0 时代"，我国中等职业教育专业设置由政府主导转向市场导向。在计划经济体制下建立起来的我国中等职业学校专业目录是政府主导的专业设置机制，中等职业教育是政府部门办学，有利于各部门按各自的需求进行人才培养，实现供需平衡。20 世纪 90 年代后期，随着我国社会经济体制的改革，中等职业学校开始对接企事业单位的人才需求，学生开始自主择业，政府部门只进行宏观调控，职业学校专业设置有了很大的自主权。我国中等职业教育专业设置进入了市场导向的时期。

2007 年，两部委为了贯彻国家关于加强高技能人才工作的指导意见，深化职业技工院校的教学改革，加快职业技能人才的培养，组织专家历时两年，在充分调研的基础上将原来的《技工学校专业目录》和《高级技工学校专业目录》进行统一修订和合并，于 2009 年颁布了统一的专业设置目录。该目录涵盖了 7 个大专业类 120 个专业，包括先进制造、电子信息、交通运输、商贸服务、农林等。统一专业设置目录的目的是规范职业学校的专业设置，加强职业教育教学的过程管理。全国职业院校要依据目录进行专业的设立和调整。

2010—2013 年，中等职业学校招生人数和毕业人数如表 7-1 所示。从招生结构来看，第一产业相关专业招生人数及其在总招生人数中的占比逐年下降，到 2013 年第一产业招生人数占比下降为 8.6%；第二产业的招生人数占比大体平稳，在21.8%~23.2%之间；第三产业招生人数占比逐年上升，从60.2%攀升到68.3%。从毕业生结构角度看，2013年在第一产业就业的毕业生数量占总毕业生数量的13.6%；在第二产业就业的毕业生数量占总毕业生数量的22.7%左右；在第三产业就业的毕业生数量占总毕业生数量的62.6%左右，比例达到一半以上。

表7-1　2010—2013年中等职业学校招生数和毕业生数统计表

类别	2010年 招生	2010年 毕业	2011年 招生	2011年 毕业	2012年 招生	2012年 毕业	2013年 招生	2013年 毕业
总数（万人）	711.4	543.7	650.0	541.1	597.1	554.4	541.3	557.6
第一产业人数（万人）	110.4	25.5	85.4	35.2	72.0	57.9	46.7	75.8
第二产业人数（万人）	163.3	171.1	150.7	152.7	130.8	131.9	118.0	126.8
第三产业人数（万人）	428.3	340.6	406.3	347.0	387.6	357.0	370.2	349.0
第一产业占比（%）	15.5	4.7	13.1	6.5	12.1	10.4	8.6	13.6
第二产业占比（%）	23.0	31.5	23.2	28.2	21.9	23.8	21.8	22.7
第三产业占比（%）	60.2	62.6	62.5	64.1	64.9	64.4	68.3	62.6

数据来源：国家统计局数据库。

中等职业教育对我国实施改革开放政策、转变经济社会发展方式、加速产业结构调整起了非常重要的作用。中等职业学校的专业设置和人才培养在满足现代服务业、先进制造业发展的人才需求的同时，也很好地为铁路交通、国际商贸、现代物流等新型产业提供了人才支持（吴满芳，2017）。

3. 高质量发展阶段

2014年至今，我国职业教育从规模化发展转向高质量发展。教育部等六部门编制并颁布了职业教育体系规划指导性文件，鼓励企事业单位及行业协会为职业院校提供实习实训的平台，以期为产业链培养更优质的专业人才；鼓励整合专业人才培养和职工专业培训，实行校企合作，达到产教融合的目的。人才培养将围绕区域经济重点产业结构优化升级的需要，在新能源、新材料、电子信息等新兴产业培养急需的紧缺专业技术人才，在教育等领域培养新兴专业的教育人才，在文化艺术领域培养文化服务人才，加快发展电子信息技术产业、高端智能装配产业等优势产业。

职业学校根据产业的实际人才需求和职业教育办学特色进行专业调整，将新的技术、设备、生产方式等直接体现在专业设置的调整上。政府、企业、学校共同参与人才培养方案开发，多方协同监管，坚持中职学校专业设置的正确路径，加强行业人力资源信息监测，不断提高专业设置水平，从而保障区域内中职学校专业设置获取最大的社会效益与经济利益，提高中职学校专业设置水平。

（二）高等职业院校专业设置历史沿革

1. 奠基式发展阶段

1949年至1991年是高等职业教育的奠基式发展阶段。1949年新中国成立之初，我国就迅速成立专门的教育管理部门，分设普通、专门和社会三个教育司。1952年11月，我国教育管理部门又增设高等教育、体育和扫盲相关的委员会。新中国成立以后，我国借鉴苏联的教育经验推行职业化教育理念，根据社会经济发展的需要，对学科专业设置做出相应的调整。从学习苏联的教育模式入手，以加强工业建设和教育师资人才培养为重点，以提升综合性大学的办学水平为指导原则，将农、工、医、师等专业从原来的综合大学教育中分离出来，组建成立专门院校，以培养经济社会建设所需要的各种急需的专业人才。当时，国家各大行业部门都组建了专业设置专门化的院校，为经济社会发展提供了很好的人才支持。1954年，高等学校专业目录分类设置指导意见颁布，职业院校的专业设置分类按11个行业部门来进行，共划分了40个专业科类和257种专业。为了适应国民经济"调整、巩固、充实、提高"的发展要求，1963年，高等学校通用专业目录指导文件颁布，仍然按11个行业部门进行专业设置分类，共划分了432种专业。多年来，我国高等职业教育一直是按行业部门进行专业设置的。从1954年到1998年，我国共颁布了5个专业设置的指导性文件。

1980年，金陵职业大学在南京成立，这是由南京市政府创办的第一所自费走读性质的高等职业学校，学校不分配工作，毕业生自主就业。1982年，我国的第六个五年计划提出要尝试新办一些招生收费，毕业生自主就业的高等职业学校。1983年，关于加速发展高等教育的指导性文件颁布，教育部提出要多办一些专科学校，设置和发展一些国家建设急需的技术专业，为经济社会发展提供更多更好的专业人才。1985年，教育体制改革文件颁布，提出要重视发展高等职业教育，加快高等职业教育改革。1985年7月，在国家同意建设3所五年制技术专科学校的政策支持下，以西安航空技术专科学校为代表的3所学校成立并开始招生，开始了五年制专业人才的培养。1988年，高等学校本科专业目录颁布，还是11个门类，共有77个专业种类，划分了702种专业。

1991年，加强普通高等专科教育工作的指导性文件颁布，进一步明确普通高等专科学校的教育目标是培养高等应用型专门人才，毕业生就业主要面向行业企业生产一线和社会基层。普通高等专科教育改革的方向是逐步发展高等职业教育，为经济社会发展建设培养各类技能性专门人才。1991年，邢台高等职业技术学校开始面向普通高中和中等职业学校招生，进行双学制培养模式，学制三年，毕业时可以同时获得专科毕业证书和职业资格证书。

新中国成立后，国家教育主管部门对高等学校的专业设置一直采用集中管理的模式，严格控制学校的专业设置和调整，特别是在进行医学类和公安类专业设置时，还要分别报送卫生管理部门和公安部门进行审核，然后再报送教育部审批。新中国成立之初实行计划经济体制，高等学校进行专业设置时强调以行业为基础，突出专业对口。随着经济社会的发展，专业人才需求数量急剧增加，因此，需要对专业目录进行修订，以更好地满足国家建设的需要。比如，1993年修订的专业目录，专业数量从1988年的702种调整为504种；而1998年修订的专业目录，专业数量缩减为249种。专业面加宽，解决了专业设置范围过窄与专业设置划分过细的问题。

2. 规模化发展阶段

1992年至2013年是高等职业教育规模化发展的阶段。1993年，普通高等学校本科专业目录指导性文件颁布，改变了以行业为基础的专业设置分类方法，采用学科门类分类法，专业目录划分为工学、理学等10个学科，共有71个专业种类和504种专业。

1994年和1996年，共有18所中等专业学校被批准开办高等职业教育班，试点的中等专业学校数量也上升到22所，共开设专业66个。一些省市地方政府也开始了高等职业教育的探索，如1994年深圳市政府率先开办了深圳高等职业技术学院。1994年，中国教育改革和发展纲要的实施意见颁布，提出有计划地实行人才教育分流，大力促进职业教育发展，形成职业教育与普通教育相互衔接、共同发展的新局面。1995年，建设示范性普通高等工程专科学校和推动职业大学改革与建设的两个指导性文件陆续颁布，要求积极推行高等职业教育培养模式，强调高等职业教育是我国高等教育的重要组成部分，积极推动职业大学的改革与建设，使高等职业教育满足经济社会建设的人才需要。

1996年，《职业教育法》颁布，确立了高等职业技术教育的法律地位。同年，国务院召开职业教育工作大会，要求积极推动发展高等职业教育，更好地为经济社会发展建设培养高等专业技术人才；要求积极探索发展高等职业教育的有效途径，比如在充分利用现有教育资源的基础上，稳步推进职业教育改革提升。1997年，邢台高等职业技术学校更名为邢台职业技术学院，成为我国教育历史上第一所以学院命名的职业学校。同年，国家开始试点高等职业教育招收应届中等职业学校毕业生，有10省市参与了试点工作。1997年，高等职业学校设置问题指导性文件规定，新建和改建的高等职业学校都以职业技术学院命名。1999年，我国开始普及高等教育，其中，高等职业教育是高等教育普及的重要方式。1999年，国家将高等职业院校审批权逐步下放到各省市政府，旨在促进高等职业教育的快速发展，高等教育的层次结构由此开始发生巨大的变化。1999年，深化教育改革全面推进素质教育的决定要求探索采用社会多方参与的方式举办高等职业教育；改革现有的职业大学、成人高校和部分高等专科学校，使其逐步转变为职业技术学院；支持校企合作联合创办职业技术学院；容许社会力量在政府的指导监管下举办职业教育。2000年，教育部关于加强高职高专教育人才培养工作的意见提出，高职高专人才的培养目标是培养经济社会发展建设一线急需的、综合素质全面发展的高等技术专门人才。同年3月，高等职业学校设置标准指导性文件发布，对高职院校教育资源做出明确规定，对规范职业教育专业设置也起到了积极的作用。从此，我国高等职业教育走上了规模化高速发展的道路。

3. **高质量发展阶段**

2014年至今，我国高等职业教育从规模化发展走向高质量发展的阶段。高等职业教育要为区域经济发展提供人才支持，专业设置是高职院校服务于经济社会建设的重要抓手，是区域经济发展人才需求与职业教育是否相吻合的一个关键环节。《高等职业教育创新发展行动计划（2015—2018年）》强调，高等职业院校在专业设置方面要紧跟区域发展规划和产业结构转型升级的实际需求，及时调整优化专业结构，为经济社会发展提供优质的技术技能人才。职业院校要及时调研新技术的发展和应用情况，比如物联网技术、人工智能技术等新技术，及时跟踪新设备和新工艺的使用情况，积极分析经济社会发展趋势、产业结构调整变化趋势，把握专业技术人才需求的变化和趋势，掌握新旧专业的更替，提前谋划，增强专业设置的主动性和超前性。

二、我国职业教育专业设置依据与原则

(一) 专业设置依据

1. 社会经济依据

(1) 经济发展水平

职业岗位是社会分工的产物，经济社会发展水平不同，其职业岗位就会存在较大的差异。一个国家的经济发展水平越高，产业结构与劳动生产力的先进程度就越高，其各种行业的细化分工一般也越高。社会化程度比较低的时候，一般一个人独立完成一项工作；随着社会的进步，社会分工逐渐细化，一般都需要几个人合作来完成一项工作。因此，经济社会发展水平直接影响着职业院校的专业设置。职业院校要依据经济社会发展水平、产业结构和社会人才需求进行专业设置。

(2) 技术发展水平

技术发展水平决定了专业设置的广度和深度。19世纪60年代起，电气发明相继出现在德国、美国、英国和法国等国家。随之，出现了一系列以电气技术为中心的技术发明和技术革新，开创了继蒸汽时代以来的新的经济技术时代——电气时代。电能与其他能源相比，具有能够实现快速、精确控制的优势，它作为动力能有效地促进生产过程的机械化和自动化。电气化产业革命使相关工业部门异军突起，诞生了电气工业、石油工业、汽车工业、化学工业、电子工业和电话通信业等新兴产业部门，这些产业在国民经济中逐步占据主导地位。随着工业、农业和交通运输业的发展，社会对于生产资料的需求不断增长。重工业作为生产生产资料的工业，在国民经济中逐渐起到主导作用。

第二次世界大战后，以计算机技术、原子能技术、微电子技术、生物工程技术和空间技术等为主要标志的技术革命出现，标志着人类生产技术的发展又一次发生了质的飞跃。20世纪70年代末，世界各工业发达国家逐步进入高技术时期，至此，生产技术已发展成为一种全新的、与传统技术有着质的不同的全方位的技术，它给社会生产力和产业结构带来的影响超过以往的两次工业革命。第三次科技革命促使了一系列新兴工业部门的诞生，如高分子合成工业、原子能工业、电子工业和宇航工业等，这些新兴的产业间形成了新的分工，产生了许多新兴职业。

（3）产业结构变化

产业结构是指第一产业（农业）、第二产业（工业）和第三产业（服务业）在国民经济结构中所占的比重以及它们之间相互依存、相互制约的联系。产业结构可以反映一个国家的经济发展阶段和经济发展水平。如果一个国家的经济发展重心由第一产业转移到第二产业和第三产业，说明其相应的生产力发展水平已经比较高。一个国家的经济越发达，其第二产业和第三产业的就业人员就越多，产业部门的产值就越高，国民收入也就越高。比如发达国家就形成了以第三产业和第二产业占主体的产业结构，同时，经济社会的职业需求也主要集中在第三产业和第二产业。以北京市中职毕业生 2005 年与 2015 年的就业人数分布为例，可以看出产业结构变化对相关专业毕业生需求的影响（如表 7-2 所示）。

表 7-2　2005 年与 2015 年北京市中职毕业生就业分布情况对比

产业	2005 年	2015 年	产业	2005 年	2015 年
林牧渔业	1 405	625	房地产业	1 372	1 440
采矿业	134	49	租赁和商务服务业	1 277	1 905
制造业	7 562	5 384	科学研究、技术服务和地质勘查	572	570
电力、燃气及水的生产供应业	553	612	水利、环境和公共设施管理业	551	478
建筑业	2 162	1 744	居民服务和其他服务业	1 478	1 629
批发和零售业	3 971	7 067	教育业	1 317	895
交通运输、仓储及邮政业	595	3 218	卫生、社会保障和社会福利业	1 341	848
住宿和餐饮业	7 826	2 792	文化、体育和娱乐业	876	880
信息传输、计算机服务和软件业	2 902	1 033	公共管理和社会组织业	1 719	1 481
金融业	622	698	总计	36 830	32 723

数据来源：北京市 1% 人口抽样调查领导小组办公室，北京市统计局，2007. 2005 年北京市 1% 人口抽样调查资料 [M]. 北京：中国统计出版社.

北京市全国 1% 人口抽样调查联席会议办公室，北京市统计局，2017. 2015 年北京市 1% 人口抽样调查资料 [M]. 北京：中国统计出版社.

从表 7-2 可以看出，2015 年中职毕业生在林牧渔业等产业的就业人数量较 2005 年有较大幅度的减少；但批发和零售业就业人员数量增加了约 78%，交通运输、仓储及邮政业就业人员数量更是增加了440%以上；金融业，文化、体育和娱乐业等产业的就业人员数量变化不大，相对稳定。

国家的职业教育是为国民经济服务的，是面向就业人员的教育，因此职业教育的专业应依据国家的产业结构状况进行设置，与国家当前的经济发展水平相适应。职业教育的专业设置在以下几个方面受到产业结构的影响：①产业结构的变化影响职业教育专业设置的调整。产业结构随着社会生产力水平的发展而不断调整变化。产业结构的调整变化也会带动着社会资源在各产业部门之间的重新分配，就业人员数量也会随着调整变化，因此，职业教育的专业设置也需要进行相应的调整，因此，产业结构决定着职业教育的专业设置。②产业结构的变化影响职业教育专业设置的种类。产业结构的调整升级会催生一些新的职业，比如物联网、人工智能、大数据等新技术诞生后，与此相关的产业成为社会新的经济增长点，对从业人员的需要也大幅增长。物联网技术员、人工智能技术员和大数据技术员等新职业应运而生，职业教育为了满足经济社会的发展需求，也要进行相应的专业设置。③产业结构影响职业教育专业设置的区域分布。国家的一个地区的产业结构一般都具有区域特点。受自然资源、地理环境和经济发展水平等因素的影响，地区的产业结构都各有不同，对职业技术人才的需求也不尽相同。当地职业教育院校的专业设置就要以助力地方经济发展为目标，为经济社会发展培养优秀的专业技术人才。职业院校的专业设置应以当地的支柱产业为核心，同时兼顾其他的优势产业和新兴产业（朱新牛，2000）。

2. 教育条件依据

职业教育院校专业设置的前提是具有相应的教育资源。良好的教育资源是专业设置的基础，也是教育质量的保证。职业教育资源包括人力资源、物力资源和社会资源。职业教育人力资源包括在校学生人数、专业授课老师、教学管理人员、实习实训辅导老师等，物力资源包括上课场所、教学设备、教学管理平台、实习实训平台等，社会资源包括国家职业教育政策和资金投入、地方政府产业政策、产教融合的企业、就业市场环境等。

（1）职业教育资源

职业教育院校在进行专业设置时，要全面认真评估已有的相关教育资源和经济社会发展对技术人员需求的变化。国家的职业教育政策支持和资金投入是职业院校开办新专业的主要社会资源；地方政府为了促进区域经济的发展，也会提供教育政策支持并投入相应的资金支持职业院校开办新专业；与学校专业发展密切相关的企业或部门，可以提供学生实习的平台和实训的机会，并且是职业院校毕业生接纳的主要力量。上述教育资源都是开办新专业时的主要影响因素，需要高度重视和全面评估。同时，职业院校教学方式的与时俱进、教学效果评价机制的创新等相关的软件资源是影响职业教育专业能否实现理想人才培养的关键因素。

现阶段，我国职业教育政策已经开始由供给驱动转向需求驱动，从过去由国家向职业院校投资转变为同时给在校学生提供资助，引导鼓励适龄人员接受职业教育。比如国家为了促进农业稳定，增加农民收入，对职业院校的困难家庭学生和涉农专业实行免费职业教育。职业院校如果有涉农专业的基础，就可以利用国家对农科专业特殊支持的政策开设涉农类专业。

职业院校要适时减少或者停止已经没有市场需求的专业招生，还要对新技术的应用进行前瞻性预测，对产业结构变化趋势和国家职业教育政策进行把握，适当超前地进行新专业设置，为经济社会发展提供高水平的技术技能人才。职业院校在开办一个新专业时，必须要考虑的一个重要因素就是生源问题。生源的数量要看当地所有的适龄学生，以及这些学生及其家长是否有意愿报考新的专业。影响学生报考意愿的因素之一就是经济社会对该专业毕业生的需求程度。另外，传统观念也会影响学生和家长对专业的报考意愿。比如好多家长就不愿意让小孩报考餐饮专业；又比如以动漫起家的哔哩哔哩已经登陆美国纳斯达克，公司业务迅猛发展，但好多家长和学生最开始对动漫专业并不了解，更谈不上积极报考了。这就要求职业院校进行专业设置时要适当超前，不仅要考虑目前成熟专业的生源情况，还应预测未来的生源情况，这样一个职业院校才能实现可持续发展。同时，因为动漫专业对计算机科学的普及程度有一定要求，所以还要做好计算机相关专业的教育工作。

（2）专业继承性

职业院校在开办新专业时，如果充分考虑利用院校已有良好基础专业的教学资源，将有助于新专业的壮大发展。比如如果新专业和原有的专业有继承性，适龄学生基于对已有专业的了解，对新专业的接受程度会更高一些。原有专业的授课老师经过一定的新专业培训就可以轻松胜任新专业的教学工作。只需在原有的教学设施设备基础上增加少许的投入，就可以提供给新专业使用。新专业和已有专业共同的基础课程就可以共享授课老师和教学设备。已有专业的实习实训平台，新专业都可以部分继承使用。

新专业和已有专业具有继承性，教育资源的共享将有助于职业院校短期内增强新专业的办学实力，迅速扩大新专业的影响，提高新专业毕业生的就业率。新专业和已有专业还可以形成相关专业群，复合出新的专业，比如已有的计算机专业和艺术专业就可以复合出新型动漫专业，提高职业教育的专业技术水平，实现职业院校的可持续良性发展。如果新设置的专业与已有专业差别较大、相关性差，各种教育资源需要完全重新投入，投资较大。如果投资不足，会影响专业发展，并且新专业的接受程度比较低，生源也将会是一个比较大的问题。

（二）专业设置原则

1. 需求导向原则

职业教育专业设置要遵循的第一个原则就是需求导向原则。职业教育的培养目标就是为经济社会输送高技能人才，满足经济社会快速发展对人才的需求。职业院校的教育主要是服务于当地的区域经济社会发展，职业教育和区域经济的发展相互促进，因此专业设置就需要首先考虑当地的经济社会发展对专业人才的需求。职业院校在进行专业设置时，要对当地目前的产业结构、未来产业发展规划、企事业单位的人才需求以及职业院校毕业生就业情况进行调研和分析，着眼于培养当地产业发展急需的高技术人才，避免职业院校培养的专业技术人才不符合企事业单位的需求，而企事业单位需求的人才职业院校又没有培养，人才培养供需脱节。职业院校要根据经济社会发展和产业结构变化及时调整优化专业设置，以满足经济发展对高技能专业人才的需求。

2. 效益性原则

职业院校在进行专业设置时一定要遵循效益性原则，不但要考虑当地经济社会发展对人才的需求，还要考虑自身的实际情况，量力而行地进行专业设置和专业技能人才培养，确保院校有资源可以支持专业人才的正常培养。职业院校要能提供专业人才培养需要的教学师资、教育经费、教学设备和实习实训平台等。为了保证院校教育资源的合理利用，要控制专业的招生规模，规模偏小会造成教育资源利用率不高，效益不高；规模偏大会造成教育资源缺乏，影响人才培养质量。对一些社会急需的专业人才，院校又没有一定专业基础的，可以考虑职业院校和企事业单位校企合作，共同提供教育资源，一起创造专业人才培养平台，利益共享，风险共担，这样既可以解决企事业单位的人才需求问题，又可以促进职业院校的发展。职业院校在进行专业设置时要合理规划，考虑专业设置和人才培养的效益性原则，避免一哄而上、盲目设置，要做到质量、规模和效益的协调统一，以确保人才培养可持续性发展。

3. 适度超前原则

职业院校在进行专业设置时要遵循适度超前的原则。职业院校的专业建设需要一个过程，人才培养也需要时间，这就要求院校在进行专业设置时具有一定的前瞻性，以及时满足经济社会发展对新兴专业技术人才的需求。职业院校要及时跟踪新技术的发展和应用情况，比如物联网技术、人工智能技术、大数据技术和智能制造技术等，及时跟踪新设备和新工艺的使用情况，及时关注经济社会发展现状、产业结构现状、专业人才就业现状，分析经济社会发展趋势、产业结构调整变化趋势。新技术的发展和应用对经济社会发展的影响越来越大，会带来新的职业岗位，会促进新产业的发展，影响产业结构的调整变化。职业院校通过调研和分析，把握专业技术人才需求的变化和趋势，掌握新旧专业的更替，提前谋划，增强专业设置的主动性和超前性，既可以更好地满足新技术新产业发展对人才的需求，又能保证职业院校不断发展壮大。

三、我国职业教育专业设置主要举措

（一）专业设置调整措施

新技术日新月异，新产品层出不穷，产业结构持续调整，新旧职位不断更替，经济社会发展变化越来越快。因此，职业院校的专业设置也要根据自身的定位和基础不断优化调整，设置新专业，变更或淘汰旧专业，以适应经济社会的发展带来的人才需求变化，更好地服务区域经济发展。

1. 基于产业结构变化趋势进行专业调整

职业院校的专业设置要与产业结构相适应，要随着产业结构的变化进行相应调整（滕青，2011）。经济社会发展推动产业结构的优化升级，产业结构变化导致对人才需求的变化。职业教育的目的是为经济社会发展培养专业技术技能人才。研究表明，专业人才的培养变化总是明显落后于产业结构的调整。因此，职业院校需要紧跟人才需求的发展变化，依据自身的基础和发展定位，调整优化专业设置，迅速培养出符合新产业结构的专业人才，为经济社会发展提供优质的人才服务。加强人才培养，提高专业人才的能力和素质，才能从根本上提高社会生产力，推动产业结构优化升级。

2. 基于人才供求情况进行专业调整

职业院校要基于人才供求情况对专业设置进行调整。对于一些传统专业，职业院校要及时跟踪了解人才供求情况的变化。如果出现供大于求的情况，就要对专业设置进行分析，制定相关对策，比如拓展专业内涵，拓宽毕业生的就业面，提升专业水平，增强毕业生的就业竞争力。如果产业调整带来职位减少，就应该根据人才市场需求降低招生规模。

职业院校大多数都会第一时间捕获到新技术的发展和应用带来的新职业岗位机会，都会根据新机会规划新兴专业设置。这个时候一定要注意分析新兴专业的人才供求情况，如果新兴专业的市场需求暂时不大，并且已经有较多职业院校开始设置相关新兴专业，院校就要合理控制招生规模，配置相应的教学资源，不能跟风"豪赌"，一旦人才供应供大于求，新兴专业毕业生就业将成为问题，同时也会影响该专业今后的良性发展。

3. 基于区域经济发展需求进行专业调整

职业院校的培养目标就是为社会输送高技能人才，满足经济社会快速发展对人才的需求。职业院校主要是服务于当地的区域经济社会发展，职业教育和区域经济的发展相互促进，因此，专业设置就需要首先考虑当地经济社会发展对专业人才的需求。区域经济发展和产业结构调整是密不可分的，中国经济区域众多，发展水平各有不同，各个经济区域会根据自身的资源情况和经济发展水平，选择一些适合自己的特色产业进行大力扶持。职业院校要及时了解区域经济的发展规划和支持政策，及时调整专业设置，发展优势专业，扩大专业招生规模，为当地的特色产业提供人才支持。区域经济发展好了，也会反过来促进职业院校的专业发展，给职业院校的毕业生提供更多的就业岗位。职业院校要积极与地方龙头企业进行校企合作，推动产教融合，依托企业开展学生的专业实习实训课程活动，共同培养更适合企事业单位实际需求的高技能人才。

4. 基于专业的继承性进行专业调整

职业院校的专业调整要与已有的传统专业相结合，注重继承性。据研究，一个完全的新兴专业从开办到具有一定规模，要耗费大量的教育资源，至少需要5~8年才能初见成效，取得较好的效益。如果新兴专业和已有传统专业具有继承性，原有专业的老师经过相关培训就可以轻松胜任新兴专业的授课工作，只需增加少许的教学设施设备投入，就可以提供给新专业使用，新兴专业和传统专业共同的基础课程就可以共享，已有的专业实习实训平台，新兴专业都可以继承使用。教育资源的共享将有助于职业院校短期内增强新专业的办学实力，迅速扩大新专业的影响，提高新专业毕业生的就业率，并且新专业和已有专业还可以形成相关专业群，复合出新的专业。职业学院只有正确处理创新和继承的关系，保持自身专业的相对稳定性，循序渐进地进行专业设置调整，巩固提升专业优势，才能办出特色，保证教学质量，实现长期可持续发展。

（二）专业设置调整内容

职业院校要跟随经济社会的发展变化，及时对专业设置进行调整优化，包括拓展专业内涵、进行专业群建设和发展复合型专业等。

1. 拓展专业内涵

随着科学技术的创新发展及其广泛应用，一些传统职业的内涵在不断发生变化，因此，对从事这些职业的技术人员的技能也提出了新的要求，相应的专业设置也拓展了新的内涵。比如印刷，20世纪80年代采用的是铅字印刷技术，现如今采用的是激光照排技术，因此，印刷专业的内涵发生了相应的变化（姜丽萍，2001）。再比如机械加工，最初是传统的车、铣、刨、磨、转技术，随着计算机技术的逐步应用，出现了数控机械加工技术；后来随着3D打印技术的应用，又出现了快速成型技术；目前，随着人工智能技术的应用，机械加工又提升了一个层次，出现了智能制造技术。

为了满足新要求，职业院校需要对这些专业的培养目标和必修课程进行拓展。例如，随着计算机技术在机械加工中的应用，出现了数控技术，这就要求机械加工专业人员具备这方面的技术能力，因此，现代机械加工专业需要调整培养目标，在教学中增加数控技术的课程内容。为了适应科学技术高速发展的现实情况，国务院在职业教育改革实施方案中专门规定了专业设置定期评估机制，要求职业院校按照规定灵活自主进行专业设置。

2. 建设专业群

职业教育专业群是职业院校根据自身的基础和专业优势，围绕特定的区域经济产业服务领域，以特色专业为核心专业，将基础学科相近、岗位要求接近、教学资源可共享的相关专业组合成的专业集合（孙百鸣，2020）。组建专业群的优点之一在于可以进行教学资源共享。专业群中的相关专业在教学过程中，基础课程、师资队伍、实习实训设施甚至实训项目都可以共享，提高了教学资源的利用率。组建专业群的另外一个优点就是可以提升毕业生的就业竞争力。专业群中的相关专业相互渗透，拓展了单个专业的技术内涵，拓展了学生的专业广度和综合素质，提升了学生的竞争能力。

组建专业群虽然有很多优点，但在组建专业群的时候，也不可以生拉硬拽、强行组合。组建专业群之前，先要对院校的区域经济服务定位和专业优势进行分析，看看是否足以支持专业群的组建。对想要组合在一起的专业进行论证，评估一下这些专业如果组合在一起可能会带来的好处和弊端，然后才是专业群组建方案实施。实施过程中还要随时关注出现的问题，及时处理，以保证实施效果。

3. 发展复合型专业

复合型专业是指多学科交叉的专业。比如商务英语就是商务专业和英语专业交叉的复合型专业，旨在培养适合涉外经贸活动的高级技术专业人才；动漫专业就是计算机专业和艺术专业交叉的复合型专业，旨在培养动漫艺术制作的高级应用型专业人才；餐饮管理专业就是烹饪专业和管理专业交叉的复合型专业，旨在培养餐饮管理高素质技术技能人才。发展复合型专业，是为了满足经济社会发展和产业结构升级对复合型人才的需要，同时也是为了增加毕业生的就业竞争力，让毕业生参加工作后有更广阔的发展空间。

发展复合型专业，培养复合型人才，是我国职业教育改革专业人才培养模式的一个方向。首先需要调研企事业单位的人才需求，确立复合专业人才培养目标，然后制定科学的跨专业人才培养方案，整合专业师资力量，确定确实可行的专业人才培养模式，提高专业人才培养质量，提升毕业生就业竞争力。

（三）专业设置调整流程

职业院校的专业设置调整需要十分谨慎，建议采用如下流程，如图 7-2 所示（杜怡萍，2014）。

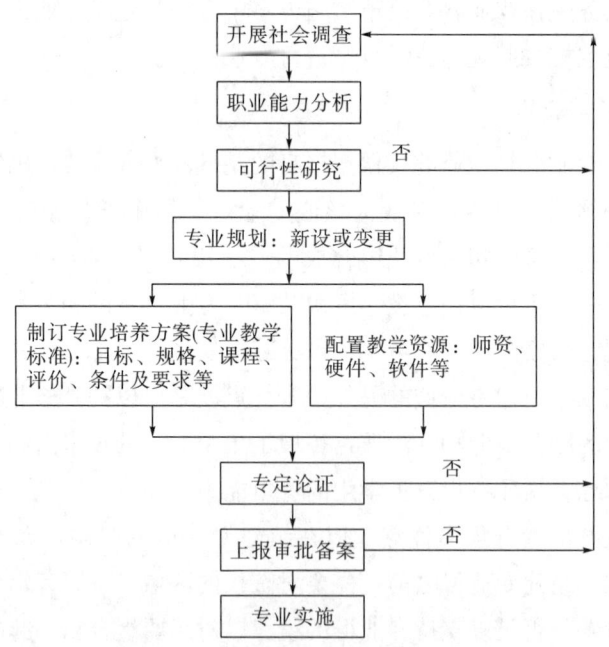

图 7-2 职业院校专业设置调整流程

第 1 步：职业院校对区域经济社会发展开展充分的社会调查，确定专业调整是否满足企事业单位对人才的需求。

第 2 步：进行岗位需求调研和职业能力分析，确定调整专业的人才培养目标。

第 3 步：进行专业调整可行性研究，决定新兴专业是否新设，传统专业是调整培养方案、控制招生规模还是撤销。若研究结果为不可行，则既不新设新兴专业，也不撤销传统专业；若研究结果为可行，则进入流程的第 4 步。

第 4 步：专业规划，新设新兴专业或变更原有传统专业。

第 5 步：制订专业培养方案，包括培养目标、规格、课程体系、评价标准、条件和要求等；配置专业教育资源，包括师资力量、硬件设施和软件环境等。

第 6 步：组织专家进行论证，若论证结果为否定，则既不新设新兴专业，也不撤销传统专业；若论证结果为肯定，则进入流程的第 7 步。

第 7 步：上报上级管理部门审批备案，若审批不通过，则既不新设新兴专业，也不撤销传统专业；若审批通过，则进入流程的第 8 步。

第 8 步：专业调整正式实施。

四、我国职业教育专业设置成就和经验

我国职业教育专业设置取得了下列成就和经验：职业院校的专业设置和调整基本适应区域经济产业结构升级的需求，职业教育需要校企合作已经成为职业院校和企事业单位的共识，职业院校"双师型"教师队伍已基本形成。

（一）专业设置调整适应产业结构升级

国家的职业教育是为国民经济服务的，是面向专业技术技能人才的教育，因此职业教育专业应依据国家的产业结构状况进行设置，与国家当前的经济发展水平相适应。经济社会发展推动了产业结构的优化升级，产业结构变化又导致了对专业人才需求的变化。职业院校的专业设置依据在于区域经济社会发展和产业结构变化对专业人才的需求（周建松，2019）。产业结构的变化影响着职业教育专业设置的种类，产业结构的调整升级会催生一些新的职业。我国职业院校依据自身的基础和发展定位，调整优化专业设置，培养符合新产业结构的专业人才，为产业结构升级、区域产业结构调整提供人才支持。职业院校的专业设置和调整基本能适应区域经济社会产业结构升级的需求。

近年来，信息技术快速发展，互联网和5G网络等信息技术在各行各业都得到了广泛应用，国家也随之出台了相关政策鼓励推进信息产业的发展，产业结构发生了一些变化，对相关专业人才的培养提出了新的需求。鉴于此，职业院校迅速做出反应，根据自身的专业设置基础，纷纷新设了电子商务专业、大数据技术与应用专业、移动商务技术专业等与信息技术相关的新兴专业，以满足经济社会发展对新兴专业的人才需要。

（二）校企合作已成为共识

职业院校的教育主要是服务于区域经济社会发展，因此专业设置就需要首先考虑区域经济社会发展对专业人才的需求。职业院校在专业设置时，要对当地的产业结构、企事业单位的人才需求情况进行调研和分析，着眼于培养当地产业发展急需的高技术人才，避免职业院校培养的专业技术人才不符合企事业单位的需求，而他们需求的人才职业院校又没有培养，人才培养供需脱节。因此，职业院校意识到，只有与企事业单位进行更多的沟通与合作，才能培养出企业真正需要的专业人才，提升职业院校专业人才的应用价值（张琰飞、朱海英，2018）。

校企合作背景下，有些企事业单位为职业院校的人才培养提供实习实训的基地；有些行业专家直接走进课堂为学生们举办讲座甚至讲授专业课程；有些职业院校邀请企事业单位参与学校专业的设计规划；有的职业院校还和企事业单位共同建设专业实训基地，采用学徒制人才培养方式，开展订单式专业人才培养。在校企合作过程中，职业院校的专业人才培养是直接面向企事业单位的，职业院校的专业设置非常明确具体，专业发展更加贴近经济社会发展需求，校企合作也为职业院校解决了毕业生的就业问题。在校企合作中，职业院校根据企事业单位的人才需求组建专业的师资队伍，既为专业建设提供了依据，也为学生的专业实践提供了明确的指导（马丹，2020）。

（三）"双师型"教师队伍已基本形成

在职业教育资源中，专业化的"双师型"教师队伍是进行职业教育人才培养的前提条件，是保证职业教育教学质量的关键。国家十分重视职业教育教师队伍的建设，专门颁布职业教育"双师型"教师队伍建设方案，推动职业院校教师队伍建设水平。职业院校也一直都把"双师型"教师队伍的建设放在职业教育资源建设的首位，并取得了一定的成效，为职业教育的发展提供了有力的人力资源支持。据统计，2018年，我国职业院校拥有的教师总人数为133.2

万,其中,"双师型"教师人数为 45.56 万,占比超过 34%。2019 年职业教育年度报告统计显示,全国 851 所高职院校的"双师型"教师数量占比达一半以上,646 所院校的"双师型"教师数量占比超过七成(潘秋萍等,2020)。

但我们同时也要看到,职业教育师资数量,特别是"双师型"教师还远远满足不了职业教育的要求,并且还分布不均,教师学生数量比逐年下降,新兴专业和掌握新工艺的教师缺乏,这些已经成为制约职业教育持续发展的瓶颈。

五、当前我国职业教育专业设置改革存在的局限及对策建议

当前我国职业教育专业设置改革还存在一些局限性,比如:①职业院校专业设置与区域产业结构的匹配度还有一定的差距,专业设置调整速度滞后于区域经济社会发展速度;②校企合作深度不够;③职业教育"双师型"师资力量相对不足。职业院校专业设置改革应紧跟区域经济发展变化和产业结构调整,以区域产业推动院校专业优化设置。

(一)紧跟区域产业变化及时调整专业设置

经济社会发展推动产业结构的优化升级,产业结构变化又导致对人才需求的变化。职业教育的目的是为区域经济社会发展培养专业人才,服务于区域经济社会发展和产业结构调整优化。职业教育和区域经济的发展相互促进,因此,院校的专业设置首先要考虑当地经济社会发展对专业人才的需求。研究表明,职业院校的专业人才的培养总是明显落后于区域产业的人才需求。因此,职业院校需要紧跟人才需求的发展变化,调整优化专业设置,迅速培养出符合区域新产业结构需要的专业人才,为经济社会发展提供人才支持。职业院校要及时了解区域经济的发展规划和支持政策,及时调整专业设置,发展优势专业,为当地的特色产业提供人才支持;区域经济发展好了,也会反过来促进职业院校的专业发展,给职业院校的毕业生提供更多的就业岗位。

(二)进一步加强职业院校与行业企业的合作

职业院校为区域产业培养输送专业人才,而区域企事业单位就是专业人才的用户,因此,院校在进行专业设置和调整时,需主动寻求行业企业的指导和帮助,降低专业设置偏离实际需求的风险。职业院校要依托区域产业的发展机遇,借助行业企业专业人才集中的优势,建立专业设置及建设的校企联合专业指导团队,加强专业设置和调整的预测与论证,保证院校的专业设置科学规

范。职业院校还要积极与区域行业企业进行专业人员挂职互用、设施设备资源共用、教学生产数据共享,实现产教融合,校企共同育人。依托企业开展传统专业提档升级、相近专业聚合组群、新兴专业开发培育,共同培养符合经济社会实际需求的高技能专业人才。

（三）继续加强"双师型"教师队伍建设

职业教育的一大特点就是需要高素质的"双师型"教师资源。"双师型"教师承担着培养能有效满足行业企业发展需求的专业人才的重要任务,是职业教育质量的根本保证(徐莉亚,2016)。"双师型"教师队伍建设要以拓展教师专业素养为主要抓手,促使教师加强专业实践活动。职业院校应鼓励专业教师到企事业单位挂职工作,促进专业理论与社会实践相结合,使院校教师不仅具备专业理论基础课程的教学能力,还具备实习实训的专业实践指导能力。

对于新兴专业和新技术、新工艺的专业教师缺乏的问题,职业院校"双师型"教师队伍建设可以大力引进企业专业领军人物或技术、工艺骨干人员来院校兼职授课,构建专兼结合、知技互补的职业教育"双师型"师资团队。开设专家大讲堂,定期邀请行业专家来校开设讲座,介绍产业发展新动态、新知识,拓宽院校师生的专业视野。

第八章 课程建设

一、我国职业教育课程建设历史轨迹

课程是教育目标实现的重要手段，课程建设是职业教育改革的核心与突破口。新中国成立以来，我国职业教育课程建设大致经历了以下几个发展阶段。

（一）新中国成立初期的职业教育课程建设

新中国成立后，国家实行计划经济，教育领域的一切行动都受计划经济的影响。1954年，国家为培养职业教育人才，开始学习苏联技工教育的经验，外聘苏联的技工教育专家对国内技工教育进行指导，一切有关课程建设的举措都借鉴苏联技工学校的经验。1953—1957年，国家组织翻译了一大批苏联技工学校的图书及教材，产生了一批研究成果（崔秋立等，2020）。为了更好地了解苏联技工学校的办学经验，1955年，劳动部组团赴苏联考察学习。1956年，苏联援建北京实验工人技术学校。苏联的援助对我国技工教育发展起到积极作用，其办学模式和经验对我国技工学校建设产生了重要影响（崔秋立等，2020）。

1955年，为了推动理论与生产实际的紧密结合，全国技工学校校长会议确定了技工学校"以生产实习教学为主"的方针，并在教学中增加生产实习的比重，生产实习与文化基础课比例为6∶4。为了加强技工院校的管理，国家同时制定并颁布了《技工学校暂行办法草案》《技工学校标准章程》《关于提高技工学校教学质量的决议》等政策文件，对技工的培养方法做了明确规定，特别要求以生产实习教学为主，加强实习场所建设，把学生动手能力、实践能力的培养放在重要位置（崔秋立等，2020）。

（二）改革开放初期的职业教育课程建设

"文化大革命"期间，我国的职业教育发展受到严重影响。直到1979年，国家教委发布《关于中等专业学校工科专业二年制教学计划安排的几点意见》，才将混乱无序的职业教育课程建设引回正轨（王坤、谢长法，2013），职业教育得以恢复和发展。此时的职业教育课程以分科课程为主，采用知识本位的学科课程模式。十一届三中全会召开之后，国家的整个发展重点都转移到了经济建设上，这就对职业教育提出了要求，职业教育要培养适应经济社会发展需要的技能人才。20世纪80年代，我国高等职业教育体系开始建立（周建松、陈正江，2019）。由于该时期高等职业教育是通过高等教育与职业教育的嫁接形成的，因此其课程体系的学科色彩浓厚。

1. 课程政策

改革开放初期，为了改变职业教育与国民经济发展需要脱节的现状，国家对职业教育课程结构做了积极调整。1979年，教育部发布了《全日制中等专业学校工作条例》，对理论教学和实习的时间做了规定，加大理论课比重，减少生产实践课比重。该政策的出台改变了"文化大革命"期间职业教育理论课不被重视的状态。1982年，国家经济委员会、国家劳动总局联合印发了《关于加强技工学校生产实习教学工作的几点意见》。该意见指出，技工学院教学中生产实习所占时间以50%为宜，最低不少于40%。1986年，劳动人事部、国家教委联合发布《技工学校工作条例》，明确其课程设置分为文化课、技术理论课和生产实习三类（李蔺田，1994）。职业高中的课程设置依照1986年国家教育委员会《关于制订职业高级中学（二年制）教学计划的意见》执行，此时，职业高中课程分为政治课、文化课、专业课和实习四大类。

2. 课程目标

1979年，国家教委在《全日制中等专业学校工作条例》中提出，职业教育的培养目标为社会主义革命建设需要的、有社会主义觉悟的、有文化的专业人才。在这一时期，职业教育强调学生科学文化知识的学习，注重学生文化素养的提升，这一点体现在职业教育课程建设中。

3. 课程特征

（1）知识本位课程观

由于该时期我国对职业教育课程的建设欠缺经验，因此职业教育课程理念与普通学校分科课程理念无异，采用学科课程知识本位的课程观，强调"必须根据知识本身的状况和逻辑来组织"（单丁，1998）。

（2）学科本位课程设置

在知识本位观指导下，该时期职业教育依照学科本位进行课程设置，以学科体系为支撑，以学科课程为形式，具有严密的学科体系与结构，强调知识的系统性与完整性，强调理论与实践课程并重。

(3)"三段式"课程结构

在这一阶段，职业教育课程几乎都采用"三段式"课程结构（王凤基，2010），如图8-1所示。"三段式"课程基于特定的职业或岗位需要，围绕学科编制课程，实践能力是知识应用的结果。"三段式"课程主要包括基础课、专业基础课、专业课三部分。

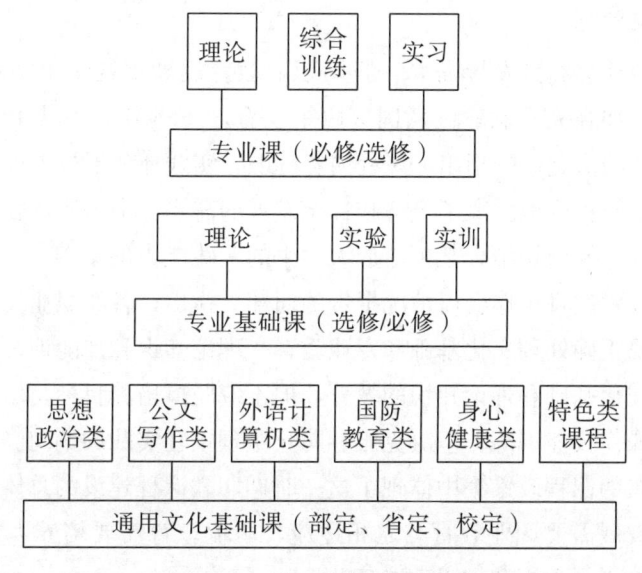

图8-1 "三段式"课程结构

"三段式"课程按照从一般到个别、从基础到应用、从宽到窄的顺序排列，构成封闭的三角形，由于每段课程在课程体系中的地位和功能存在差别，高等级课程因为更具稳定性，更具价值，所以比等级低的课程更重要，学生的学习必须从最低层开始，层层递进。

基于学科本位的"三段式"课程模式具有逻辑性、简约性、学科系统性强的特点，保证传授知识和技能的完整与连续，既便于学生掌握系统的知识，也有助于提高教师教学效率。但同时正是因为它没有跳出普通教育学科课程的框架，忽视了知识与具体工作实践的联系，导致学科系统化知识与职业岗位实践的不对称现象。另外，这种课程设置与行业企业间缺乏有机联系，学生的实践技能训练明显不足，职业教育实际效果明显不符合市场需求，不能适应经济社会发展要求。

(三)改革开放深入发展期的职业教育课程建设

20世纪80年代中期后,改革开放不断深入,我国的经济体制在向市场经济转型升级的过程中,对技能型人才的需求不断增长,对职业教育提出了培养不同类型技能人才的要求。此时,构建新的人才培养模式成为职业教育课程改革的第一推动力(高林等,2008)。于是,我国专家学者在引进和借鉴国外先进课程模式的基础上,对我国职业教育课程改革进行了本土化探索与实践。

1. 课程政策

为了适应社会经济发展需要,我国职业教育逐渐重视学生实践能力的培养,在教学中加强实践教学。从国家政策上看,1985年,中共中央在《关于教育体制改革的决定》中指出,课程内容陈旧,实践环节不被重视,专业设置过于狭窄,不同程度地脱离了经济和社会发展的需要。中等职业教育要同经济和社会发展的需要密切结合起来,加大学生的实践能力的培养。1987年,《关于全国职业技术教育工作会议情况报告的通知》指出,各类职业技术教育学校和培训机构要正确处理文化基础和专业教育、理论知识和技能训练的关系;要重视必要的文化基础和理论知识的教育,但不应脱离培养目标;培养技术工人的,应侧重操作技能训练;坚决克服和防止重理论轻实践的偏向。

国家颁布的课程政策集中体现了这一时期职教课程建设的总体思路,即国家社会经济发展需要职业教育与之相适应,职业教育需要培养大量技能型人才,在课程上必须重视和加强实践环节。

2. 课程目标

这一时期职业教育课程目标更注重学生发展的全面性和综合性,既强调培养学生的道德品质和文化素质,又强调培养学生的职业技能,以顺应时代需要(王晖,2018)。国家教委1986年发布的《关于制定和修订全日制普通中等专业学校(四年制)教学计划的意见(试行)》《关于制订职业高级中学(三年制)教学计划》《普通高等学校设置暂行条例》,1987年发布的《关于改革和发展成人教育的决定》等文件中,都包含着对不同层次人才在专业技术和实践能力方面的培养目标。这些政策文件的发布将职业教育课程目标定位到注重职业技能训练上。

3. 课程结构

在对课程目标有了清晰的定位之后,对各类课程的结构也进行了明确的规划。该阶段我国职业教育课程基本结构没有明显变化,仍是文化课、专业基础课、专业课三段，但是课程设置相较以往突出了专业课和实习课的比重，对于某些技能要求较强的专业，实习课比例甚至是文化课的两倍。与此同时，国家赋予了各职业学校一定的自主权，各学校可根据学校自身实际、专业或工种性质对课程结构进行适当调整。职业教育课程中理论课与实践课的分配比例在不断探索中，尝试打破原有的以学科体系为主体的课程模式（曹晔，2016）。

4. 课程特征

(1) 能力本位的课程观

20世纪90年代，社会主义市场经济体制在我国逐步建立，职教课程建设也随之进入新的发展阶段，职业教育培养人才由重知识向重能力转变，以期能够为市场经济服务。在这一时期，国内专家学者尝试借鉴发达国家职教能力本位的课程模式，对传统的学科课程进行改革。我国的职业教育课程建设由以知识本位课程观向以能力本位课程观过渡（蒋莉，2004）。能力本位课程观强调职业教育课程设计以岗位需求为出发点，将知识学习作为专业能力发展的基础，没有系统性和量的要求，以职业能力的提升为落脚点，构成"理论为实践服务"的"能力本位"理念。这一理念的传播，为我国后续的职业教育课程改革奠定了基础。

(2) 以岗位需求为起点的课程模式

这一时期我国职业教育在学习借鉴国际职业教育经验基础上，突破了以往学科课程模式的框架，开始以岗位分析为起点进行课程设计，课程内容的设置也根据市场经济的发展需求做出调整，开发了以专业能力为核心的本土化课程模式（王凤基，2010），如图8-2所示。

(3) 向实践教学转移的课程实施

职业教育课程实施的重心逐步由理论教学向实践教学转移（石伟平等，2018）。1991年《国务院关于大力发展职业技术教育的决定》强调，职业教育要产教结合、工学结合。在职业院校教育教学中，要提高对实践性教学环节和职业技能训练的重视程度，围绕职业实践活动设置课程，教学内容将所学知识与实际生产相结合，加强实践教学，强化学生的职业技能训练。

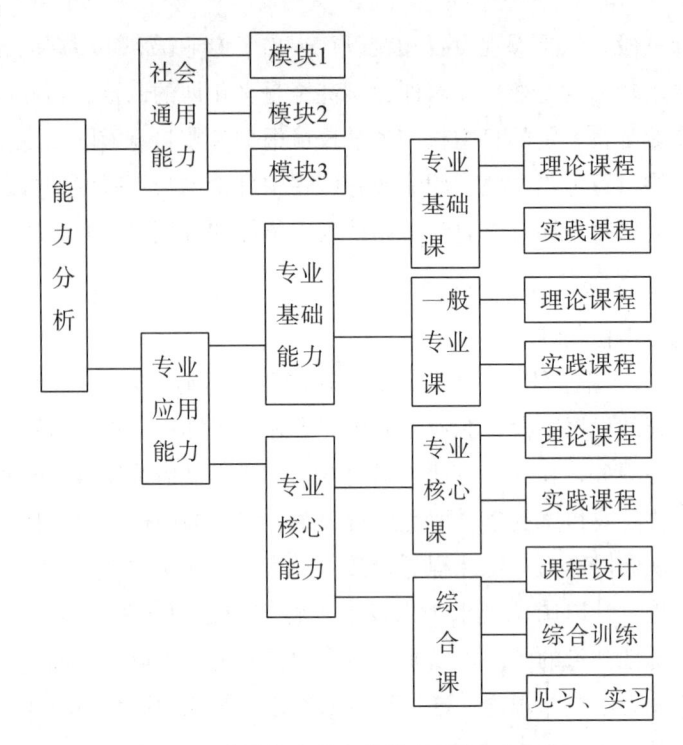

图8-2 我国能力中心的课程开发与设置图

5. 课程开发模式

20世纪80年代末,我国引入了北美CBE课程开发模式,这一举措唤醒了职业教育界对职业能力的关注,人们逐渐认识到课程开发的出发点是职业岗位需求,这为我国职业教育的课程改革找到了新的突破口(高林等,2008)。在国家大力支持下,职教界很多专家学者加深了对职业教育课程模式的研究,提出了本土化的课程模式和开发方法,如"宽基础、活模块""多元整合课程模式""职业能力系统化课程"等。

(1)"宽基础、活模块"课程模式

该课程模式以综合职业技能的形成为课程目标的核心,以技能的划分作为课程设计的基础。整个课程分为"宽基础"和"活模块"两个阶段。第一阶段是"宽基础",在这一阶段,课程的内容属于基础性、通用性知识,主要学习多种相关专业所需的通识性知识与技能,培养学生的关键能力,奠定其今后工作变动和后继学习的基础;第二阶段是"活模块",这一阶段强调整合"以问题为中心"的课程,课程内容从岗位实际和需要出发设置多样化的课程模块,在学生选好模块后,面向就业提供有针对性的培训,以实现对从业能力的强化(蒋乃平,2002)。

"宽基础、活模块"课程模式具有以下几方面特征：①从职业岗位需求出发，制定课程目标。②强调对学生基础能力的培养，使学生在获得广泛能力的基础上，适应更灵活的岗位性教育。③课程设置模块化，对不同课程进行拆解重组，编排出新的课程模块，使学生灵活适应岗位和专业不断变化的需求。④注重知识的系统性和逻辑性，由"宽"到"活"，使理论与实践结合，有利于学生的发展（蒋乃平，2002）。

（2）职业能力系统化课程

职业能力系统化课程以就业为导向，使用行业能力分析和职业分析方法。它以新的职业能力内涵为目标进行专业课程开发。职业能力系统化课程包括宏观、中观、微观三个层面。宏观课程指以培养方案或教学计划为表现形式的全部专业课程；中观课程指一个专业中内容相关的一组课程，也称链路课程；微观课程通常指一门课程，其内容表现为课程教学大纲。[①]

职业能力系统化课程的主要特征。①以就业为导向的课程观，设置课程的起点是职业岗位对从业者的素质要求。②职业能力来自对行业特征和职业标准的分析，综合职业所需的知识、技能、态度等各方面内容确定职业能力。③由专业人员进行行业特征和职业标准分析。由于经济社会不断发展、产业结构不断调整、社会职业不断变化，为保证课程内容的先进性，要对行业特征和职业标准进行经常性分析。④以职业能力为目标形成系统化课程，并进行课程评价和调控。[②]

（四）新世纪的职业教育课程建设

进入21世纪以来，伴随着科技迅速发展以及生产方式革新，劳动力市场对技术工人综合职业能力的需求越来越强烈，推动着我国职业教育的快速发展。与20世纪90年代推行的职业分析导向课程不同，这一时期的课程建设在加强专业技能培养的同时，更加重视综合职业能力的培养，基于工作过程的课程模式开始发展。

1. 课程政策

20世纪初，国家多次召开职教工作会议，发布若干政策性文件，职业教

---

① 中华人民共和国教育部高等教育司，全国高职高专校长联席会. 点击核心——高等职业教育专业设置与课程开发导引 [M]. 北京：高等教育出版社，2004：106.

② 中华人民共和国教育部高等教育司，全国高职高专校长联席会. 点击核心——高等职业教育专业设置与课程开发导引 [M]. 北京：高等教育出版社，2004：108.

育战略地位得到极大提高。为适应新的职业环境对人才培养的需要，2004年教育部与劳动部等联合发布了《职业院校技能型紧缺人才培养培训指导方案》。方案提出，职教课程开发"要在一定程度上与工作过程相联系"，职业院校在课程设置上要遵循实际工作任务，按照"工作过程系统化"模式设计开发课程。

在该阶段，中等职业教育课程改革开始强调以职业能力为核心进行课程开发，提倡构建与社会生产实践的工作过程逻辑相符的课程结构。教育部《关于全面推进素质教育、深化中等职业教育教学改革的意见》和《关于加快发展中等职业教育的意见》均指出，课程建设要适应现代社会发展，开发符合社会发展趋势的课程和教材。《关于进一步深化中等职业教育教学改革的若干意见》《教育部关于制定中等职业学校教学计划的原则意见》等文件均强调中职课程内容要紧密联系生产劳动实际和社会实践。

在高等职业教育领域，国家采取一系列举措推动高职院校"工作过程导向"的课程改革。教育部颁布了《职业院校技能型紧缺人才培养培训指导方案》《关于2007年度高职高专国家精品课程申报工作的通知》等文件，强调基于真实的工作任务进行高职课程开发。2008年，高职高专国家精品课程评审标准之一是与行业企业合作进行基于工作过程的课程开发与设计。

2. 课程目标

2000年，教育部指出，中等职业学校的培养目标是与我国社会主义现代化建设要求相适应，德智体美等方面全面发展，具有综合职业能力，在生产、服务、技术和管理第一线工作的高素质劳动者和中初级专门人才。2009年，教育部将"中初级专门人才"改为"技能型人才"，这一概念的变化反映出不同时代人才需求类型的变化。与此同时，高职高专教育的培养目标是"全面发展的高等技术应用型专门人才"。这些政策文件从宏观层面上对人才队伍建设提出了明确要求，肯定了应用型人才的重要作用。

3. 课程结构

21世纪，我国中等职业教育的课程基本参照2000年教育部《关于制定中等职业学校教学计划的原则意见》进行设置。课程分为文化基础课程和专业课程两类，比例一般为4∶6，实践教学占专业课程的50%，不再区分工科类与文科类的课程比例。2009年，教育部对此进行了修改，提出要高度重视实践和实训教学环节，公共基础课程和专业技能课程在总学时中所占比例为1∶3。高等职业教育基本按照2000年《教育部关于制订高职高专教育专业教学计划的原则意见》的规定进行课程设置，分为理论教学和实践教学，三年制专业和两年制专业的实践教学分别不低于教学活动总学时的40%和30%。

4. 课程特征

(1) 基于综合职业能力培养的课程目标

如图8-3所示，新阶段的课程建设着眼于开发"工作过程系统化"课程模式（王凤基，2010）。这种课程模式是对传统学科系统化课程的突破。它以学生职业竞争力为培养目标，学生学习过程也是工作过程，学生能力能够在学习过程中获得全面发展。这样的培养目标不仅能够引导学生适应岗位工作，又能让学生学会主动设计或建构自己的工作任务，使其在工作中更具有竞争力（高林等，2008）。

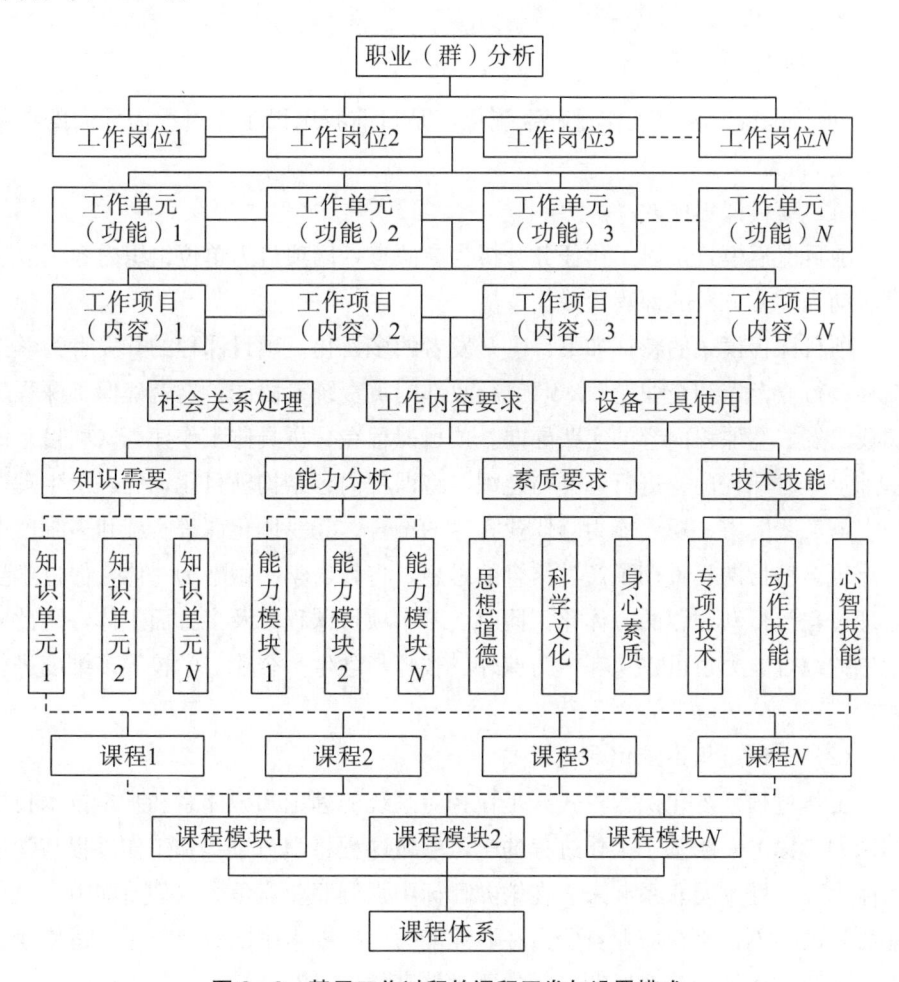

图8-3 基于工作过程的课程开发与设置模式

(2) 基于工作过程的课程设计

课程类别的结构是以工作过程为基础的；课程顺序反映工作过程的演变顺序，即课程顺序应主要以任务的难度为依据，并且按从理论到实践的顺序进行；课程内容的选择应以工作过程需要为基础；课时的分配根据相关任务的重要性和难易程度进行；课程内容以工作过程中的动态知识关系进行组织，而不是以静态的学科知识为基础（徐国庆，2005）。

(3) 以行动为导向的课程教学

以职业行动能力为目标，构建教学情境，以学生为主体，让学生进行独立的计划、实施与评估，根据学生的整个行动过程开展教学，最后依据学生在行动过程中所表现的专业能力、方法能力和社会能力等对其综合行动能力进行评价。（高林、鲍洁，2009）。

5. 课程开发模式

"项目课程"和"工作过程系统化"是目前我国以工作过程为导向的课程开发模式。

(1) 项目课程模式

项目课程模式是以工作任务分析为参照点，以项目为单位组织内容，以项目活动为学习方法的课程模式。

项目课程模式的特征如下：①开发者的多元化。项目课程的开发者为学校教师、行业专家和企业专家，政府行政部门负责统筹协调，这就确保了课程从实践出发。②课程内容的实践导向。项目课程在分析具体工作任务（项目）的基础上，对课程内容进行选择与组织，将课程内容结构项目化，促进学生理论知识与实践能力、职业能力与职业素养的融合。③一体化课程实施和多维度课程评价。项目课程贯彻了产学结合的思想，将教、学、做融为一体，促进学生心理过程与行动过程的一体化。同时，鉴于项目课程涉及多方面主体，因此对学生的综合能力也可以从课内与课外、教师与学生、企业与学校等多维度进行评价。

(2) 工作过程系统化课程模式

工作过程系统化课程模式，是在相对系统的理论知识体系和基本技术技能体系的支撑下，用基于工作过程的学习领域课程将学习过程和工作过程与学生的能力和个性发展联系起来，在培养目标中强调职业竞争力（创造能力、设计能力）的培养，重视职业竞争力在职业能力构成要素中的重要作用，适用于创新型国家和市场经济对职业人才的要求（高林等，2008）。

该课程模式具有如下特征：①完整性：课程案例以典型工作情境为主，工作过程具有整体性，学习过程体现在工作过程中，能够保持思维和学习在一个完整且全面的行动中。②典型性：课程内容要选择具有典型代表性的真实工作内容，能够体现工作内容的关键和核心，这样的课程内容对学生发展才有意义。③学生主体性：课程以学生为本，尊重学生发展的客观规律，使学生获得丰富的学习体验。④实践性：以行动为导向的课程教学，学生能够参与工作的完整过程，在参与过程中学生能够进行自我管理，从而培养学生解决实际问题的能力（鲍洁等，2010）。

纵观我国职业教育课程建设的历史进程，从知识本位的学科课程到借鉴国外能力本位课程，再到工作过程导向课程，我国职业教育的课程建设不断发展和完善。在不同历史时期，职业教育课程对不同层次的人才培养和社会经济发展都起着举足轻重的作用（王凤基，2010）。

二、我国职业教育课程建设主要举措

随着社会、经济和技术的发展，我国职业教育课程建设在吸收借鉴国外优秀的职教课程方式基础上，采取了一系列重要举措。

（一）课程改革政策引导课程改革实践

1. 课程改革政策促进指导思想转变

我国职业教育课程改革政策促进课程改革指导思想转变。21世纪，我国职业教育课程改革指导思想从"以就业为导向"转变为"服务发展，促进就业"（徐涵，2018）。在这个过程中，我国职业教育课程改革稳步推进。2005年，《国务院关于大力发展职业教育的决定》提出了"以就业为导向"的职业教育改革总体指导思想。此后，我国职业教育课程建设依照"以就业为导向"进行改革实践。"以就业为导向"虽然加强了职业教育课程与真实的职业世界的联系，促进了学生职业能力的培养，但也出现了忽略学生主体需求，特别强调企业需求的偏差。于是，国家开始从政策方面进行纠偏。为了强调职业教育人才培养既要考虑经济社会的发展对人才的需求，也要考虑学生的自身发展需求，《国务院关于加快发展现代职业教育的决定》提出职业教育改革要遵循"以服务发展为宗旨，以促进就业为导向"的指导思想。这一指导思想强调在职业教育课程改革中，课程内容与职业标准进行有机衔接，教学过程与生产过程进行有机衔接。另外，推进中高职课程衔接，建立中高职课程衔接体系，且这种课程体系可以随着社会经济发展变化进行调整。

2. 强调学生专业能力和通用能力的培养

经济全球化、科技的快速发展使得企业向扁平化管理和精益化生产方式迈进。这种管理和生产方式要求员工既要具有较强的专业能力，更要具备通用能力。通用能力也称为综合职业能力、职业竞争力等。近 20 年来，我国职业教育课程改革中特别重视学生专业能力和通用能力的培养。

3. 课程内容与职业标准衔接

为了更好地促进职业教育服务经济社会发展需要，国家在政策上对职业教育课程内容提出了新要求，加强课程内容与职业标准间的有机联系。2014 年，《国务院关于加快发展现代职业教育的决定》指出，在职业教育专业教学标准和国家职业标准制定中，建立相互促进机制，促进职业教育课程内容与职业标准有效衔接。职业标准指从事某一职业的基本要求，专业教学标准是职业教育课程开发的重要依据，二者联动开发从制度上保障了职业教育课程内容与职业标准的有效衔接（徐涵，2018）。

（二）推动职业教育教材改革与建设

职业教育课程建设和职业教育教材改革与建设紧密相关，在职业教育课程改革中，教师的改革与建设是不可或缺的环节。

1. 启动教材建设工程，健全教材编写机制

1998 年，国家教委在《面向 21 世纪教育振兴行动计划》中指出，国家实施职业教育教材建设规划，设立教材建设专项基金，促进职业教育教材的开发。2000 年，教育部在《关于全面推进素质教育、深化中等职业教育教学改革的意见》中提出教材三级开发目标，国家、地方和行业、职业院校在职业教育教材开发中各司其职。国家开发与编写体现中等职业教育特色的基础课教材、专业教材，地方和行业开发符合区域经济发展需要与行业发展需要的、体现地方与行业特点的教材，职业院校开发体现学校特色的教材。三级教材开发强调教师、科研工作者、行业专家的参与，以及地方、学校等不同主体对教材经费的投入机制。随后，教育部组织出版单位开发编写了中职国家规划教材 1 000 种。

2003 年，为加强职业教育技能型紧缺人才教材建设，开发、编制、选用相关适合教材，建立形态丰富、特色鲜明的教材体系，国家开始进行《职业院校制造业和现代服务业技能型紧缺人才培养培训工程》。此后，大批相关教材被编写出来，超过 600 种教材被教育部列为推荐教材。2006 年，劳动和社会

保障部《关于做好高技能人才相关基础工作的通知》强调，面向高技能人才培养需要，实施符合经济社会发展需求的职业教育教材开发计划，力争到2010年，完成超过800种国家级相关教材的开发。另外该通知强调建立政府推动、社会参与的教材开发机制，如制定规划内容，建立激励机制、评审检查制度等，共同推动高技能人才培养的教材开发工作。2008年，《教育部关于进一步深化中等职业教育教学改革的若干意见》提出，建立并完善我国中等职业学校教材开发、选择、评审机制和课堂教材准入制度，采取国家统一规划职业院校必修课教材编写制度、国家与地方结合的专业课教材编写制度，以及实训实操教材编写制度等。

2019年，国务院出台的《国家职业教育改革实施方案》指出，建立健全教学教材标准，校企合作共同开发国家级规划教材，提倡使用多种新形式教材，规定了教材修订与内容更新机制。

基于不同的教材建设工程，国家、地区、学校与行业企业合作共同开发职业教育教材，健全了职业教育教材编写的机制，有利于职业教育教材统一性发展，有利于职业教育教材的多样性发展，有利于职业教育教材的特色性发展。

2. 优化教材开发要求，开展精品教材建设

2006年，劳动和社会保障部《关于做好高技能人才相关基础工作的通知》指出，实施"高技能人才培养教材精品建设项目"，开发一批精品与特色教材，此外，还对精品教材评选活动期限、精品教材信息网络建设等方面做了具体规定。2008年，《教育部关于进一步深化中等职业教育教学改革的若干意见》提出，加强精品教材开发工作，评选精品教材2000种左右。

新中国成立以来，我国职业教育教材经历了从无到有、从普通走向精品的发展过程，职业教育教材开发机制不断完善，教材开发质量不断提升，极大地促进了职业教育的课程建设。

（三）增强实践性教学环节

1. 促进实践教学的开展

进入21世纪，国家通过多种方式促进职业教育实践教学的开展。第一，出台政策，提高实践课课时。《教育部关于进一步深化中等职业教育教学改革的若干意见》指出，职业教育教学要体现"做中学"的理念。要特别重视实践教学环节与实训教学环节，提升实践课课时，职业学校专业技能课课时一般占总学时的66.75%。第二，加强实训基地建设。2004年，中央财政对实训基地

建设进行资金投入支持,开展职业教育实训基地建设项目。2005年,教育部、财政部出台了《中央财政支持的职业教育实训基地建设项目支持奖励评审试行标准》,该文件对职业教育实训基地的建设、实训基地的管理做出相应的规定。在此后的项目实施中,国家对职业教育实训基地大量投入,建成3 056个职业教育国家重点产业实训基地,建成了一批高水平实训基地群。这些基地和基地群为职业院校学生提供了良好的实训环境,极大地促进了职业教育课程建设。

2. 建立专业教学标准

专业教学标准不仅是职业教育课程建设的依据,而且有利于指导职业教育教学实践。基于专业教学标准在职业教育中的地位,国家及地区特别注重专业教学标准的制定工作。21世纪初,教育部组织开发了高等职业教育和中等职业教育教学标准,并于2012年、2014年进行公布。其中,高等职业教育专业教学标准410个、中等职业教育专业教学标准230个。在区域职业教育教学标准开发中,上海市位于前列。2002年到2013年,上海市开发了66个中等职业教育专业教学标准。

(四)改革普通文化课

普通文化课改革是我国职业教育课程建设的重要组成部分,近年来,我国职业教育在普通文化课改革方面进行了多方面的探索实践。

1. 降低文化课的课时比例,调整课程结构

近年来,降低文化课课时比例是我国职业教育课程改革的重点内容之一。这一点在教育部政策中也有体现。2000年,教育部规定,中等职业学校专业课与文化基础课课时比一般为6:4。2009年,相关政策规定职业学校公共基础课程学时一般占总学时的三分之一。此外,在保证学生修完公共基础课程的必修内容和学时的前提下,不同地区、学校、专业可以根据人才培养实际需要,在规定范围内适当调整文化课比例。

当前,我国职业教育文化课调整课程结构基本采用"平台+选择"模式。"平台"即对所有学生的要求,"选择"即部分课程学生自己选择。这样既能够保证部分课程的稳定性,又能根据不同专业的需求设置与专业相关的课程。

2. 开发普通文化课课程标准和教材

普通文化课课程标准和教材开发工作是职业教育课程建设的难点。我国普通文化课课程标准和教材开发工作一般由国家统一组织实施,部分省市在普通文化课课程标准和开发方面进行了尝试,为国家统一课程标准和教材提供了借

鉴。2001年，教育部文件指出，国家统一组织开发、编写中等职业教育文化基础课程标准和教材。2008年，教育部《关于进一步深化中等职业教育教学的若干意见》指出，国家规划并组织编写德育课、文化基础课等必修课教材。此外，以上海和江苏为首的地区开发了地方性职业教育普通文化课课程标准及教材。2004年，《上海市中等职业教育深化课程教材改革行动计划（2004—2007）》提出制定语文等6门课程标准，编写相关教材。

（五）建立"国家职业教育资源库"

教学资源库建设是当前我国职业教育课程建设的重点之一。从2000年开始，国家开始实施现代远程职业教育资源建设项目，开发了18个专业门类132门网络课程与教学素材库及30多种仿真实训软件。学校、企业等机构组织开发了1 300多个职业教育课件。与此同时，国家开始建设国家数字化职业教育资源库。目前，国家数字化职业教育资源库在库课件1 800多种，视频1 100小时，包括5 844门高职精品课。国家职业教育资源库通过各级网络实现院校间共建共享，带动了各地高职院校的课程建设。

三、我国职业教育课程建设的成就和经验

新中国成立以来，我国职业教育课程建设在适应社会经济发展中经历了重大转折与变革，取得了一系列成就和经验。

（一）初步建立国家职业教育专业教学标准

专业标准是职业学校明确专业培养目标与规格、开展教育教学、开发教材和其他相关学习资源的基本依据（唐正玲，2015）。此外，专业教学标准是评估学校教学质量的标尺之一，也是用人单位选择毕业生的重要参考。

长期以来，国家对职业教育专业教学标准没有统一要求，职业院校在专业教学实践中无标准可依。这造成各职业院校培养的毕业生良莠不齐，难以满足社会经济发展对技能人才的需求。上海市最早开发了职业教育专业教学标准。随后，其他省市在上海影响下，纷纷组织开展职业教育专业教学标准开发工作。

在各地的积极探索之下，教育部2010年启动了高职专业教学标准建设工作。次年，《教育部关于推进中等和高等职业教育协调发展的指导意见》提出，逐步编制中高职教育衔接的专业教学标准。2012年，教育部启动了中职专业

教学标准建设工作。同年，教育部发布了首批 410 个高职专业教学标准。2014 年，教育部颁布了首批 95 个专业的中职业专业教学标准。同年，第二批 135 个专业的中职专业教学标准公布。国家职业教育专业教学标准的颁布与实施有助于构建以能力为本的课程体系，有利于中高职课程衔接，深化我国职业教育课程建设（徐涵，2017）。

（二）初步建成以工作过程为导向的职业教育课程体系

20 世纪 80 年代后，我国职业教育规模飞速扩张，接受职业教育的学生不断增多，然而学科本位的课程无法满足经济社会发展对人才的需求。1985 年，中共中央在《关于教育体制改革的决定》中提出建立工学结合的人才培养模式。2004 年，教育部发布了《职业院校技能型紧缺人才培养培训指导方案》，提出建立基于工作过程的课程体系。此后，我国职业院校开始实施"以能力为本位""工作过程导向"的职业教育课程改革实践。经过多年的实践探索，各职业院校借鉴德国相关的课程开发方法，并基于我国职业教育课程发展实际，设计开发了一批基于工作过程的职业教育课程，初步建成了以工作过程为导向的职业教育课程体系。

（三）开发职业教育教材

新中国成立初期，我国职业教育教材主要借鉴普通高中的文化课教材和同专业的大专教材（孙琳、徐桂庭，2015）。在这种情况下，开发职业教育教材成为职业教育课程建设的重要任务之一。1961 年，中专教材规划与建设工作开始启动。1980 年，职业高中教材建设工作开始启动。20 世纪 90 年代，我国初步建成种类齐全、结构较合理的中职教材体系。

2000 年，国家开始加强职业教育教材建设管理工作。教育部强调，职业教育教材建设管理体制要规范化、制度化。2006 年，《教育部关于全面提高高等职业教育教学质量的若干意见》提出，要重点建设好国家规划教材 3 000 种左右。此后，在职教工作者不断的实践中，我国职业教育教材建设逐步规范，质量逐步提高。

在当前职业教育的"三教"改革中，教材建设仍是重点，国家强调校企合作开发教材，且强调教材形态的多样性。2017 年，国家教育事业发展"十三五"规划提出，教材建设对接职业标准。2019 年，《国家职业教育改革实施方案》《职业院校教材管理办法》均倡导校企合作开发多种新形式的职业教育教材，如活页式教材、工作手册式教材等，满足"互联网+"时代职业教育教材

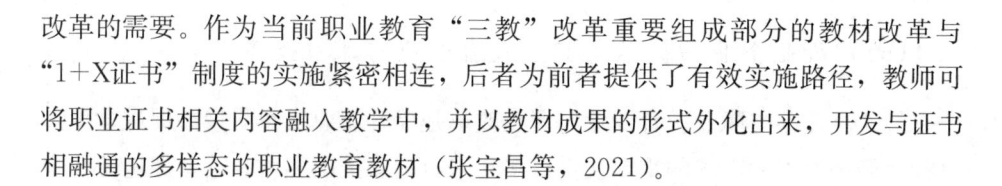

改革的需要。作为当前职业教育"三教"改革重要组成部分的教材改革与"1+X证书"制度的实施紧密相连,后者为前者提供了有效实施路径,教师可将职业证书相关内容融入教学中,并以教材成果的形式外化出来,开发与证书相融通的多样态的职业教育教材(张宝昌等,2021)。

(四)建设职业教育精品课程

职业教育精品课体现了现代职业教育理念与教学规律,为教学效果显著、具有辐射作用的职业教育特色课程。我国职业教育精品课建设分为国家、地方和学校三级,对应国家级职业教育精品课、地方职业教育精品课、校级精品课。

2003年,教育部启动了国家精品课建设项目。2004年,《教育部等七部门关于进一步加强职业教育工作的若干意见》提出实施职业教育精品课程建设。2005年,《国务院关于大力发展职业教育的决定》提出大力开展职业教育精品课程建设。2006年,《教育部关于全面提高高等职业教育教学质量的若干意见》强调确立高等职业教育精品课程建设规划。2019年,《国家职业教育改革实施方案》部署遴选职业教育在线精品课程任务。2020年,教育部认定了职业教育国家精品在线开放课程99门。

(五)建设资源库

多年来,我国积极建设职业教育国家数字化资源库。2010年,教育部遴选"数控技术"等11个专业进行教学资源库建设。2013年,教育部立项建设"作物生产技术"等14个专业教学资源库。2014年,教育部立项建设"园艺技术"等14个专业教学资源库。2015年,教育部提出,构建国家、省、学校三级数字教育资源共建共享体系,立项建设200个左右省级高职专业教学资源库。2016年,教育部提出,教学资源库建设体系建议采用由国家统筹设计,省和地区进行自主建设,择优入库的方式。2019年,教育部对2018年度职业教育专业教学资源库项目备选库中的18个项目予以立项,这些项目包括水产养殖技术、中药学等。

为了加强教学资源库管理,提高资源库质量,教育部于2018年发布了《职业教育专业教学资源库建设工作手册》,规定了资源库建设的指导思想、功能定位、应用要求、建设思路与内容、运行平台、组织实施、申请条件、备选资源库申请流程、验收流程、质量与监测、管理机制、保障措施等十三项内容。

（六）行业企业积极参与职业教育专业与课程改革

行业企业参与职业教育专业与课程改革是提升职业教育质量，促进学生满足社会经济发展的需求的重要法宝。多年来，国家推出多项政策，促进行业企业参与职业教育课程改革。2005年，《国务院关于大力发展职业教育的决定》提出促进校企合作。2014年，《国务院关于加快发展现代职业教育的决定》指出，行业、企业在职业院校专业与课程改革中具有重要地位。目前，行业、企业通过多种方式参与职业教育专业与课程改革、职业分析、职业院校课程资源的开发与建设等。

四、我国职业教育课程建设的局限与对策建议

课程改革是经济社会发展对高素质技能型人才培养的迫切要求，是职业教育改革与发展的必然要求。在教育主管部门的推动下，在职业院校不断的实践探索中，我国职业教育课程建设取得可喜成就，但也存在一定的局限。

（一）我国职业教育课程建设的局限

1. 国家专业教学标准系统亟待完善

职业教育国家专业教学标准明确了职业院校专业核心课程内容，极大地推动了我国职业教育课程改革进程。但由于标准制定本身的艰巨性，国家专业教学标准还不能覆盖所有行业领域，后续还有很长的一段路要走。另外，由于我国缺乏统一的国家职业标准，国家专业教学标准出现"无枝可依"的状况。此外，国家政策文件中缺少具体的专业核心课程标准，这使得国家专业教学标准不能为具体的课程实施提供指导（徐涵，2017）。国家专业教学标准实施时间短，各方面的体制不健全，特别是缺乏有效的修订机制，这些都需要在今后的国家专业教学标准建设中逐步完善。

2. 职业教育课程开发缺乏系统性

我国当前的职业教育课程建设突出了对学生职业能力的培养，但能力本位的体现较粗糙，尚未达到职业教育发达国家按照能力组织课程的水平（徐国庆，2017）。在职业教育课程建设中，由于对课程开发理念的理解存在偏差，存在"泛概念化"倾向，如在高职"基于工作过程"课程的开发中，对"工作任务""学习领域""典型工作任务""学习情境"等概念的理解不准确，这造

成课程改革重表面现象，重时髦名词的引用，忽视对概念内涵的理解（高林、鲍洁，2013）。另外，在课程开发实践中，一些学校专业课程体系结构尚未建立，就着手进行单门课程开发，忽略了课程关联性，使教学实施存在困难，不利于课程建设。

3. 教师素质不能满足课程改革的需要

职教师资队伍是制约职业教育发展的关键问题，教师的素质影响职教课程建设的成效。目前，我国职业教育教师面临许多问题。职业院校师资引进多为高学历人才，缺乏既有高学历又具备丰富行业工作经历的高素质人才。职教师资职前与职后培养脱节，造成专业化程度偏低。此外，还存在职教教师资格证书仍按照普通教师标准认定等问题，这造成了教师素质不能满足课程改革需要的困境。

4. 行业企业参与课程改革的程度不深

实践表明，不能单纯地依靠学校进行课程改革，若要体现职业教育的"职业"属性，必须有行业企业的深度参与，相关行业企业的参与是保证职业教育课程开发质量的前提。当前职业院校虽然重视校企合作，但很多合作项目都是依靠私人关系维系，或是由政府部门对学校、行业、企业下达指令。21世纪以来，在国家政策的号召和指导下，虽然职业院校表示在行业企业积极参与了学校的课程改革，但行业企业的参与以人才培养方案的指导为主，具体到课程开发的较少。

5. 公共基础课程改革滞后

近年来，我国职业教育课程改革集中在专业课和专业基础课方面，对于公共基础课的改革滞后，造成公共基础课改革的乱象。一些职业院校公共基础课游离于课程改革之外；一些职业院校不考虑公共基础课的特点，强行按照专业课程的改革对公共基础课进行改造；一些学校大幅压缩公共基础课学时，削弱了公共基础课在人才培养中的地位与作用。

（二）我国职业教育课程建设对策建议

1. 进一步完善国家专业教学标准

职业教育国家专业教学标准对于建立高质量的现代职业教育体系，推进职业教育课程建设意义重大。在今后我国职业教育课程建设中，要采取措施进一步完善国家职业教育专业教学标准。第一，加强理论研究。对国家职业教育专业教学标准的相关理论及开发方法进行系统研究，同时对国外职业教育发达国家与地区的职业教育专业教学标准进行系统的比较分析,为完善我国职业教育国家专业教学标准的理论与方法提供相关支撑。第二,加强实践探索与总结。对当前职业教育国家专业教学标准建设进行总结反思,凝练建设优势与不足,并有针对性地采取改进措施。第三,统一国家职业标准。职业教育国家专业教学标准与国家职业标准息息相关,建议在国家层面依据行业企业发展需求组织开发、更新国家职业标准。第四,基于职业标准开发职业教育课程标准,实现二者对接。不同类型的课程由不同层面机构负责实施,建立国家、省市、学校三级职业课程标准开发制度。国家基于专业大类,统一制定各大类专业基础课与核心专业课标准,行业、地方和学校组织制定区域特色专业课和校本课标准。第五,建立完善的国家专业标准制定、评价、修订等制度。建议成立国家专业教学标准开发专门机构,对专业教学标准开发工作进行指导、监督、评价,同时定期对已有的专业教学标准进行修订与更新,保证国家职业教育课程标准建设的规范性与科学性。

2. 加强课程开发方法的研究

职业教育的课程改革首先解决课程开发问题。国家可以组织专家对相关课程开发的方法理念、模式、流程等进行系统梳理。职业院校以职业能力培养为目标,根据自身特点,对专业课程体系进行不断的探索,寻找适合自身的课程开发方法。另外,加强教师课程开发的培训,提高教师的课程开发水平。

3. 加强"双师型"教师队伍的建设

目前,教师的实践能力不足削弱了职业教育课程改革的成效。未来,职业教育要加大"双师型"教师培养(刘红,2012)。"双师型"教师满足整合"理论与实践"、兼顾"教育教学能力与专业技术能力"等特殊要求。加强"双师型"教师队伍的建设,根据"双师型"教师队伍发展规律设计教师培训体系,校企合作共建"双师型"教师培养基地,建成一支师德高尚、素质优良的"双师型"教师队伍。

4. 加深行业企业参与课程建设与改革的深度

职业教育最根本的任务就是为社会发展培养实践能力很强的技术技能人才。我国职业教育具有很强的学校教育特征,要想实现职业教育培养人才的目的,最直接有效的方式就是加强行业企业的参与。促进行业企业深度参与课程建设与改革,首先,要理顺机制,加强政府的统筹管理作用,通过立法和行政手段调动企业参与职业教育的积极性,界定企业参与职业教育课程建设的义务、责任和权利,使其明确自己在职业教育中的定位。其次,由政府教育主管部门牵头，学校积极与行业主管部门、行业协会联系沟通，通过授权、委托等方式将课程开发中的一些工作交给行业企业承担，让行业企业参与课程开发的全过程，组建校企合作利益共同体。最后，让企业深度参与职业教育课程开发，与学校一起进行职业分析，参与具体的课程资源开发、课程实施、课程评价等。

5. 积极推进公共基础课程改革

首先，职业教育作为一种教育类型，也应当遵循人发展的逻辑。不可否认，职业教育注重职业技能的培养，但职业教育也不能忽视其他人文素养的培育。仅仅依靠专业课提升学生的素质和素养是远远不够的，公共基础课程同样发挥着不可或缺的作用。要提高公共基础课程的实用性，职业教育中的公共基础课程也要以能力为本，教学活动围绕能力的培养展开，使学生学会获取知识与技能的方法和能力。其次，职业院校公共基础课程改革要适应社会对人才的要求，将公共基础课的教学与专业结合起来，转变学生观念，激发学生学习的兴趣。最后，改善公共基础课程的评价机制，注重发展性评价，重视学生应用知识分析和解决问题的能力，促进学生核心素养的提升。

第九章　职业教育教师队伍建设

经过几十年的发展，我国职业教育质量不断提升。回顾职业教育教师队伍管理体制机制的改革和发展举措，总结职业教育教师队伍建设的经验和成就，针对存在的问题提出建设性意见和建议，对于建设一支品德高尚、业务熟练、专兼结合的优质师资队伍，实现职业教育可持续、高质量发展具有积极作用。

一、我国职业教育教师队伍管理体制机制回顾

我国职业教育教师队伍的管理经历了中央政府主导、中央政府和地方政府共同管理、地方政府管理以及多元化管理四个阶段，这四个阶段受不同社会环境影响而形成，每个阶段都有其特点。通过这四个时期的发展，国家对职业教育的管理在一步步放宽，权限也逐渐下放，激发了社会力量和企业参与职业教育的积极性。

（一）职业教育教师队伍由中央政府主导管理时期（1949—1977年）

从新中国成立到1977年的近30年时间里，由于受当时社会政治经济等因素的影响，加之我国改革开放还没有启动，职业教育教师队伍的管理仍以计划管理为主，职业教育的管理权由中央政府主导。而且这一时期职业教育处于起步阶段，规模小，质量不高，职业教育政策变化大。因此，职业教育教师队伍建设的效果不显著。但在这一段时间里，中央政府出台了一些政策，指导职业教育教师队伍建设。

1952年，《关于整顿和发展中等技术教育的指示》等文件要求对中等职业教育进行有步骤的调整。1952年11月，中央人民政府委员会第19次会议决定成立高等教育部并将中等专业教育划归高等教育部统一管理。1959年，教育部召开全国技工学校工作会议，提出为了满足技工学校发展的需要，必须不断提高技工学校教师的素质。随后在天津、上海、沈阳、开封开设技工师范学校，全力支持职业教育教师的培养。1966年起，受"文化大革命"的影响，

教学设备受到破坏，大批技工学校停办，导致人才出现断层。

这一时期，中央政府对于职业教育采取的是统一管理体制。这是特定经济形势下的产物，反映了在特定时代背景下我国集中力量办大事的制度优势。

（二）职业教育教师队伍由中央政府和地方政府共同管理时期（1978—1985年）

根据对这一时期相关政策文件的解读，该时期国家对职业教育采取的是以中央管理为核心，各地教育部门及相关部门协作配合的管理体制。

1978年，教育部发布了《关于加强和发展师范教育的意见》，提出要重视并办好师范教育，建设一支又红又专的教师队伍，加强领导，制定本地区师范教育发展和在职师资培训规划。[①] 1980年8月的《全国劳动就业会议文件的通知》提出，学校的资金、教师队伍的建设以及实习场地均由各省、自治区、直辖市经济管理部门和企业来承担，中央及各地方教育部门利用普通中学的校舍和师资为开办职业技术学校助力。[②] 1983年，教育部印发《关于1983—1984学年度全国中等专业学校选派教师到全国重点高等学校进修的通知》和《关于编报1983—1985年培养职业学校专业课教师计划的通知》，强调培养职业教育师资的重担在各省、自治区、直辖市上。这说明国家认识到要给予地方政府足够的权力来促进职业教育教师队伍培养。

（三）职业教育教师队伍主要由地方政府管理时期（1986—2000年）

为了进一步理顺职业教育管理体制，中央政府在1985年至2000年相继出台了一系列政策，为职业教育管理体制改革提供思路。其中涉及职业教育教师队伍建设和管理的有以下几个方面。

①职业教育主要由地方负责。中央各部门办的学校，地方各级政府予以配合和协作。[③]

②职业教育逐步形成地方统筹，学校自主权落实的管理体制（王良、梁卿，2007）。

[①] 教育部. 关于加强和发展师范教育的意见 [EB/OL]. （2019-09-28）[2021-01-04]. http://news.cyol.com/app/2019-09/28/content_18176561.htm.

[②] 中共中央. 中共中央关于转发全国劳动就业会议文件的通知 [EB/OL]. （1980-08-17）[2021-01-12]. https://law.lawtime.cn/d555707560801.html.

[③] 中共中央. 中共中央关于教育体制改革的决定 [EB/OL]. （1985-05-27）[2021-01-04]. http://old.moe.gov.cn/publicfiles/business/htmlfiles/moe/moe_177/200407/2482.html.

③国家教育委员会在把握职业技术教育大政方针的前提下，统筹职业技术教育事业各方面协调发展；发展职业技术教育的主要责任在地方，关键在市、县。根据文件规定，我国逐步建立起了"在国家统一领导下，地方负责，分级管理，政府统筹，以市为主"的职业教育管理体制。同时重视教职工对学校工作的参与度以及民主监督。①

④加大省级人民政府管理本地区教育的权力，继续完善由地方负责、分级管理的体制。引入竞争机制，完善教师职务聘任制，提高教育质量和办学效益。②

⑤地方政府在坚持中央政府政策方针的前提下管理中等及中等以下教育。县、乡两级政府要把教育纳入当地经济、社会发展的整体规划，分级统筹管理基础教育、职业技术教育、成人教育（刘淑云、祁占勇，2018）。

⑥各级劳动、人事部门和有关业务部门对教师职业培训和在职培训的管理，原则上负主要责任。调整学校内部机构，改革人事制度、分配制度和后勤管理制度，采取一系列措施充分调动教职工的积极性。③

这一时期，国家对职业教育的管理是在坚持中央政府总体政策方针的前提下，进一步加大地方政府对职业教育统筹规划的权力，地方各级政府的权力得到充分发挥。

（四）职业教育教师队伍管理多元化时期（2001年至今）

通过对这一时期相关政策的解读，国家对职业教育的管理越来越趋向多元化，管理重心下移，从"办"职业教育向提供"管理和服务"转变，充分调动企业和社会办学的积极性，同时更加重视教师中企业高技术人才的双向流动，重视师资队伍的活力。主要有以下几个方面。

①强化地方人民政府在职业教育中的责任，形成以政府为主导、依托企业的多元办学模式，县级以上地方各级人民政府要发挥主导作用，实行教师聘任

---

① 国务院. 国务院关于大力发展职业教育的决定［EB/OL］.（1991-10-17）［2021-01-04］. http://www.moe.gov.cn/s78/A07/s8347/moe_732/tnull_816.html.

② 中共中央、国务院. 中共中央、国务院关于深化教育改革全面推进素质教育的决定［EB/OL］.（1999-06-13）［2021-01-04］. http://old.moe.gov.cn//publicfiles/business/htmlfiles/moe/moe_177/200407/2478.html.

③ 国务院. 国务院关于《中国教育改革和发展纲要》的实施意见［EB/OL］.（1994-07-03）［2021-01-04］. http://old.moe.gov.cn/publicfiles/business/htmlfiles/moe/s6986/200407/2483.html.

制和竞争上岗的制度。①

②要在新的职业教育管理体制基础上，从政府直接管理向宏观引导转变。在教职工管理方面，实行全员聘用制，有利于吸纳优秀人才，稳定人才队伍。②

③健全企业参与制度。建立企业经营管理者和技术人员与学校领导、骨干教师相互兼职制度。使国务院职业教育工作部际联席会议制度的作用得到充分发挥，以合力促进职业教育发展。③

④建立健全职业院校教师招聘制度。以直接考察的方式公开招聘高层次、高技能人才。推动企业高技能人才和职业院校教师双向流动，以优化职业院校教师队伍结构。

⑤各级政府部门要深化"放管服"改革，加快推进职能转变，由注重"办"职业教育向"管理与服务"过渡。做优职业教育培训评价组织，调动社会力量，补充校园力量的不足。④

在这一时期，国家对职业教育的管理趋向多元化，强调政府下放权力的重要性。随着管理重心逐渐下移，企业和社会办学的积极性提高，职业院校教师与企业高技术人才的双向流动得到进一步实现。

二、我国不同历史阶段职业教育教师队伍建设举措

我国职业教育教师队伍建设大致经历了起步、创新发展、协调发展、绿色发展、特色化和国际化六个阶段，每个阶段各有其特点，在不同的阶段国家采取了不同的改革措施来促进职业教育师资队伍建设。

（一）起步阶段职业教育教师队伍建设举措（1949—1965年）

新中国成立之初，国家需要改革旧的职业教育体系。1952年3月，政务

---

① 国务院. 国务院关于大力推进职业教育改革与发展的决定 [EB/OL]. （2002-08-24）[2021-01-12]. http://www.moe.gov.cn/jyb_xxgk/gk_gbgg/moe_0/moe_8/moe_28/tnull_491.html.
② 国务院. 国务院关于大力发展职业教育的决定 [EB/OL]. （2005-05-28）[2021-01-04]. http://www.moe.gov.cn/jyb_xxgk/moe_1777/moe_1778/tnull_27730.html.
③ 国务院. 国务院关于加快发展现代职业教育的决定 [EB/OL]. （2014-05-02）[2021-01-04]. http://www.moe.gov.cn/jyb_xxgk/moe_1777/moe_1778/201406/t20140622_170691.html.
④ 国务院. 国务院关于印发国家职业教育改革实施方案的通知 [EB/OL]. （2019-01-24）[2021-01-04]. http://www.moe.gov.cn/jyb_xxgk/moe_1777/moe_1778/201904/t20190404_376701.html.

院发布《关于整顿和发展中等技术教育的指示》，明确表示国家迫切需要大量的技术人才和技术干部，提出各业务部门应动员部分工厂、矿山、农场的技术人员到附近的中等技术学院教课（刘精明、张丽，2018）。这说明国家在某种程度上抓住了职业教育的实质，即经验丰富者向经验次丰富者传递经验的过程。1953年5月，中央劳动就业委员会等部门召开座谈会，提出生产发展需要技术工人，会后制定了开办技工学校的决定。直到1956年，我国完成了"三大改造"，由于当时经济发展已经无法满足社会需要，于是召开紧急会议，认识到由于过去技工工作存在保守思想，无法有效地开展技工人才培养工作。该会议强调克服保守思想。到1957年，熟练技工占76%，规定了部分地区将学制从两年改为一年半（劳动部，1956）。

1958年，职业教育的发展受到重创。但是中专学校和技工学校发展的数量惊人。技工学校1957年是144所，在校生人数是6.68万人；到1960年技工学校发展到2 176所，在校生人数是51.68万人，分别是1957年的15.1倍和7.6倍。中专学校1957年是1 320所，在校生人数77.8万；到1960年中专学校发展到6 225所，在校生人数达到221.6万人，分别是1957年的4.7倍和2.8倍（蒋义，2010）。从数据可以看出，这一时期中专学校和技工学校的数量迅速增加，但这些学校的水平和质量均不高。即使增量惊人，但是这一时期的职业教育实际上是处于停滞甚至倒退状态的。1959年10月2日，劳动部在报告中指出："我们在近几年来技工学校管理工作中所察觉到的一个比较突出的问题就是缺少师资。据不完全统计，现有的六百多所技工学校缺少教师近万人，加上明年新建学校所需的教师，数字就更大了。因此，大量培养师资已经成为当前亟待解决的问题。根据这种情况，我们拟于1960年内开办三所为技工学校培养师资的师范学校：一所设在北京（附设技工学校），由劳动部直接管理，规模为2 000人；其余两所分别设在上海和辽宁，规模各为1 000人，委托地方代管。"于是，国家开始大力发展技工师范学院。在重视举办技工师范学校的同时，根据技工学校师资力量不足和素质普遍低的现状，各地积极开展教师培训工作，教师经过短期培训后补充到技工学校。随后，随着中共八届九中全会"调整、巩固、充实、提高"八字方针的提出，教育部于1962年通过了《关于进一步调整教育事业和精简学校职工的报告》，精简职业教师队伍，适度压缩公办事业教育的规模。1962年12月3日到20日，劳动部在武汉召开了全国技工学校工作会议，总结了1958年的经验，并提出了1963年的工作要求，发现了发展过多过快，目标定得过高的问题。据此，1964年中专学校调整到1 611所，在校生人数减到53.1万人；技工学校调整到334所，在校生人数减到了 12.37 万人；农村职业中学调整到 15 108 所，在校生人数减到 112.3 万人。教职工的数量、学校的数量和学生的数量充分体现了八字方针的调整力度。职业院校教师的规模和质量稳步提升。

1966 年起，受"文化大革命"影响，中等职业技术学校均停办，职业教育的发展出现停滞甚至倒退。

（二）发展阶段职业教育教师队伍建设举措（1977—1998 年）

1978 年 11 月，党的十一届三中全会的召开掀开了崭新的篇章。在这一阶段，我国职业教育师范院系的开办，以及对"双师型"教师的界定都体现了我国职业教育教师队伍蓬勃有序发展。

①国家在职业教育领域大力新建和改制一些学校。在天津、山东、河南、吉林恢复四所技工教育师范学院（张炳耀，2009）。

②普通高中要逐步增设职业教育课。将部分普通高中改办为职业（技术）学校、职业中学、农业中学。有条件的大中城市还可试办职业技术教育中心。

③改革相关的劳动人事制度。各学校可聘请外单位的教师、科学技术人员兼任教师。有关大专院校、研究机构都要担负培训职业技术教育师资的任务，提供了稳定的专业师资来源（张祺午，2009）。

④要求各省、自治区、直辖市教育厅（局）通过多种途径来培养职业教育专业课教师（李玉静等，2018）。

⑤创建技术师范系和职业技术师范部（张洪华，2018）。在浙江大学、南京工学院、华中工学院（现华中科技大学）和大连工学院（现大连理工大学）试办职业技术教育师资班（张祺午，2009）。

⑥在邓小平同志南方谈话后，中国改革开放又开启了崭新的篇章，一批法律法规相继出台。1995 年，《关于开展建设示范性职业大学工作的通知》提出："建设一支专兼结合、结构合理、素质较高的师资队伍。专业课教师和实习指导教师具有专业实践能力，其中有三分之一以上的'双师型'教师。"这是在政策文件中首次使用"双师型"教师概念。该文件的发布是职业教育师资发展的转折点，"双师型"教师这一概念在以后的政策文件中继续使用。

（三）调整探索阶段职业教育教师队伍建设举措（1999—2009 年）

1999—2009 年，职业教育教师队伍建设在不断调整和探索中得到发展，从这一时期的相关政策文件中，可以发现与职业教育教师制度相关的文件发布周期变短，国家重视培训基地的建设和发展，提升职业院校师资队伍建设的质和量，并为下一阶段职业教育稳健持续的发展打下基础。

①拓宽教师来源渠道，兼职教师和专职教师相结合，优化师资结构。对教师素质提出了更高要求，同时也强调支持社会力量办学，多渠道筹措资金。①

②要淡化基础课教师和专业课教师的界限，逐步实现教师一专多能。②

③职业教育师资培训基地从13个增加到24个，再增加到56个。各省市按照教育部要求建立了300多个省级职业教育师资培训基地。

④职业教育师资培训基地建设总体上比较薄弱，规模小、质量低，成为制约职业教育内涵式发展的重要因素之一。充分发挥职业教育师资培训基地在培养职业学校教师与干部、开展科学研究中的作用。③

⑤总结改革开放以来我国职业教育取得重大进步的同时，也认识到职业教育的教师素质与学历较低、实践能力尚缺乏、缺乏专业的带头人等问题，增加对职业技术师范学院的经费投入，主张这些学院深化改革，办出特色。④

⑥高等职业院校用五年的时间，建设一支师德高尚、教育观念新、改革意识强、具有较高教学水平和较强实践能力、专兼结合的教师队伍。到2005年，获得研究生学历或硕士以上学位的教师应基本达到专任教师总数的35%，学校在职务晋升和工资待遇方面，对具有"双师"素质的教师予以倾斜。⑤

⑦培养一批高水平的骨干教师和专业带头人，在职业学校推行教师全员聘任制和管理人员公开选拔、竞争上岗的职务聘任制度。⑥

⑧加强示范性职业院校建设，重点建设1 000所示范性中等职业学校和100

---

① 中共中央、国务院. 中共中央、国务院关于深化教育改革全面推进素质教育的决定［EB/OL］.（1999－06－13）［2021－01－12］. http://old.moe.gov.cn/publicfiles/business/htmlfiles/moe/moe_177/200407/2478.html.

② 教育部. 教育部关于加强高职高专教育人才培养工作的意见［EB/OL］.（2000－01－17）［2021－01－12］. http://old.moe.gov.cn/publicfiles/business/htmlfiles/moe/s7056/201401/xxgk_162628.html.

③ 教育部. 关于印发《关于进一步加强中等职业教育师资培训基地建设的意见》的通知［EB/OL］.（2000－08－18）［2021－01－13］. http://www.moe.gov.cn/s78/A07/s7055/201001/t20100129_2915.html.

④ 教育部. 关于"十五"期间加强中等职业学校教师队伍建设的意见［EB/OL］.（2001－11－12）［2021－01－13］. http://www.moe.gov.cn/srcsite/A07/moe_950/200111/t20011121_79096.html.

⑤ 教育部. 关于加强高职（高专）院校师资队伍建设的意见［EB/OL］.（2002－05－11）［2021－01－14］. http://www.moe.gov.cn/s78/A07/zcs_left/moe_737/gzjy_qt/201006/t20100608_88980.html.

⑥ 国务院. 国务院关于大力推进职业教育改革与发展的决定［EB/OL］.（2002－08－24）［2021－01－14］. http://www.gov.cn/govweb/gongbao/content/2002/content_61755.htm.

所示范性高等职业院校，由点到面、由部分到全局引领职业教育的发展。[1]

(四) 内涵化发展阶段职业教育教师队伍建设举措 (2010—2017年)

在2010—2017年的发展中，职业教育教师队伍的发展转向内涵化发展。从这一时期的相关政策文件中可以很清楚地发现国家不断提升制定职业教育政策的可行性。在学术要求、培训和培养方式、聘用制度等方面给出了明确的规定，同时也越来越关注教师的待遇问题、学校和企业的合作关系，初步描绘了职业教育师范生培养体系建设的雏形。政策所涉及的方面越来越细化，框架越来越清晰，内容越来越充实，职业教育的内涵越来越丰富。

①加强"双师型"教师队伍和实训基地建设。冲破技能型人才到职业学校从教的障碍，建立健全技能型人才从教制度。完善符合职业教育特点的教师资格标准和专业技术职务（职称）评聘办法。完善"先培训、后上岗"的制度规定。[2]

②职业技术师范生的培养体系，涉及招生制度（多渠道招收职业教育师范生，对非师范类本科及以上毕业生举办职业技术师范教育）、课程、实习实践（企业实践和职业学校实习）、培养制度（加快研究生层次职业教育教师培养）、教师的培训（新任教师上岗培训时间不少于120学时，教师岗位培训时间每五年累计不少于360学时，职业院校专业教师每两年必须累计有两个月到企业或生产服务一线实践）等。[3]

③根据职业教育本身所具有的特点来核定职业院校的编制，学校有主动根据本校的实际情况做出调整的权力。在职称方面提出探索在职业学校设置正高级教师职务（职称）。职业院校通过"购买服务"的方式增进与企业的关系。重视学分积累，推进学习成果互认，重视职业院校的创新科研能力，将现代信息技术应用能力作为教师考核的重要标准。在职业教育领域更加重视产教深度融合以及现代信息技术的熟练运用，职业院校教师与企业的关系越来越密切。[4]

---

[1] 国务院. 国务院关于大力发展职业教育的决定 [EB/OL]. (2005-11-09) [2021-10-28]. http://www.gov.cn/zwgk/2005-11/09/content_94296.htm.

[2] 教育部. 国家中长期教育改革和发展规划纲要（2010—2020年）[EB/OL]. (2010-07-29) [2021-01-14]. http://www.moe.gov.cn/srcsite/A01/s7048/201007/t20100729_171904.html.

[3] 教育部. 教育部关于进一步完善职业教育教师培养培训制度的意见 [EB/OL]. (2011-12-24) [2021-01-14]. http://www.moe.gov.cn/srcsite/A07/s7055/201112/t20111224_129037.html.

[4] 国务院. 国务院关于加快发展现代职业教育的决定 [EB/OL]. (2014-06-22) [2021-01-14]. http://www.gov.cn/zhengce/content/2014-06/22/content_8901.htm.

④新增教师编制倾向于实践能力强、经验丰富的专业教师。职业教育师资定向培养不断赋予师资队伍活力。重视"学历教育+企业实训"的培养方法，强调轮训制度对职业院校教师培养（新任教师"先实践、后上岗"，在职教师定期实践）的作用。①

（五）特色化与国际化发展阶段职业教育教师队伍建设举措（2018年至今）

2018年至今，政府颁布了一系列措施来促进职业教育教师队伍的特色化和国际化。

①完善职业院校教师资格标准，探索企业经验作为专业课教师的必要资格。充分发挥专业群建设带头人、骨干教师、技术技能大师的作用。

②采取固定岗和流动岗相结合的人事管理制度，更加注重吸纳企业行业中的一流实践型人才、高技术高技能人才，同时发挥高水平综合大学在职业教育教师培养培训工作、成立教师教育学院、设立师范专业中的重要作用。

③将浙江、新疆、上海、南京、山西、辽宁等地的六所本科职业技术学院更名为职业技术大学。

④探索建立新教师为期1年的教育见习与为期3年的企业实践制度，建设100个校企合作的"双师型"教师培养培训基地和100个国家级企业实践基地，发挥一流职业技术师范院校和一流职业技术师范专业的引领作用。

⑤"鲁班工坊"作为职业教育迈上国际舞台的媒介，说明中国职业教育重视国际的交流与合作，有助于我国办好中国优质职业教育，向世界讲述中国职业教育（张洪华，2018）。

⑥建立一支技艺精湛、专兼结合的"双师型"教师队伍，在职业院校教师资格标准中，提出将行业企业从业经历作为取得专业课教师资格的必要条件。②

⑦建设专兼结合的教师队伍，推动形成"固定岗+流动岗"、结构合理与高素质兼顾的专业教学团队，建立校企人员双向流动协作共同体。在考核方式

---

① 教育部等六部门. 教育部等六部门关于印发《现代职业教育体系建设规划（2014—2020年）》的通知［EB/OL］.（2014-06-16）［2021-01-14］. http://www.moe.gov.cn/srcsite/A03/moe_1892/moe_630/201406/t20140623_170737.html.

② 中共中央、国务院. 中共中央、国务院关于全面深化新时代教师队伍建设改革的意见［EB/OL］.（2018-01-20）［2021-01-14］. http://www.gov.cn/zhengce/2018-01/31/content_5262659.htm.

方面，深化教师职称制度改革，将师德师风、工匠精神、技术技能和教育教学作为评职称的主要依据。①

⑧到2023年，建设200所左右"三全育人"典型学校，培养10 000名左右德育骨干管理人员、思政课专任老师，遴选100个左右思政课教师研修基地。到2023年，专业教师中"双师型"教师占比超过50%，遴选一批国家教学名师、360个国家级教师教学创新团队。②

通过呈现职业教育教师相关重要政策文本，发现国家对职业教育教师队伍建设的政策内容越来越丰富，从刚开始的"可以""能够""探索"等一些具有弹性的词语到后来明确制定标准。这有助于发挥政府的统筹作用，使职业教育事业获得战略性发展。在政策中多次提到依托高水平学校和大中型企业共建"双师型"教师培养培训基地，但是在具体实施中却困难重重，相关文件也未指明方向；在政策中也多次提到增加教师前往企业实践的机会，但实际通道并不畅通。这说明在实践中，对我国政府文件的落实还有待进一步加强。

三、我国职业教育教师队伍建设成就和经验

（一）我国职业教育教师队伍建设成就

1. 职业教育教师数量增多

根据教育部统计数据，全国高职（专科）院校教师共69.94万人，比上年增加了14 134人，同比增长2.12%。其中专职教师514 436人，比上年增加了16 754人，同比增长3.35%。生师比由上年的19.1∶1下降到18.9∶1。充足的教师资源是发展职业教育的第一步，国家采取相关政策保证了职业教育教师队伍数量的稳步增加。

2. 职业教育教师的学历层次提高

根据教育部统计数据，副高级及以上的专任教师共728 756人，比上年增加了28 840人，同比增长4.1%。专任教师学历合格率（本科及以上学历）为

---

① 教育部等四部门. 教育部等四部门关于印发《深化新时代职业教育"双师型"教师队伍建设改革实施方案》的通知［EB/OL］.（2019-10-17）［2020-01-04］. http://www.moe.gov.cn/srcsite/A10/s7034/201910/t20191016_403867.html.

② 教育部等九部门. 教育部等九部门印发《职业教育提质培优行动计划（2020—2023年）》［EB/OL］.（2020-09-29）［2021-01-04］. http://education.news.cn/2020-09/29/c_1210822215.htm.

92.6%，比上年提高了 0.5 个百分点；硕士及以上学历的专任教师共 1 122 541 人，同比增长了 6.6%，硕士及以上学历的聘请校外教师共 259 846 人，同比增长了 4.4%。由此可见，职业院校教师的学历水平总体在不断提高。

3. 职业教育教师的年龄层次逐渐年轻化

根据教育部统计数据，副高级及以上的低于 34 岁的教师共 26 638 人，同比增长了 8.2%。这说明职业教育教师队伍的建设越来越年轻化，师资队伍吸纳了越来越多的年轻力量来促进职业教育事业的发展。这些教师具有较高的热情，思想活跃，精力旺盛，创新意识强，知识结构比较新，掌握了信息技术，对新事物的敏锐度高，容易开展教育教学的改革。

4. 职业教育教师队伍结构优化

专职教师和兼职教师相结合。目前，我国职业院校增大了对企业优秀人才的引进力度，吸引了更多企业的优秀实践人才来职业院校从教。近年来，"产教融合""校企合作"如火如荼地进行。随着校企合作的通道进一步打通，企业里具有出众实践操作技能的员工有机会到学校传授最新的工艺、技术和经验，形成了一支专职教师和兼职教师相结合的教师队伍。

理论教师与实践教师相结合。据教育部统计，2019 年，我国"双师型"教师比例为 30.6%。《2019 中国高等职业教育质量年度报告》显示，全国 1 344 所高职院校中，851 所院校的"双师"素质教师占比超过 50%，占全国高职院校的 63%，646 所院校的"双师"素质教师占比超过 70%，占全国高职院校的 48%（潘秋萍等，2020）。从总体水平来看，"双师型"教师队伍建设取得了很大的进展。

5. 职业教育教师评聘制度完善

职业教育教师资格认证制度。在认证条件和专业标准方面，我国现行职业教育教师资格制度认证对象明确规定为具有中国国籍，无犯罪记录的中华人民共和国公民，且在思想品德、学历、身体素质、语言条件、教育教学基本素质和能力五个方面做了规定。认证专业标准严格按照《中等职业学校教师专业标准（试行）》执行。在认证程序方面，我国申请职业教育教师资格者，均需要经过三个步骤：第一步是申请者通过由国家建立考试标准，各省级教育行政部门组织，全国统一的笔试，各地区自行组织并考核申请者教育教学能力的面试和二级乙等以上的普通话考试；第二步需要申请者在每年春、秋提交资格认证申请材料；第三步审核材料，发放证书（赵红芬，2018）。

职业教育教师准入制度。强化入职教育，结合实际情况，探索建立新教师为期 1 年的教育见习与为期 3 年的企业实践制度。自 2019 年起，除持有相关领域职业技能等级证书的毕业生外，职业院校、应用型本科高校相关专业教师原则上从具有 3 年以上企业工作经历并具有高职以上学历的人员中公开招聘；自 2020 年起，除"双师型"职业技术师范专业毕业生外，基本不再从未具备 3 年以上行业企业工作经历的应届毕业生中招聘。[①]

职业教育教师队伍考核评价制度。重视师德考核一票否决制，强化对教师职业行为准则的要求。考核评价体系由学校、企业和第三方机构共同建立。引入社会评价机制，破除"五唯"，因地制宜地制定符合各地实际的"双师型"教师评价标准。师德师风、工匠精神、技能操作能力和教育教学水平均占据一定比重。充分发挥全国职业院校技能大赛教学能力比赛的作用，试点开展专业课教师技术技能和教学能力分级考核，并作为教师聘期、晋升、绩效考核的重要参考。[②]

6. 职业教育教师队伍的职业发展保障健全

法律体制机制的健全。1996 年 9 月 1 日《职业教育法》颁布实行，它成为职业教育法制体系的核心，推动了职业教育的法制化。相关政策法规的颁布使我国职业教育的发展更加有章可依，有据可循，促进了职业教育发展的法制化、规范化。2019 年 12 月，教育部发布《中华人民共和国职业教育法修订草案（征求意见稿）》，强调重视职业教育的国际化水平，引进国外优质职业教育资源，推进职业教育各类学习成果的认定、积累和转换，推行学徒制度等。

职业教育师资培养培训基地的健全与发展。2011 年，教育部发布了《关于公布全国重点建设职业教育师资培养培训基地、全国职业教育师资专业技能培训示范单位评估合格名单的通知》。通过不断健全职业教育教师发展的机制体制，完善院校两级的教师培训体系，建成了教师教学发展中心，实施了系统化、多样化的教学能力提升活动，加强了教师发展中心的软件和硬件建设，提升了服务教师的能力与水平，为教师教学能力提升及打造高水平师资队伍做出了应有的贡献。

经过十年努力，《国家中长期教育改革和发展规划纲要（2010—2020 年）》的目标已经基本达成。职业教育教师培训基地的建立说明我国职业教师的培养

---

① 教育部等四部门. 教育部等四部门关于印发《深化新时代职业教育"双师型"教师队伍建设改革实施方案》的通知 [EB/OL]. （2019-10-17）[2020-01-04]. http://www.moe.gov.cn/srcsite/A10/s7034/201910/t20191016_403867.html.

② 搜狐网. 教育部打出政策"组合拳"，打造职教高素质"双师型"教师队伍 [EB/OL]. （2019-10-19）[2021-01-04]. https://www.sohu.com/a/348081500_243614.

体系越来越完整；职业院校的学生数量增多，说明我国职业教育的吸引力越来越强；生师比在不断降低，说明我国职业教育教师的数量在稳健增加；学历合格率和"双师型"教师比例在提高，说明我国教师的专业能力在不断提升，质量在不断提高。

时代的进步对我国职业教育的发展提出了更高的要求，职业教育为国家高质量的发展、数字化转型、中高端制造业、精准服务业、现代智慧农业以及人才培养做出贡献。尽管我国职业教育已经取得了一些成绩，但是距离高质量尚有一定的差距，需要在遵循社会主义建设规律、教育发展规律以及人才培养规律的前提下促进职业教育的高质量发展。

（二）我国职业教育教师队伍建设经验

坚持中国特色职业教育发展道路。长期以来，广大职业教育教师始终坚持中国共产党对职业教育的领导，扎根于中国大地办属于中国人民自己的职业教育，把职业教育作为自身使命去努力完成，不忘初心、牢记使命，立德树人，坚持四个自信，坚决做到两个维护，不改初心，一心为党育人，为国育才，在教育教学实践中总结并形成了中国特色的职业教育理论体系，探索出了一条适合中国国情的职业教育发展道路。我们党充分发挥集中力量办大事的制度优势，在职业教育资源方面，实现资源的整体规划和分配，对资源薄弱的地方实施特殊政策予以倾斜，尽力解决资源分布不平衡的问题，结合中国国情实际，统筹规划，循序渐进，狠抓落实。

重视职业教育国际化。我国教育国际交流日益频繁，职业教育国际化也参与其中，发挥了很好的作用。目前，有30多所高职院校在境外建立了33个海外分校，"鲁班工坊"成为中国职业教育国际交流合作的新名片，还有595个专业教学标准落地国（境）外。[1] 2018年高职院校全日制留学生1.7万人，比上一年增长50%，595个专业教学标准落地国（境）外，"一带一路"沿线国家成为主要生源地和境外办学的主要集聚地。[2] 国别职业教育研究增多，有力地推动了职业教育跨文化交流。同时，重视引进境外先进的职业教育资源，与高水平大学建立教学科研合作平台，促进职业教育研究。

---

[1] 刘杰.《教育与职业》：2019中国高等职业教育质量年度报告发布会在北京召开[EB/OL]. (2019—06—25)[2020—12—22]. https://www.tech.net.cn/news/show—66626.html.

[2] 翟帆.《中国教育报》：2019中国高职质量年度报告发布[EB/OL]. (2019—06—24)[2020—12—22]. https://www.tech.net.cn/news/show—66623.html.

四、我国职业教育教师队伍建设存在的局限及对策

（一）我国职业教育教师队伍建设存在的局限

"双师型"教师的比例有待提高。《现代职业教育体系建设规划（2014—2020年）》提出，到2020年职业院校有实践经验的专兼职教师比例要达到60%以上。2010年，教育部对国家示范性高等职业院校提出新要求，即在3年建设期内，须使其具有"双师"素质的专业教师比例达到90%。但是实际上，"双师型"教师的人数并没有达到要求。截至2019年10月17日，我国职业院校专任教师133.2万人。其中，中职专任教师83.4万人，高职专任教师49.8万人。"双师型"教师总量为45.56万人，其中，中职26.42万人，占专任教师总数的31.48%；高职19.14万人，占专任教师总数的39.70%。[①] "双师型"教师的数量有待进一步增加，质量有待进一步提升。

职业教育教师培养体系有待完善。一是职业技术师范学院（大学）的学生在学期间更多停留在理论层面，获得的实践机会较少。部分原因是学校投入的培养经费尚不足够，实训基地建设的质量有待进一步提升，符合职业教育特点的教师资格制度建设尚不完善。二是教师参加继续教育及培训较少。高校扩招以来，学生数量增多导致教师的工作量增加，在完成理论、实践教学以及科研的基础上，参加继续教育培训的时间极其有限，在一定程度上阻碍了职业院校教师进一步接受培训。三是根据目前校企合作的现状，校企合作的道路并不通畅，教师深入企业学习的机会不多，仍有部分教师实践能力较缺乏，理论研究的成果转化为实践的可行性有待进一步斟酌。企业、学校以及学生个人法律责任的界定并不明确。这样的后果便是企业、学校在培养人才的过程中有所顾忌，并不能充分发挥出企业在人才培养中的作用。

政府配套政策有待完善。政策明晰、法律到位为职业教育事业的发展提供了保障，但是在这些措施的实施过程中产生了一些问题。一是国家政策没有充分调动起校企合作的积极性与主动性，如减税政策并未落实到位。二是在职业院校教师的薪酬方面，职业院校教师与普通教育教师的待遇有所差别，职业院

[①] 央广网. 我国职业院校"双师型"教师数量稳步增长素质不断提高[EB/OL]. (2019-10-17)[2020-12-22]. http://www.moe.gov.cn/jyb_xwfb/xw_zt/moe_357/jyzt_2019n/2019_zt4/qdx/mtjj/201910/t20191018_404229.html.

校教师既要重视实践能力的提升也要重视科研水平的提高,工作量增大但是薪酬方面远不及普通高校的教师。

职业教育的社会认同感有待提升。在我国,受"学而优则仕"的传统观念影响,大多数人对职业教育的性质和功能仍然缺乏全面、深刻、客观的认识。一些家长并不愿意将自己的孩子送入职业技术院校。造成这种状况的原因是复杂的。其一,虽然政府政策上鼓励发展职业教育,但技能型人才的社会地位目前还不是很高。其二,认识上还存在偏见,虽然一些应用型行业已经开始重视技能型人才了,但总体氛围并没有形成,社会用人单位和民众的观念还没有得到彻底改变。其三,职业教育教师福利待遇并不令人满意,技能型人才升职难,流失严重,职业教育教师对自己的岗位认同感低。其四,职业教育普教化倾向明显,自身特色不鲜明,所培养的人才不能够很好地适应市场需求。

(二) 我国职业教育教师队伍建设的对策建议

提高职业教育教师的工资福利待遇。良好的工资福利待遇是吸引人才、留住人才的关键。目前,职业教育教师的待遇水平总体不高,且收入存在一定差距,这导致职业院校的教师一旦拥有了较高学历、较高职称,有丰富的实践知识和应用能力作为支撑后,便会放弃在学校的职位,更愿意到收入较高的企业中去发展,造成职业院校"双师型"人才的流失。因而,在职业教育教师工资福利待遇方面,建议国家给予一定的资金支持,增加福利补贴,给予学校更多的自主权,让教师感受到学校的人文关怀。同时,对待实践能力突出的教师,应该在晋升、评职称等方面有所倾斜。

不拘一格选拔人才。目前,职业教育尚缺乏足够数量的高技能、高学历的教师。职业院校教师的选拔方式主要有两类:一类是通过参加事业单位公开招聘工作人员的统一考试;另一类则是各院校在编制数有限但教师人数缺乏的情况下,依据自身发展需求自行开展的招聘考试。事实上,这两类考试均以理论考试为主,对实践技能的重视程度并不如理论知识。虽然学历水平很重要,但如果选拔标准过分强调理论知识,有可能会把一部分学历略低而实践操作经验很丰富的人才拒之门外。因而应改革职业院校教师的选拔制度,加大对技术型人才的选拔力度。对于实践经验极为突出的人才可以适当降低学历要求,破格录用。

继续发挥兼职教师的作用。学校的兼职教师由企业人员担任,因为他们具有丰富的经验,引进企业优秀人才到学校从教可以在一定程度上缓解职业院校教师数量不足的问题,为师资队伍注入新鲜血液,也可以通过兼职教师的带动作用,让更多的理论型教师有机会交流经验,了解实践,进而参与实践,这是一举两得的好事。同时,完善兼职教师的职前培训、入职培训和在职培训,为他们的职业成长提供必要的教育教学理论培训,使其增强教学理论自信,把实践与理论高效结合起来。

职业教育面向生产和服务一线。职业教育的特点决定了职业教育必须紧密联系企业。目前,我国的法律法规对于企业、学校和学生个人的法律责任以及权利义务等方面的界定并不清晰。因此,一是要完善相关的法律法规,责权明晰,使企业和学校明确各自在人才培养中的作用;二是企业作为营利性组织,在人才培养的过程中也要获取一定的收益。而人才培养并非一蹴而就的事情,在这个过程中,收益无法保证,企业也要承担各种风险,导致企业往往并不愿意主动与学校进行合作。因而要充分发挥政府的作用,对校企合作予以强制性与引导性相结合的规定,并完善相关保障措施。

完善职业教育师资培养体系。目前,尽管学术界关于"双师型"教师的内涵界定存在一些争议,各家观点并不是非常一致,但这不会影响"双师型"教师的培养,只要我们依据职业教育的特点,努力改进师资培养方式,改革培养内容,扎实推进培养过程,职业教育教师队伍的培养体系就会逐渐完善起来,培养质量和针对性就会逐步得到提升。因此,各地应根据本地区发展情况进行符合实际的调整。在师资认定过程中,组织专家评审会,改变过分注重理论的审核制度,提升对实践能力的考核,创新职业教育教师评聘评价制度,逐渐向既注重实践能力,也看重学术水平的目标靠近,不断完善具有职业教育特色的质量评价体系,特别是不能简单照搬普通高等学校的评价指标和评价体系。

第十章 职业教育教材建设与改革

新中国成立以来，我国的职业教育从零的突破、探索前进到蓬勃发展、提质培优，形成了类型教育特色，具有鲜明的职业教育特征。职业教育教材是开展职业教育的标准蓝图，从职业教育诞生的那天起，职业教育教材就伴随着职业教育的发展而发展。目前，我国职业教育进入高质量发展的新阶段，职业教育教材也要随着职业教育的新任务、新目标而革故鼎新。

习近平总书记提出，要抓好教材体系建设。从根本上讲，建设什么样的教材体系，核心教材传授什么内容、倡导什么价值，体现国家意志，是国家事权（郑富芝，2010）。梳理职业教育教材建设的发展历程，总结职业教育教材建设的成就与经验，分析职业教育教材建设当前的主要问题与不足，思考职业教育教材建设未来的任务与目标，对我国职业教育的建设与发展是一项有战略意义的重要任务。

一、我国职业教育教材及教材体系的发展历程与鲜明特色

（一）职业教育教材及教材体系概述

1. 职业教育教材

什么是教材？教材的定义可以从广义和狭义两个角度进行界定。《中国大百科全书》对教材的定义如下：广义的教材指教学中所用的一切素材，即"教师指导学生学习的一切教学资料，包括教科书、讲义、讲授提纲、参考书、辅导材料以及教学辅导材料"。狭义的教材特指教科书，它是"根据一定学科的任务编选和组织具有一定范围和深度的知识和技能的体系，它一般以教科书的形式来具体反映"[1]。广义的教材所包含的内容较多，狭义的教材指向性更明

---

[1] 中国大百科全书总编辑委员会. 中国大百科全书：教育[M]. 北京：中国大百科全书出版社，2002.

确，研究中通常使用狭义定义。

2019年颁布的《职业院校教材管理办法》明确指出，职业院校教材是指供中等职业学校和高等职业学校课堂和实习实训使用的教学用书，以及作为教材内容组成部分的教学材料（如教材的配套音视频资源、图册等）[①]。鉴于此，本研究的职业教育教材主要指的是职业教育课堂和实习实训使用的教学用书，以及作为教材内容组成部分的教学材料（如教材的配套音视频资源、图册等）。本研究的职业教育教材研究范围界定为中等职业学校和高等职业学校使用的教材。

从职业教育教材的定义可以得知，职业教育教材具有三个显著的特征：一是职业教育教材的外延比较广，除了教学用书，还包括作为教材内容组成部分的教学材料，由此可见，职业教育教材的教学用书和教学材料是一体的，教学材料作为教材的配套材料是教材的一部分；二是职业教育教材的适用对象是职业教育学生，具体来说包括中等职业学校学生和高等职业学校学生；三是职业教育教材适用场所为职业教育课堂和实习实训平台，实习实训平台作为职业教育的重要组成部分，也是职业教育教材适用的重要场所之一。从这三个显著特征可以看出职业教育教材具有显著的职业教育特色。

2. 职业教育教材体系

职业教育教材体系是以职业教育教材为核心，围绕职业教育教材建设所建立的包括制度、标准、流程、架构、人员等要素在内的整个系统。职业教育教材体系包括职业教育教材的各项管理制度、组织架构、资金投入、人员配备等。管理制度是教材体系科学规范运行的保障，组织架构是教材体系有效运转的组织保障，资金投入是教材制度落实的经济保障，人员配备是教材体系运行的必备要素。从内容上来说，职业教育教材体系主要围绕职业教育教材的内容编写、出版发行、管理制度等各方面开展工作；从特征上来说，职业教育教材体系相对其他教材体系更加凸显职业教育特色，更注重实践教材的建设。

（二）我国职业教育教材建设的历史沿革

高效科学运行的职业教育教材体系是高质量职业教育教材的保证，也是高质量职业教育的有力保障。随着职业教育的逐步发展，我国职业教育教材从无

---

① 教育部. 教育部关于印发《中小学教材管理办法》《职业院校教材管理办法》和《普通高等学校教材管理办法》的通知［EB/OL］.（2020-01-07）［2021-04-01］. http://www.moe.gov.cn/srcsite/A26/moe_714/202001/t20200107_414578.html#02.

到有、从有到优、从优到精，经历了创建、探索、发展等几个阶段。

职业教育教材的发展与职业教育的发展休戚相关。中国职业技术教育学会会长、教育部原副部长鲁昕将职业教育发展划分为三个阶段，从1949年新中国成立到1991年，是我国职业教育的"1.0时代"，是奠基式发展阶段。从1992年我国确定了建立社会主义市场经济体制的改革目标后到2013年，是我国职业教育规模化发展的"2.0时代"。2014年国务院印发《关于加快发展现代职业教育的决定》至今，我国职业教育进入了内涵式发展的"3.0时代"，从规模走向质量[①]。职业教育教材建设的发展，与职业教育发展进程相统一，新中国职业教育教材建设大致经历了三个时期。

第一个时期：职业教育教材探索前进时期。从1949年新中国成立到20世纪90年代初，职业教育从零开始创建，在"文化大革命"时期有一段短暂的停滞，到改革开放后的慢慢发展，过程比较曲折，职业教育教材的发展历程也同样如此曲折。

新中国成立初期，经济凋敝、百业待兴，急需大量服务于各类产业的技术和管理人才，为了培养紧急需要的人才，国家开始大力发展职业教育，确定职业教育的发展定位，围绕国家大规模经济建设尤其是重建工业体系的需要发展专科教育。1951年《政务院关于改革学制的决定》明确指出"中等专业学校按照国家建设需要，实施各类的中等专业教育"[②]。1952年发布《政务院关于整顿和发展中等技术教育的指示》，对中等专业教育教材进行相应的规范："中等技术学校普通课和技术课的教材，中央人民政府教育部及有关业务部门应即着手进行编审工作。教育部门应主要负责普通课教材的编审工作，各有关业务部门应主要负责技术课教材的编审工作，但应在工作上互相取得联系。"[③]这标志着党和国家对中职教材进行统一领导，明确了中等专业教育教材实行教材编审制度，同时明确了对普通课和技术课教材进行分类管理。

1978—1991年，我国高等职业教育经历了全面恢复和逐步完善的过程。专科教育随着高考制度的恢复而恢复，1978年全国恢复和新建专科学校98

---

① 鲁昕. 70年，中国职业教育发展的历史轨迹［EB/OL］.（2019-12-22）［2021-04-01］. https://baijiahao.baidu.com/s?id=1653546860389325878&wfr=spider&for=pc.

② 政务院. 政务院关于改革学制的决定［EB/OL］.（1951-08-10）［2021-01-13］. http://guoqing.china.com.cn/2012-09/04/content_26422806.htm.

③ 政务院. 政务院关于整顿和发展中等技术教育的指示［EB/OL］.（1952-03-21）［2021-01-13］. http://www.ce.cn/xwzx/gnsz/szyw/200705/29/t20070529_11524733.shtml.

所，招收专科生 12.37 万人，在校专科生 37.96 万人[1]。职业教育教材也逐渐恢复和重建。1978 年 2 月颁布的《教育部关于高等学校教材编审出版工作若干问题的暂行规定》明确指出，"需要迅速确定高等学校教材编审出版的分工，充分发挥中央和地方两个积极性，调动一切积极因素"（中国高等教育学会，2008）。据教育部原高校理工农医教材办公室统计，1978—1980 年，在有关部委、省、市、出版社和学校协同努力下，重版、修订再版、新编中专各类教材 500 多种。此后中专教材又开展了两轮建设，而技工学校教材体系也快速完成了重建工作（刘娇等，2018）。

职业教育教材探索前进时期，职业教育教材管理体系初步形成，建立了中央统一领导、各部门协同管理的管理体制，形成了教材分类管理制度、编审制度等基本管理制度。

第二个时期：职业教育教材蓬勃发展时期。20 世纪 90 年代初我国确定建立社会主义市场经济体制的改革目标后的 20 年，是我国职业教育蓬勃发展的时期。这一时期，职业教育招生规模连年增长，职业教育得到长足发展，职业教育规模也越来越大，职业教育规模跃居世界第一，和职业教育的规模化发展相适应，职业教育教材的制度建设与教材建设也得到长足的发展。90 年代初，国家教委颁布了三个和职业教育教材相关的文件，分别是《关于职业技术教育教材规划工作的意见》《关于建立两级职业技术教育教材审定组织的意见》《关于职业技术学校教材选用工作的意见》。《关于职业技术教育教材规划工作的意见》明确提出职业技术教育教材实行国家和省两级规划，国家教委统筹协调职业技术教育教材工作，各省、自治区、直辖市以及中央业务部门主要负责做好各自分工部分的教材规划与建设工作[2]。通过这些文件的规范管理，建立两级规划的教材管理体制，加强了国家对职业教育教材的统筹管理，同时也提高了地方在职业教育教材建设方面的积极性。《关于建立两级职业技术教育教材审定组织的意见》对国家和地方行政部门的分工进行了明确规定，国家层面的教材由原国家教委成立职业技术教育教材审定委员会审定，省级层面的地方教材由各省、自治区、直辖市教育行政部门成立职业技术教育教材审定委员会审定。

为适应 21 世纪高职高专教育的发展，教育部于 2000 年颁布《关于加强高

---

[1] 中国高等教育学会. 改革开放 30 年中国高等教育发展经验专题研究 [M]. 北京：教育科学出版社，2008.

[2] 国家教育委员会. 关于职业技术教育教材规划工作的意见 [EB/OL]. (2019-03-22) [2021-04-01]. https://wenku.baidu.com/view/c6f99b19d5d8d15abe23482fb4daa58da1111cc5.html.

职高专教育教材建设的若干意见》，对高职高专教材建设进行规范。这个文件有三个明显的亮点，其中最重要的措施是成立教育部高职高专规划教材编写委员会对教材编写和出版进行管理；其次是明确高职高专教育教材的建设目标是"特色鲜明""高质量"，高职高专教育教材体系的建设目标是"一纲多本、优化配套"；最后是建立健全教材质量评价反馈制度，对高职高专教育教材进行评定，并评选出优秀教材推荐给学校使用。为了使职业教育教材更好地体现职业教育的鲜明特色，教育部职业教育与成人教育司于2004年发布《关于制定〈2004—2007年职业教育教材开发编写计划〉的通知》，要求在职业教育教材开发和编写过程中要反映新知识、新技术、新工艺、新方法。为了建设"高质量"职业教育教材，教育部职业教育与成人教育司于2006年发布《关于进一步加强对中等职业教育教材管理工作的通知》，加强对"十一五"职业教育国家规划教材的申报、立项、审定及使用等各项工作的管理，以提高职业教育教材质量。

进入21世纪第一个十年，原来的中央统一领导、各部门协同管理的管理体制不再适应蓬勃发展的职业教育。因此，教育部印发了《关于"十二五"职业教育教材建设的若干意见》，对职业教育教材的管理体系进行改革，一是建立国家和省（区、市）两级规划、两级审定制度，二是建立国家、省、校三级建设原则。这两个改革措施一是明确了国家层面和省级层面的职责，二是调动了国家、省、学校三个层面的建设积极性。

职业教育教材蓬勃发展时期，教材管理体系与制度不断完善，尤其是"两级规划、两级审定、三级建设"的职业教育教材管理体制的确立，为职业教育教材的蓬勃发展提供了制度保障，同时各项改革措施不断跟进，教材开发机制、教材准入机制、教材评价机制相继确立，为职业教育教材的发展和职业教育教材体系的完善打下了坚实的基础。

第三个时期：职业教育教材提质培优时期。21世纪10年代，国家对职业教育越发重视，标志性事件是2014年国务院印发《关于加快发展现代职业教育的决定》，职业教育从最初的重视规模转向追求质量，开始进入内涵式发展阶段，职业教育教材建设重心也转向内涵式发展。为了开发高质量职业教育教材，建设职业教育教材体系，教育部等各部门进行联动，先后发布一系列文件，如2014年发布《现代职业教育体系建设规划（2014—2020年）》明确"要引进国际先进的教材体系和数字化教育资源"；2016年，中共中央办公厅和国务院办公厅联合印发《关于加强和改进新形势下大中小学教材建设的意见》，明确提出健全国家教材制度，成立国家教材委员会。2017年国务院成立国家教材委员会，教育部成立教材局。2019年教育部职业教育与成人教育司对"十三五"职业教育国家规划教材进行规范，下发《关于组织开展"十三五"职业教育国家规划教材建设工作的通知》，教育部教材局在这项工作中开始发挥重要作用，"十三五"职业教育国家规划教材建设工作由教育部职业教育与成人教育司与教育部教材局协商组织开展。国家教材委员会成立后在全国教育教材建设上发挥其重要的统筹作用，2019年印发《全国大中小学教材建设规划（2019—2022年）》，对包括职业教育教材在内的教育各学段的教材建设进行全面规划。2019年12月，为提高教材建设水平，教育部同时发布了三个管理办法，分别是《中小学教材管理办法》《职业院校教材管理办法》和《普通高等学校教材管理办法》。其中，《职业院校教材管理办法》对职业教育教材进行规范和指导，对国家、省（区、市）两级规划制度、单位编写制、主编负责制、凡用必审机制、分级分类审核制度、编审分离制度、重大选题备案制度、选用备案制度等一系列制度都进行了明文规定。这一系列举措从机构到制度明确了职业教育教材统一领导、分级负责的管理体制。

随着职业教育进入提质培优阶段，国家于2020年提出了《职业教育提质培优行动计划（2020—2023年）》，对职业教育"三教"改革提出要求，指出"加强职业教育教材建设"是"三教"改革中的关键一环。职业教育教材是教师和学生沟通的桥梁，同时，职业教育教材也是提升职业教育专业和课程教学质量的重要载体，因此职业教育教材改革也提上了日程。

职业教育教材提质培优时期，从追求职业教育教材的规模与数量到追求职业教育教材的内涵发展，明确了统一领导、分级负责管理体制，完善了教材"两级管理、两级规划"管理制度，明确教材编写立项审核制，加强对教材选用的管理，建立教材质量评价指标体系，优化教材信息管理，提高教材管理信息化水平，职业教育教材建设得到长足发展。

（三）我国职业教育教材及教材体系的鲜明特色

我国职业教育教材及教材体系在发展过程中形成了比较鲜明的特色，主要有以下几个方面。

1. 党全面领导，国家宏观政策引导职业教育教材建设正确方向

党历来高度重视教材建设，党的领导为职业教育教材坚持正确方向把好舵，把好政治关，从职业教育教材的发展历程可以看出，职业教育教材建设始终坚持党的领导。在任何一个阶段，职业教育教材建设都是在党的领导下进行的。新中国成立初期，党中央始终规划和统筹中等技术学校普通课和技术课的

教材。进入新时代，党和国家对教材建设的重视程度越来越高，党的十八大以来，国家领导人亲自关心教材建设，对教材建设提出明确要求。

党对职业教育教材建设的领导在国家宏观政策中得到体现，国家宏观政策的引导与支持推动职业教育教材建设的发展。国家宏观政策对职业教育教材的引领体现在两个方面。一是在职业教育教材建设过程中，国家发布各项政策规范，引领职业教育教材的改革与发展，如编审制、中央统一管理、审定制等宏观政策，在职业教育教材建设的每一个关键时期都给予有力的指导。尤其是2019年出台的《职业院校教材管理办法》，作为我国出台的第一个职业教育教材管理办法，对职业教育教材的规划、审核、编写、出版与发行、选用与使用、评价与监督等各方面进行了全面的规定，为职业教育教材的改革与发展提供了制度保障。二是国家宏观政策鼓励和促进职业教育教材发展。首先，国家出台一系列的政策鼓励职业教育教材的发展；其次，职业教育的繁荣与职业教育教材的发展相辅相成，国家宏观政策鼓励大力发展职业教育，客观上对职业教育教材的发展起到促进作用。

2. 适应不同阶段的职业教育，构建符合我国国情的职业教育教材体系

职业教育教材服务于职业教育，职业教育教材体系随着职业教育进入新的阶段发生相应改变。由于时代要求和条件所限，新中国成立初期的职业教育侧重点在中等专业教育，主要任务是培养中级和初级技术人才，培养的中级和初级技术人才行业分布在工业、农业、交通、运输等各个方面。这一时期，职业教育处于奠基式发展阶段，党中央自主统一编写职业教育教材，对教材进行分类管理，培养了一支职业教育教材编写队伍，为职业教育教材的发展奠定了基础。1985年国家明确提出大力发展职业技术教育，颁布了《中共中央关于教育体制改革的决定》。1999年《中共中央、国务院关于深化教育改革全面推进素质教育的决定》明确提出"高等职业教育是高等教育的重要组成部分，要大力发展高等职业教育"[1]。随着职业教育规模的扩大，职业教育教材建立"两级规划、两级审定、三级建设"的管理机制来适应职业教育的发展。进入21世纪，职业教育蓬勃发展，"产教融合""校企合作"成为职业教育的重要特征，职业教育教材建设也相应地提出在教材中融入新知识、新技术、新工艺、

---

[1] 中共中央、国务院. 中共中央、国务院关于深化教育改革全面推进素质教育的决定[EB/OL]. (1999-06-13) [2021-04-02]. http://www.moe.gov.cn/jyb_sjzl/moe_177/tnull_2478.html.

新方法的要求。职业教育教材建设逐渐进入内涵式发展阶段，对教材建设的各个方面进行详尽的规划。由此可见，职业教育在不同发展阶段的建设侧重点有所不同，对职业教育教材的要求也有所不同，职业教育教材建设也随之发生相应的变化，不同阶段职业教育教材政策也与时俱进，进行相应的修订，构建符合国情的职业教育教材体系。

3. 围绕职业教育人才培养，建立职业教育特色突出的职业教育教材体系

职业教育教材是教师开展教学的蓝本，是连接教师和学生的桥梁，是落实教学任务、实现教学目标的重要工具，是职业教育人才培养的重要载体，也是职业教育教学改革的具体体现。随着时代要求的变化与产业经济的迭代，职业教育人才的培养重点、培养方向都会发生变化，职业教育教学内容、教学方式都会随之发生变化。作为教学内容的载体，职业教育教材的呈现方式及管理体制也会发生相应的变化，职业教育教材体系也需要不断完善。职业教育的培养目标是高素质技能型人才，因而其发展与地方、产业、行业密不可分，职业教育教材的建设与职业教育的目标、发展一脉相承，必然凸显职业教育特色。

职业教育教材的行业、产业特色，从职业教育教材的发展历史可见一斑。20世纪60年代发布的《解决高等学校和中等专业学校理、工、农、医各科教材的具体分工办法》规定，"各专业的其他基础技术课和专业课按专业分工，分别由中央各主管部门负责；农林科全部由农业部、林业部负责任；师范、自然科学全部由教育部负责，文科另行分工，体育由国家体委负责"（何东昌，1998），这意味着职业教育教材有着强烈的行业特色。1996年《关于进一步办好农村中等职业学校农业类专业的意见》对各地农业部门提出要求，要求农业部门参与农业类专业教材的编写过程，要编写当地需要的、内容新颖的、质量较高、实用性较强的专业课教材和补充教材。由此可见，职业教育教材专业性、实践性强，与地方行业、产业结合紧密。21世纪初教育部发布的《教育部关于全面提高高等职业教育教学质量的若干意见》对提高高职教育教学质量的各个方面进行了规定，其中关于实训教材的规定彰显了职业教育的特色。2019年的《职业院校教材管理办法》在管理机制上要求有关部门、行业、学校和企业多方参与，尤其是行业和企业对教材的参与，体现了职业教育教材对新时代技术技能人才培养的新要求的响应，行业企业技术人员和能工巧匠加入教材编写团队，适应产业转型升级的需要，全方位地体现了职业教育教材的职业教育特色。

二、我国职业教育教材建设的主要举措和建设成就

（一）我国职业教育教材建设与改革的主要举措

为保证职业教育教材的质量，更好地服务职业教育教学建设与改革的需要，党和国家对职业教育教材建设很重视。我国职业教育教材建设围绕职业教育的发展和职业教育人才培养工作不断进行改革，我国职业教育教材建设与改革的主要举措有以下几种。

1. 确立党对职业教育教材建设全面领导的大政方针

党对职业教育和职业教育教材的全面领导，是从新中国成立就确定的大政方针之一，职业教育和职业教育教材要服务于经济社会建设，这是毋庸置疑的。教材作为学校教育和培养社会主义接班人的主要工具，其指导思想的建设、政策取向和制度的设计必须在党的全面领导下进行。党和国家对教材建设的统一领导为职业教育提供了坚实的保障。

党对职业教育教材建设的全面领导主要体现在以下几个方面：在思想建设上，职业教育教材建设始终坚持马克思主义理论的指导，坚持马克思列宁主义、毛泽东思想、邓小平理论、"三个代表"重要思想、科学发展观、习近平新时代中国特色社会主义思想的指导；在组织建设上，党全面统筹全国职业教育教材建设；在管理体制上，用制度明确中央和地方、政府和学校各方的职责；在制度建设上，建立系统完备、科学规范的教材建设规章制度；在人员保障上，加强编审人员队伍建设和研究支撑。党的全面领导为职业教育教材体系建设提供了坚强有力的政治保障。

2. 加强教材制度建设，推进职业教育教材改革

完善、科学、规范的教材制度是教材建设顺利开展的有力保障，职业教育教材制度在职业教育教材建设过程中起到了压舱石的作用。制度建设伴随着职业教育教材发展、建设与改革的每一个阶段，制度建设为职业教育教材建设奠定基础，为教材建设和教材改革保驾护航，尤其是进入21世纪以来，教育部频繁出台各种文件、政策对职业教育教材进行规范、改革。职业教育教材制度建设的重点在两个方面：一是教材建设体制机制的建设，二是教材管理具体制度的建设。

职业教育教材体制建设伴随职业教育的发展与改革历程。从"中央统一领

导、各部门协同管理"到"两级规划、两级审定、三级建设",再到"统一领导、分级负责",职业教育教材管理体制不断完善,各部门权责明晰、运转协调的职业教育教材管理机制是教材建设有力的制度保障。

教材管理制度建设是教材建设的行动指南,也是教材管理体制落到实处、长效发展的行动方针。教材编审制度、教材审定制度、教材选用制度、教材评价制度、教材引进制度等一系列制度是早期职业教育教材制度的主要组成部分,《职业院校教材管理办法》对教材规划、编写、审核、出版与发行、选用与使用、服务与保障、评价与监督各个环节的具体制度进行了规范和完善,为提高职业教育教材质量提供了保障。

3. 完善机构建设,为职业教育教材建设提供组织保障

建设规范、专业的教材管理机构,是职业教育教材建设的组织保证。1949年以来,新中国先后成立各教材管理机构,为职业教育教材建设提供组织保障。

1949年4月华北人民政府教育部成立的教科书编审委员会是我国最早成立的教材管理机构,主要目的是解决中小学教学用书问题。之后成立的中等档案教材编审委员会、中等医学教材编审委员会、卫生财会统计专业教材编审委员会,都是为了适应我国中等专业教育发展的需要。加强中等专业教材建设的各科类中专教材编审委员会在初期的教材建设中发挥了重要作用。

为加强对高校各科类专业教材的管理,更好地体现教材的专业特色,1978年教育部决定成立高等学校理、工、农、医教材工作领导小组,对教材工作的重大问题进行决策,同时还成立各科类教材办公室处理日常工作,中等专业学校的教材建设也参照高等学校的办法进行,成立教育部层面的教材工作领导小组,同时成立教育部内部的各科类教材办公室。

1993年根据《建立两级职业技术教育教材审定组织的意见》要求,成立两级审定组织,国家教育委员会成立国家层面的职业技术教育教材审定委员会,各省(区、市)教育行政部门成立省级层面的职业技术教育教材审定委员会。

为了对全国中等职业教育教材编写质量进行认证,2001年成立了全国中等职业教育教材审定委员会,下设12个教材审查组,这12个教材审查组分别对文化基础课程教材,综合课程类教材,德育课程类教材,农林类教材,能源、资源与环境类教材,土木水利工程类教材,加工制造类教材,交通运输、信息技术类教材,医药卫生类教材,商贸与旅游类教材,财经类教材,文化艺术与体育类教材,社会公共事务类教材进行审查。

全国职业教育教材审定委员会是配合教材审定制度，由教育部于2014年成立的，主要职责是指导、规划全国职业教育教材建设工作，审定职业教育全国规划教材，审查拟向全国范围出版发行的职业教育教材等。

国家教材委员会由国务院设立，是教材管理的最高机关，主要负责教材管理的各项决策工作，与之配套的是教育部成立的教材局，教材局开展具体工作，同时承担国家教材委员会办公室工作。为了更科学有效地开展教材研究工作，课程教材研究所于2018年成立，并确立首批12个国家教材建设重点研究基地，华东师范大学的职业教育教材建设和管理政策研究基地入选首批国家教材建设重点研究基地。国家教材委员会、教育部教材局、课程教材研究所这三个机构的成立，从组织上建立了决策、实施、研究三位一体、紧密衔接的组织架构。

除了管理机构，出版机构也是教材建设的重要保障。1953年，人民教育出版社开始出版中等师范学校教育学、心理学课本。1954年，创立高等教育出版社，负责全国高等教育、职业技术教育和成人教育教材的出版发行。高等教育出版社的出版部门包括高等职业教育出版事业部、中等职业教育出版事业一部/中职"三科"教材办公室、中等职业教育出版事业二部。高等教育出版社对职业教育教材的建设和改革起到了重要的助推作用，为职业教育教材的建设提供了后勤保障。

这些专业机构的成立，是全面提高职业教育教材质量、助力职业教育人才培养的重要组织保障，对深化职业教育教材改革，使教材建设管理走上科学化、规范化道路起到了重要的组织保障作用。

4. 打造精品教材，服务职业教育体系建设

1998年12月教育部发布《面向21世纪教育振兴行动计划》，该计划是一个纲领性文件，其中关于职业教育课程改革和教材建设的举措对职业教育教材建设起到提纲挈领的作用，一个重要的举措就是实施"面向21世纪职业教育课程改革和教材建设规划"工程。自该工程实施以来，职业教育队伍开发编写了近千种国家规划教材及其配套教学用书，职业教育国家规划教材的出版较好地适应了我国社会经济发展和现代化建设的需要，对高等职业教育和中等职业教育教材建设工作起到了引导作用。

（1）高等职业教育规划教材建设

2000年教育部发布《关于加强高职高专教育教材建设的若干意见》，主要是针对改革开放以来已经出版发行的高职高专教材尚不能满足高职高专教育发展需要的矛盾，尤其是有些地方高职高专教育特色教材非常紧缺，一部分高职

高专教材直接搬用本科教材的问题。针对这些问题，教育部推进规划教材建设，旨在解决高职高专教材建设和高职高专教育不相适应的问题。

"教育部为加强对教材建设的领导，成立了教育部高职高专规划教材编写委员会，制定各类基础课程教学基本要求和专业大类培养规格，组织教材编写、出版队伍，计划在5年左右编写、出版500本左右高职高专教育规划教材，并推出一批特色鲜明的高质量的高职高专教育教材，形成一纲多本、优化配套的高职高专教育教材体系。"[1] 据统计，2014年7月，共81家出版单位的4 738种教材入选第一批"十二五"职业教育国家规划教材。2015年7月，入选第二批"十二五"职业教育国家规划教材的有共80家出版单位的2 611种教材。"十二五"职业教育国家规划教材数目可观，共7 349种教材。2020年11月，共有3 973种教材拟入选"十三五"职业教育国家规划教材，其中中职部分1 069种，高职部分2 830种，"1+X证书"配套教材76种。这些规划教材极大地增加了职业教育教材的数量，满足了职业教育发展的需要，同时从内容规范性来看，显著提高了职业教育教材的质量。

（2）中等职业教育规划教材建设

2000年，教育部根据有关面向21世纪中等职业教育国家规划教材的申报，文化基础课程、专业技术基础课程和80个重点建设专业主干课程教材的建设进行了规划，发布了《中等职业教育国家规划教材首批立项教材目录》，确定了66种规划教材。2001年是中等职业教育规划教材建设蓬勃发展的一年。这一年，为落实《面向21世纪教育振兴行动计划》实施职业教育课程改革和教材建设规划的要求，教育部职业教育与成人教育司发布2001年1号文件《中等职业教育国家规划教材申报、立项及管理意见》，对中等职业教育国家规划教材进行布局，部署中等职业教育国家规划教材申报、立项管理等工作；同时发布了《第二批中等职业教育国家规划教材立项目录》，确定了153种规划教材。从2001年秋季开学起，各类中等职业学校统一选用国家规划教材，这从一定程度上保证了学生使用的教材质量，同时也促进了职业教育教材编写队伍水平的提高。同一年，为了将全国中等职业教育规划教材建设工作落到实处，教育部成立了专门机构，即全国中等职业教育教材审定委员会，助力中等职业教育规划教材的建设。2011年教育部在规划教材建设的基础上组织开展了中等职业教育改革创新示范教材遴选活动，首批确定了233种中等职业

---

[1] 教育部高等教育司. 关于加强高职高专教育教材建设的若干意见［EB/OL］. （2000－3－23）［2021－12－02］. http://www.moe.gov.cn/s78/A08/tongzhi/201007/t20100729_124841.html.

教育改革创新示范教材，第二批确定了129种中等职业教育改革创新示范教材，这些改革创新示范教材可以说是规范教材的升级版，将中等职业教育规范教材建设推上了一个新的台阶。

（二）我国职业教育教材建设的主要成就

经过70多年的发展，我国职业教育教材建设取得了很大的成就，尤其是随着《职业院校教材管理办法》的出台，职业院校教材建设和管理取得了长足的发展，进入统筹设计、精准管理的新阶段。这些成就主要体现在以下几个方面。

1. 职业教育教材领导体制和工作体系初步确立

职业教育教材领导体制和工作体系初步确立的标志性事件是《职业院校教材管理办法》（下面简称《管理办法》）的发布，《管理办法》对职业教育教材的领导机构、工作原则、牵头部门、参与部门、工作方式都有明确而详细的规定。《管理办法》明确了职业教育教材领导体制，国家教材委员会由国务院分管领导同志任主任，22个中央和国务院部门的负责同志、26位知名专家学者任委员。国家教材委员会由中央教育工作领导小组的领导，是教材管理、指导、统筹的决策机关，从国家层面确立了教材建设的领导体制，建立国家教材委员会是健全国家教材制度的重大举措，是体现教材国家意志属性的重大举措。《管理办法》对国家层面和地方层面的管理有明确的制度设计，国家层面负责做决策，地方层面负责落实实施，形成统分结合、分层负责、上下联动、紧密配合的工作体制，为职业教育教材建设提供了有力的组织保障和制度保障。

2. 职业教育教材制度体系基本形成

2019年教育部正式印发《全国大中小学教材建设规划（2019—2022年）》和《管理办法》，整体规划职业教育教材建设，建立了统分结合的教材基本制度，为在新形势下推进职业教育教材建设，规范职业教育教材管理，提供了根本遵循。《管理办法》对职业院校教材规划、编写、审定、出版、发行、选用等所有环节都进行了详细的规定，涉及各级职业教育行政管理部门、行业企业、职业院校以及出版发行机构等不同教材相关利益主体，统一的职业教育教材建设和管理体制机制基本形成。

3. 职业教育教材把关体系有效运行

职业教育教材把关体系是职业教育教材的最后一道屏障。坚持教材"凡编必审""凡选必审",建立健全全流程把关机制,全面加强政治性、思想性、科学性审核,拧紧教材进入学校课堂、学生书包的安全阀[①]。把关体系主要体现在三个方面:一是把好教材编写关。职业教育教材编写人员应该熟悉职业教育教学规律和学生身心发展特点,熟悉行业企业的发展和用人要求;同时职业教育教材要注重弘扬劳动光荣、技能宝贵、创造伟大的时代风尚,加强职业精神教育。二是把好教材审核关。坚持教材"凡编必审",国家层面和地方层面各司其职,做好各自的审核工作。国家规划教材由国家层面的国家职业院校教材审核机构负责审核,省级规划教材由地方层面的省级职业院校教材审核机构负责审核,其他教材由专业机构或专家团队进行审核认定。三是把好教材选用使用关。坚持教材"凡选必审",明确教材选用主体、选用原则、选用程序,规范"谁来选、怎么选",确保凡是进入课堂的教材都经过严格选用审核。

4. 职业教育教材保障体系不断完善

人、财、物的投入是职业教育教材发展的后勤保障,近年来职业教育教材建设人财物等方面的投入力度不断加大。首先是从经费上进行保障,建立国家、地方、学校、出版单位等多方投入的教材建设经费保障机制。中央财政保障国家重点支持统编教材、国家规划教材以及服务国家战略教材、紧缺薄弱领域需求的教材建设,地方和学校保障本级教材建设经费,同时还引入社会资金支持教材建设。其次,在教材编写队伍保障方面,为主编、核心编者提供课题认可,计入工作量,并在评优评先、职称评定、岗位晋升等方面给予倾斜。最后,在基础建设支持上,建立职业院校教材信息发布和服务平台,完善教材服务网络,加强教材专题数据库的建设,加强基础建设,为职业教育教材建设提供有力支撑。

5. 为职业教育落实立德树人根本任务奠定了基础

职业教育的人才培养目的最终要落实到培养什么人、怎样培养人这一根本问题上来,职业教育教材是解决这一根本问题的载体,教材是职业教育学生学习的范本,必须要规范教材的编写、审核、选用和评估等工作,从源头上把好意识形态关,职业教育教材必须树立社会主义核心价值观。职业教育的人才培养目标是培养高水平技术技能型人才,职业教育教材是实现职业教育人才培养目标的重要助力。我国的职业教育教材历来都是在党的领导下编写,充分体现

---

① 教育部教材局. 坚持加强党的领导 整体构建"五大体系"全面推进大中小学教材建设[EB/OL].(2020−12−24)[2021−01−13]. http://www.moe.gov.cn/fbh/live/2020/52842/sfcl/202012/t20201224_507267.html.

了党和国家的意志。职业教育教材建设为职业教育的发展把舵护航，为职业教育落实立德树人根本任务、提高人才培养质量提供了有力保障。

6. 职业教育教材质量逐步提高，充分体现职业教育特色

"十二五"期间，教育部先后组织开发了一大批覆盖现代农业、先进制造业、现代服务业、战略性新兴产业和地方特色产业，以及艰苦行业、民族传统技艺等相关专业领域的职业教育教材，并集中力量组织编写了一批具有先进职业教育理念的工作过程系统化课程教材、项目课程教材，并组织了精品课程和精品教材评选，使得教材质量总体上得以提高（王启龙、马树超，2018）。

在教材建设和管理的所有环节注重发挥行业企业的主体作用，激励和保障行业主管部门、有关行业组织和各行业职业教育教学指导机构参与教材规划、编写指导、审核、评价等方面工作。立足职业教育教材类型多、品种杂、差异大等实际情况，实施分类管理，针对思想政治、语文和历史教材，其他公共基础课教材以及专业课教材实施差异化政策措施，统分结合，思想政治、语文和历史注重统一管理，专业课程侧重放权规范，依规合理赋予行业、地方和学校部分课程权限，在规范管理的同时，激发活力，搞活职业教育教材，整体提升职业教育教材建设水平。

三、我国职业教育教材发展面临的主要问题

以下从职业教育教材的外部关系和内部关系两个角度，总结分析职业教育教材发展 70 多年面临的问题。

（一）职业教育教材与经济发展相协调问题

职业教育教材的发展与经济发展关系密切。经济发展形势好，为职业教育教材的发展提供坚实的经济保障，稳定的经费投入是教材建设正常、良性发展的基本保障。1998—2019 年全国中专、技校课本出版情况的统计数据较好地反映了经济发展对职业教育教材发展的促进作用（如表 10-1 所示）。

表 10-1　1998—2019 年全国中专、技校课本出版情况

年份	出版总种数（种）	其中新出（种）	定价总金额（万元）
1998	2 806	709	81 812
1999	2 666	792	74 862

续表10-1

年份	出版总种数（种）	其中新出（种）	定价总金额（万元）
2000	2 759	857	58 762
2001	2 134	524	55 919
2002	2 149	668	53 989
2003	2 319	509	69 043
2004	2 742	516	95 619
2005	3 565	875	108 314
2006	3 294	791	87 060
2007	4 126	1 237	95 375
2008	4 095	1 196	102 525
2009	4 173	1 497	113 558
2010	5 037	1 612	131 355
2011	6 151	1 622	152 064
2012	5 805	1 767	146 904
2013	6 573	1 851	162 683
2014	7 768	2 651	170 837
2015	7 644	2 813	174 717
2016	6 580	1 836	159 364
2017	5 683	1 417	126 391
2018	6 104	1 387	150 620
2019	7 010	1 399	186 608

数据来源：《中国统计年鉴》，http://www.stats.gov.cn/tjsj/ndsj/。

从表10-1可以看出，从1998年到2019年，一共出版了28 526种中专、技校新课本，出版的中专、技校课本定价总金额达255.8亿元，这都需要经济在后面做支撑。同时从表10-1还可以看出，中专、技校课本出版的总种数、新出版种数、定价总金额，均呈现缓慢曲折上升的状态。这说明随着经济的发展，中专、技校课本的出版数量与投入金额不断增长，中专、技校课本的建设情况是职业教育教材发展的一个缩影，反映了整体上职业教育教材随着经济发展的状况。

区域经济发展的差异，同样影响区域职业教育教材的发展。由于地域和历史原因，我国区域经济发展不平衡的情况客观存在。经济发展和职业教育的发展相辅相成，经济发展对职业教育人才的需求、职业教育的发展速度与发展水平起着决定性作用。区域经济发展的差异及教育政策等方面的差异，导致不同区域职业教育在课程开设、教材开发以及教材管理方面存在巨大差异。经济相对发达的东部沿海地区，有条件在省、市层面开展基于区域特点的课程和教材开发，并对省市教材的审查、选用等进行规范管理。但对于中西部省市而言，多数学校只能选择使用国家规划教材，并在学校层面进行校本开发或完善，即使个别学校有能力开发并出版教材，但部分地方教育行政部门尚未设立专门机构和人员负责职业教育教材管理（王启龙、马树超，2018）。

由此可见，职业教育教材的发展需匹配经济发展的需求，也要正视不可避免的区域不平衡，根据各区域的实际情况，采取不同的举措，促进各地区的均衡发展。同时要看到职业教育教材发展对经济发展的促进，职业教育教材的质量关系到人才培养的质量，高质量的技能型人才对全国经济发展和区域经济发展都有极大的促进作用。

（二）职业教育教材与社会发展相协调的问题

职业教育的创新发展、协调发展、绿色发展、开放发展、共享发展与社会发展密切相关，职业教育教材建设面临全球化、国际化与本土化相协调等问题。

在我国全面扩大改革开放的大背景下，习近平总书记提出了"一带一路"倡议。"一带一路"倡议的提出为深化我国与沿线国家的职业教育交流合作提供了重要契机，也为人才的国际化培养指明了新方向，同时为我国高水平技能型人才培养开阔了视野，提出了新挑战、新任务。职业教育走出国门，倒逼教材建设改革。由于职业教育培养的人才主要是满足当地经济社会发展的需求，因此职业教育教材要结合不同区域的实际情况、不同行业的发展现状进行编写。"一带一路"沿线国家和地区的产业结构和经济发展水平差异比较大，国内现有职业教育教材难以满足实际需要，因此要结合"一带一路"沿线国家当地的行业企业需求和经济发展情况，重新开发适合这些国家和地区的职业教育教材。

职业教育教材既要走出去，也要引进来。职业教育教材建设国际化是互动和双向的。我国职业教育发展较晚，引进、学习、借鉴世界各国的职业教育举措是比较便利的做法，借鉴国外职业教育发达国家的教材建设经验，也是很有必要的。在借鉴国外职业教育教材建设经验时应当考虑我国的具体情况，立足国情，注重本土化改造，取长补短，为我所用。

（三）职业教育教材与职业教育相协调问题

职业教育教材是职业教育人才培养的主要载体，教材质量的高低决定着人才培养质量的高低，教材的建设要适应职业教育的发展。改革开放以来，我国职业教育先后经历了多方面多轮次的改革，使得人才培养定位、学制等都发生了较大变化，中职、高职全面实行三年学制，逐步确立了以就业为导向的人才培养体系，以及以公共基础课、专业核心（基础）课和专业方向（技能）课为主体的课程与教材体系（王启龙、马树超，2018）。近年来，职业教育一直处于不断调整和完善的过程中，教材建设也需要与职业教育的发展相协调。

从职业教育的层次结构来说，目前我国致力于建立现代职业教育体系，我国职业教育已经形成由中职、高职专科、应用技术本科和专业学位研究生的培养体系组成的纵向职业教育体系，产教融合、双证融通、职普融通的横向职业教育体系。职业教育层次结构的拓展对职业教育教材提出了新的要求，职业教育教材需要进行相应调整，尤其是应用技术本科和专业学位研究生的教材。应用技术本科教材不能简单借鉴普通本科教材，而是要认真钻研本科层次学生的特点和人才培养目标与培养模式，建设适合本科层次职业人才又具有职业教育特色的教材；专业学位研究生的教材不能简单模仿研究生的教材，要根据专业学位研究生的特点，抓住专业学位研究生教育以提升职业能力为导向的人才培养模式特点，建设有自己特色的职业教育教材。

从职业教育的学制形式来说，职业教育从2015年开始探索中职与高职、应用本科相衔接的贯通培养项目。贯通培养项目是一种新型的职业人才培养模式，是深化教育综合改革，探索培养高端技术技能人才的路径，统筹安排高中教育、高等职业教育、本科教育，构建现代职业教育体系的重要举措。贯通培养项目打通了中职和高职毕业生的升学通道，中、高职院校毕业生选择贯通培养项目的比例也逐渐提高。贯通培养项目的形式和学制都比较灵活，主要有"3+2"中、高职教育衔接和"五年一贯制"高职教育，"3+2+2"中本贯通，"5+2"高本贯通等形式。贯通培养项目作为职业教育的一种新型人才培养模式，不仅仅是学制上的变化，不同学制、不同阶段的培养目标都有相应变化，其教材建设应根据贯通培养项目的具体情况开展。如何做好中、高、本衔接，如何实现各个阶段的培养目标，满足多样化的学制培养需要，是职业教育教材建设过程中需要随时根据职业教育的发展进行调整的。

四、我国职业教育教材的建设路径

以习近平同志为核心的党中央站在党和国家发展全局的高度，把职业教育工作、教材建设工作摆在了前所未有的突出位置，其重视程度之高前所未有，推动力度之大前所未有，职业教育教材建设迎来的发展机遇也是前所未有的。新时代职业教育改革发展为职业教育教材建设带来了新机遇，也带来了全新的挑战。职业教育教材改革走向深入，建设高质量职业教育教材，还需要教育行政部门、职业院校等教材建设主体共同努力，着力探索职业教育教材建设的路径。

（一）职业教育教材建设要落实"国家事权"

2016年12月，习近平总书记在全国高校思想政治工作会议上指出，教材建设是育人育才的重要依托。建设什么样的教材体系，核心教材传授什么内容、倡导什么价值，体现国家意志，是国家事权（王湛，2017）。新中国成立以来，职业教育教材的领导体制、建设体制有很大的变化与改革，唯一从来都没有改变的是教材建设体现国家意志，在党的领导下进行。落实"国家事权"要做到以下几个方面：

一是国家统筹职业教育教材建设，充分发挥国家教材委员会的统筹和指导作用。当前职业教育教材建设中多多少少存在一些问题，如质量参差不齐，教材基础研究比较薄弱，不能适应新时代的挑战等。国家教材委员会的成立能进一步规范和提高职业教育教材编写的质量。职业教育教材首先要体现国家意志，明确价值导向，体现民族文化和民族优秀成果；其次要在教材中强化与时俱进意识，拓宽国际视野，及时反映世界科技新进展，吸收人类文明新成果，提升教材质量；最后，在教材中要突出职业道德、工匠精神和质量意识培育，将产业要素有机融入教材，全面推进德育、智育与劳育、美育的有机结合，充分体现职业教育的本质特征。

二是各省级教育行政管理部门成立教材管理专门机构负责全省教材建设。省（市）教育行政部门也要积极推动地方职业教育教材建设。省级职业教育教材侧重于编写与省市区域经济社会和产业发展紧密相关的专业教材，结合当地的区域优势和学校专业优势，突显地方性或行业性特色。各省级教育工委、教育厅成立专门教材管理机构，对本省编写的地方特色教材进行审核，意识形态属性较强的教材则要由省级党委宣传部把关。

三是学校党组织对本校职业教育教材工作负责。学校层面主要开发编写学校特色专业的教材作为补充。学校党组织对本校教材工作负责，成立学校教材选用委员会，教材编写人员必须经学校所在党组织审核同意。

（二）职业教育教材建设要贯彻课程思政

2020年6月教育部发布《高等学校课程思政建设指导纲要》，明确提出"推进习近平新时代中国特色社会主义思想进教材进课堂进头脑"[1]，课程思政是落实立德树人根本任务的有效形式和重要举措，是培养高水平技术技能型人才的有效切入点。职业教育教材建设中课程思政要落到实处，不同类型课程的教材有不同的特点，都需要体现"思政内涵"。

一是公共基础课程教材建设。首先，以思政、语文、数学、英语、物理、体育等为代表的公共基础课程是职业教育落实人才培养目标、保证人才培养质量的重要支撑和保障。公共基础课程的教材要注重学生文化素质、科学素养、综合职业能力和可持续发展能力的培养，将中华优秀传统文化、社会主义先进文化教育和人文素养、科学素养培育融入教材。其次，要抓好马工程重点教材建设。马工程是一项基础工程、筑魂工程、追梦工程、政治工程[2]。马工程重点教材既具有普通教材的一般规律，又有其独特性。马工程重点教材要突出马克思主义在意识形态领域的指导地位，体现党的理论创新最新成果。最后，要抓好中等职业学校思想政治、语文、历史三科教材统编工作。中职三科教材意识形态属性强，应集中体现国家意志和社会主义核心价值观，要按照教育部发布的中职三科课程标准要求进行教材编写。

二是专业教育课程教材建设。职业教育与行业、产业联系非常紧密，专业教育课程教材的编写队伍应包含相关学科专业领域专家、教科研人员、一线教师、行业企业技术人员和能工巧匠。专业教育教材要体现专业发展的新技术、新方法和新方向，要体现各专业的专业特色和优势，挖掘和提炼专业知识体系中所蕴含的思想价值和精神内涵，巧妙地融入课程所涉及的专业、行业、国家、国际、文化、历史等方面的内容，把课程思政内容融入专业课程教材中去。

---

[1] 教育部. 教育部关于印发《高等学校课程思政建设指导纲要》的通知［EB/OL］.（2020－05－28）［2021－04－02］. http://www.moe.gov.cn/srcsite/A08/s7056/202006/t20200603_462437.html.

[2] 教育部. 及时把习近平新时代中国特色社会主义思想落实到教材中 教育部全面修订96种马工程重点教材［EB/OL］.（2018－02－13）［2021－01－13］. http://www.moe.gov.cn/jyb_xwfb/gzdt_gzdt/moe_1485/201802/t20180213_327362.html.

三是实践类课程教材建设。实践类课程是职业教育极具特色又需要深耕的课程，实践类课程教材的建设本身是一个难点，在实践类课程教材中除了传授工作情境知识、工作方法知识、判断与分析知识等实践知识以外，还要融入提高学生职业能力、培养学生勇于探索的创新精神、善于解决问题的实践能力等课程思政元素。

（三）职业教育教材建设要坚持信息技术支撑

随着信息技术的发展，用信息化手段建设职业教育教材、实现职业教育教材信息化，是职业教育教学改革顺应时代发展的必然要求。职业教育教材信息化建设需要从以下几个方面着手：

一是教材一体化设计。随着网络信息技术的发展，互联网技术的触角深入各个领域，职业教育教材也不例外。职业教育教材要充分利用现代网络信息技术，响应社会经济发展和产业转型的需求，及时调整更新教学设置与教学设计，对课程、教材、配套资源进行一体化设计，深度融合纸质教材与教学资源，开发纸质教材与互联网深度融合的新形态教材。开发信息化教学资源和典型案例，建立数字化、立体化、动态化的教材和教学资源体系，以适应信息技术进步与职业教育改革发展的新形势，遵循职业院校学生认知特点，把握技术技能人才成长规律，助力职业教育教学改革。

二是采取多样化形式。建设一大批校企"双元"合作开发的国家规划教材，使用新型活页式、工作手册式教材并配套开发信息化资源是《国家职业教育改革实施方案》所倡导的。活页式教材和工作手册式教材是职业教育教材信息化的具体表现形式。活页式教材最明显的特征就是活页式装订，以活页的形式将任务贯穿起来，配套视频、动画、三维图、测试题等数字化教学资源，形成专业化的教学资源池。活页式教材最大的优势是可以根据岗位需求的变化、学情的变化、培养目标的变化及时进行调整。工作手册式教材以工作任务为中心，有利于实现工作任务与学习任务的对接、工作标准与学习标准的对接、工作过程与学习过程的对接，其显著优势是可以便捷地查询和指导。

三是开发数字化资源。随着现代信息技术越来越多地运用到职业教育教学中来，数字化教材、多样化教材涌现，其中的典型代表就是新型活页式和工作手册式教材，同时数字化课件、数字化教学案例、教学视频、动画、虚拟仿真系统以及数字化试题库相继运用到职业教育教材中，信息技术与数字资源在职业教育教材中的比例逐渐加大。数字平台内容丰富，更新快捷，表现形式丰富，视频、动画、拓展阅读等各种表现形式也更有利于吸引学生。运用信息技术手段，进一步扩大优质数字教育资源覆盖面，实现职业院校教材内容与形式的有机统一，有利于提高职业教育教材的适应性。

（四）职业教育教材建设要坚持类型特色

职业教育教材建设与职业教育的发展水乳交融，只有凸显职业教育类型特色的职业教育教材，才能实现职业教育促进就业、面向市场、服务发展的办学方向，职业教育教材建设只有坚持职业教育类型特色，才能达到职业教育人才培养目的。

一是定位围绕培养目标。为经济社会发展服务，培养经济社会发展需要的高素质技术技能人才是职业教育人才培养的目标。职业教育教材的内容围绕这一目标设计学生必需的知识、能力和素质结构。职业教育随着社会经济发展和企业人才需求变化而转型升级，搭建全新的课程体系，培养学生的实践能力、就业能力和创业能力等，职业教育教材定位也随着职业教育的发展不断变更。职业教育教材要建立适应职业教育变化的动态调整机制，职业教育教材要及时跟进职业教育的重点工作，如新时代的"双高计划"、现代学徒制改革试点和"1+X证书"制度试点工作，及时开发适应这些变化的职业教育教材。

二是内容突出类型特色。首先，产教融合、校企合作是职业教育的重要特征，职业教育教材的内容要突出职业教育这一典型特点，在内容设计中要强化产教融合、校企合作，及时融入新技术、新工艺、新方法，使学生能有良好的终身学习能力，走上工作岗位后能及时跟进前沿科学技术。其次，职业教育对学生的应用能力和实际动手能力要求较高，职业教育教材内容建设应突出培养学生实践技能，培养学生从事实际工作的综合职业能力。最后，职业教育学生走向工作岗位后要有持续发展能力，职业教育教材内容必须要体现创新规律、创新思维和创新方法，培养学生的持续学习能力、创新意识和实践能力，同时，要适应职业教育教学方式的创新，创新教材形式和内容。

三是注重多元主体合作。职业教育的产教融合、校企合作需要多方主体参与，政府、企业、高校三方的立场与发挥的作用各有不同，职业教育教材的建设也需要多元主体的参与与合作，有职业教育经验和企业经验的教材编写团队编写的教材能更好地体现职业教育特色，因此应充分发挥政府、企业、高校各方的作用，建设有类型特色的职业教育教材。此外，应加深高校教师与企业技师的交流，教师拥有深厚的理论知识，但在企业的岗位需求认知、实际操作技能熟练程度上可能有所欠缺，而企业技师则熟悉企业流程、岗位需求，对新技术、新工艺、新规范比较熟悉，但没有职业教育经验，因此应充分发挥高校教师和企业技师的优点，规避他们的缺点，编写体现职业教育类型特色的教材。

当前，职业教育正处于提质培优、增值赋能、以质图强的阶段，高质量的职业教育教材是培养高水平技能技术型人才的有力保障。职业教育教材要在国家宏观政策的指导下，深化职业教育的类型特色，深化职业教育人才培养模式改革，促进职业教育"三教"改革顺利进行，提高职业教育人才培养质量，实现职业教育高质量发展。

第十一章　职业教育教学方法改革

一、我国职业教育教学方法历史沿承

我国职业教育教学方法的改革过程是不断学习普通高等教育、行业一线和国外职业教育（尤其是以德国为代表的欧美国家）的过程，学习的过程也是借鉴、吸收、反思和辨别的过程。从总体上看，我国职业教育教学方法在不同的教育阶段呈现出不同的特征与状态，对其进行历史性反思具有重要的学术价值和实践意义。

（一）以人才的适用性为核心的职业教育教学（1949—1980 年）

新中国成立后便开始了对职业教育的探索。新中国成立初期，职业教育按照"教育与生产劳动相结合"的原则，对职业人才培养途径和教学方法进行了初步探索。当时的教育观念是，学生必须真正参加生产劳动进行劳动实践。因此每个专业都有自己的实习车间，每个车间都在生产自己的产品。由于职业教育与实习工厂之间有着密切的联系，实习培训的教师多为工厂中具有丰富实践经验的老师傅，所以当时职业教育培养出来的学生都具有很强的动手能力。但这种培养学生的方式并不完美，这种方式下的学生和封建社会中的学徒没有什么区别，在独立思考、自主创新方面很难获得显著的提高。在当时，学校教育同样实行计划体制，由上级负责决定开设什么专业、教授什么内容，比较教条化。例如，在生产劳动方面，就有文件规定学生必须在固定的岗位上工作八周，不得轮换（高靓，2019），而这是不利于学生知识结构和能力结构的形成与发展的。

在改革开放之初，国家把工作中心转向社会主义现代化建设，因此在教育领域，国家开始调整中等教育结构，大力发展职业教育。此时，国家强调教育要与国民经济的发展相适应，为经济结构的变化提前培养人才，准备好后备力量。在经济体制改革全面推进的形势下，国家明确提出要大力发展职业技术教育，要紧密结合经济社会发展的需要，逐步建立从小学到高中各个学段，与产业结构调整相适应的职业技术教育体系。在改革开放的初期，为了解决教学资源短缺和办学资金不足的问题，国家采取了"大家办"的政策，国家和地方、企业举办了各种形式的职业教育，这是职业教育发展的一大成功经验。1980年10月，国务院批转了教育部、国家劳动总局《关于中等教育结构改革的报告》。该报告指出，改革中等教育结构和大力发展职业技术教育将成为教育改革的重要内容之一。自改革开放到20世纪80年代初短短的几年时间是我国职业教育建设的恢复阶段。这一时期，我国的职业教育逐步走上正轨，对于该时期的职业教育学生来说，掌握一技之长，能够胜任工作岗位是更加重要的。随着教育改革的不断深入，教育教学改革建设更加关注职业教育学生能力的提升，将与岗位要求相配套的工作技能培养放在了教育教学的重要位置。

（二）高职教育教学的迅猛发展（1981—1996年）

在这一历史阶段，除了原有的中专和技校外，职业高中作为新兴力量进入职业教育体系之中。当时，山东、北京、上海等地率先进行试点，将普通高中改为职业高中或在普通高中内创办职业高中班。职业高中的毕业生毕业不会分配工作，也没有优势行业和企业的保护，他们必须学会在市场的海洋中自由游泳。但很快，这种办学模式就成为我国职业教育教学的样板。在这一阶段，中等职业教育的教育教学方法主要是让学生到企业进行实习训练。

20世纪90年代，随着政企分离的不断推行，企业减负增效，企业的教育职能进一步剥离，职业教育吸引力显著下降，中低端企业无法为技术工人提供优惠待遇。但与此同时，高等教育的发展呈现出迅猛态势，这从另一个侧面冲击着传统的职业教育。但职业教育并没有陷入低迷，而是面向时代积极地做出改变，以改革的方式来解决面临的各种现实问题。一方面，国家对职业教育愈加重视，如1996年国家正式颁布了《职业教育法》，这标志着我国首次以法律的形式明确了职业教育的地位、体系构成以及政府和有关方面在发展职业教育中的责任。另一方面，高等职业教育的发展已被提上我国教育发展的议事日程，其质量提升和内涵建设开始受到广泛关注。

这一历史时期是我国高等职业教育的探索和再发展阶段。为了高等职业教育的发展，人们越来越关注高等教育内部结构比例协调的问题。特别是人们分析了职业教育管理体制、办学体制和办学形式与普通高等教育之间的区别，对高等职业教育的宏观定位进行了重点研究，主要探讨了高等职业教育的概念、定位，高等职业教育存在的历史背景和重大意义，以及大力发展高等职业教所要达到的目标等。但从总体上来看，高职教育办学经验不足，高职教育特色并不明显。多数高校并没有很好地区分高职教育与普通高等教育，将高职教育简单地视作压缩课时后的本科教育；同样的，其教学方法的改革也基本上处于对普通高等教育照搬照抄的阶段。在教学中，高职教育仍然是以理论教学为主，"满堂灌""填鸭式"的教学方法仍然在高职教育中占据主流。而对于高职教育来说更为重要的实践教学却并没有落到实处（张秋玲，2011）。这一时期虽然也有实践教学，但是却是以浅层次的演示实验为主。这样的实践教学以教师为主体，由教师操作实验设备、实验仪器等完成实验操作，学生通过观看教师操作和进行验证式的实验来完成实践教学，其本质是为获取理论知识服务，从属于理论教学环节，而以学生为主体的创造性实验、实践性训练却少之又少，学生能真正进行自主操作的探索性实验几乎没有。通过这种实践教学的方式，学生的动手实操能力和创新实践能力基本上得不到显著提升，实践教学基本停留在概念层面，优秀教学方法的实施也受到各种客观因素的限制，很容易流于形式和表面。

（三）借鉴国外的教学方法（1997—2005年）

世纪之交，在相关政策的大力扶植下，我国高等职业教育招生规模呈现出明显的上升趋势，高等职业教育已成为高校扩招进程中不可忽视的重要部分。进入21世纪，国家高度重视对加快职业教育改革和发展的专项指导。我国逐步发展形成世界上最大的职业教育体系，我国的职业教育实现了由"小"到"大"、由弱到强的转变。这一历史时期的职业教育发展是在社会主义市场经济体制下的一次重要的探索。职业教育已经成为拓宽青年人才成长渠道和解决我国实际经济发展问题的重要力量，满足了人民群众接受高等教育的迫切需要和社会主义市场经济体制改革的实际需要，为我国的现代化发展与转型做出了巨大的人力资源贡献。特别是在我国加入世界贸易组织和经济全球化快速发展的宏观背景下，职业教育的发展具有非比寻常的现实意义。

这一历史时期是高职教育快速发展的时期，在教育教学改革方面关注得更多的还是相对宏观的内容，但教育教学方法的重要性也逐步被认识，教育部通过颁布一系列政策文件，强调启发式、讨论式教学在职业教育教学实践中的应用。特别是行动导向的教学方法已经初具雏形。

21世纪初，得益于教育部相关政策和项目的开展，部分职业教育骨干教师作为职业教育高级访问学者赴德培训，接受了德国高等职业教育教学理念和行动导向教学法的学习和培训。2004年，教育部制定了《职业院校技能型紧缺人才培养培训指导方案》，体现了对国外高等职业教育教学理念和教学方法的学习、吸收以及借鉴，对职业教育教学方法的导向在这个方案中得到了明确规定。该方案指出，要将"通过综合的和具体的职业技术实践活动，帮助学生学习实际工作中迫切需要的知识技能并积累初步的实际工作经验"作为教学改革的指导思想，明确提出了推进"行动导向"教学模式的要求，强调多种教学方法的综合运用，特别强调了项目教学法的推广和应用。自此，"行动导向教学法"成为我国教育界特别倡导的教学方法，引起了学界的高度重视，这为高职教育教学实践中行动导向教学法的探索与实践，以及理论界对行动导向教学法的关注与研究提供了政策支持和政治指导（张秋玲，2011）。但也应认识到，在这一历史阶段，我国对国外先进的职业教育教学方法的引进和学习还仅停留在翻译和介绍阶段，对教学理念的提出和引进关注较多，忽视了教学方法的全面运用与个性推广，只是从操作程序上对教学方法的运用进行了初步介绍，而对方法运用的背景、环境、条件和对象等缺乏统筹考虑。因此必须深入分析外来的教学方法对激发学生学习兴趣和积极性的作用，以及这些方法在我国本土教学环境下使用的可能性和局限性。

（四）行动导向教学方法的学习与实践阶段（2006—2012年）

2006年，国家对高等教育的发展规模做出了重大调整，一改大规模扩招的趋势，放慢了规模扩张的步伐，把重点放在了提高教育教学质量上。从连续七年的规模扩张转向关注教育质量的提升，这是我国高等教育发展战略的一次重大调整，我国高等教育自此实现了"软着陆"。在此背景下，教育部于2006年11月颁发了《关于全面提高高等职业教育教学质量的若干意见》，文件的出台表明我国高等职业教育的重心已从注重规模扩张转向了注重内涵建设，高职教育教学改革的重心逐渐下移。特别是2006年国家出台的《国家示范性高等职业院校建设计划》，将推进教学建设和教学改革纳入了高等职业教育建设的主要内容，这为高职教育教学方法的改革和发展提供了有力的政策支持和政策保障，具有重要的时代意义和价值。

在教育行政管理部门的推动下，学习和模仿德国的行动导向教学法成为这一时期教学方法改革的主流。自2007年起，中国教育部和德国国际继续教育和发展协会开始采取各种各样的措施培训中国职业教育教师，其中的一项重要内容就是引进"行动导向教学法"。新世纪教学研究所是教育部成立的专门教学研究机构，从2009年开始与德国巴登符腾堡州教师继续教育学院合作，每年举办两期国内外职业教育教学方法培训班，行动导向教学法是培训的主要内容之一。同时，一些省级教育行政部门（如江苏、天津、北京等地的教育行政部门）和高校（特别是国家示范院校）将赴德培训作为教师培训计划的重要内容（张秋玲，2011）。2012年，第三届国际职业技术教育与培训大会在上海召开，教育部部长袁贵仁就"中国职业教育发展的道路"发表主旨演讲，全面阐述了未来中国特色职业教育改革将如何进行，指出了中国特色职业教育教学改革的方向。

（五）形成中国特色的职教人才培养之路（2012年至今）

2012年，中国共产党第十八次全国代表大会胜利召开。党的十八大报告提出了"加快发展现代职业教育，积极发展继续教育，完善终身教育体系，建设学习型社会"的要求，这标志着中国职业教育的发展和职业教育人才培养进入了新的时代。2014年，教育部、国家发改委、财政部、人力资源社会保障部、农业部、国务院扶贫办组织编制了《现代职业教育体系建设规划（2014—2020年）》，提出了通过真实应用驱动教学改革，中国特色的职业教育教学改革和建设的目标、任务、主要措施得到进一步明确。

2014年，国务院《关于加快发展现代职业教育的决定》提出"形成适应发展需求、产教深度融合、中职高职衔接、职业教育与普通教育相互沟通，体现终身教育理念，具有中国特色、世界水平的现代职业教育体系"的要求。与此同时，同年我国正式建立了高职生拨款制度，明确了高职生与本科生享受同等经济待遇。同年还提出了"现代学徒制"，旨在深化产教融合、校企合作，这是在进一步深化创新技术技能人才培养模式改革。教育部先后公布了562个现代学徒制试点单位，开展项目教学、案例教学、情景教学、工作过程导向教学的有益探索。

2019年初，国务院正式出台了《国家职业教育改革实施方案》，这一方案又被称为"职业教育二十条"，文件指出："职业教育与普通教育是两种不同教育类型，但具有同等重要地位。"这标志着中国特色职业教育的发展进入了新的历史时期，职业教育必须"按照专业设置与产业需求对接、课程内容与职业标准对接、教学过程与生产过程对接的要求，完善中等、高等职业学校设置标准"，其教育教学方法要进行有针对性的、个性化的调整。

立足新时代中国特色社会主义，习近平总书记对职业教育的发展提出了新的要求。他强调，职业教育要"努力让每个人都有人生出彩的机会"，要"为实现'两个一百年'奋斗目标和中华民族伟大复兴的中国梦提供坚实人才保障"。这就要求职业教育必须在教育实践中培养善于动脑、动手能力强的职业型、技能型人才,特别要注重培养职业教育学生的职业适应能力、综合职业能力和可持续发展能力,完成从重视单一职业技术能力的培养到帮助学生实现全面发展的过渡,努力提高职教学生的职业核心素养。

二、我国职业教育教学方法改革的重要措施

(一)更新课堂教学观念

更新课堂教学观念的重要性不言而喻,这是教育教学改革的重要前提。职业教育的课堂教学改革不应该仅仅是各种教学理论的改革,或者将原有的教科书式的教育教学理论应用到实际的教学实操之中,而应该是让职业教育的教育工作者拥有现代职业教育的基本理念和教育意识,特别是结合中国特色社会主义进入新时代的历史阶段,努力培养适应时代发展需求的素质教育理念、开放教育理念、能力教育理念与在课堂教学中开展创新教育的理念。只有从教学观念上进行了改变,广大职业教育工作者才可能突破原有教学模式的桎梏,将学生的主体性充分发挥出来,在课堂上给学生留下更多的独立思考的空间和自主探索的时间,让学生在教学中养成积极进取的习惯,真正在职业教育中学习到受益终身的知识。只有这样,课堂教学才能真正面向学生开放,课堂才不是一个封闭的由教师和学生构成的场域,才能使第一课堂和第二课堂成为一个有机的育人整体,发挥育人合力,职业教育的课堂利用率才能得到显著提高。

(二)创新职业教育的科学评价机制

此前的职业教育的教学评价主要依据既定的"教学标准"。以"标准"来评价课堂,这本身是无可非议的。但如果故步自封,就会陷入"本本主义",就会与创新发展的现代教育理念背道而驰,所以仅仅以此来进行教学评价必然是不可行的。我国在教育教学方法的改革中,从转变评价机制入手,鼓励教师在课堂教学的教学方法、教学手段、教育技术等方面进行大胆创新,在课堂外积极探索可利用的教育素材,将符合学生成长发展需求的科学教育教学方法和富有特色、富有效率的课堂形式进行大面积推广,积极开展职业教育的"供给侧"改革,逐步形成职业教育评价的"新标准"和"新模式"。

当前职业教育的主要任务是培养学生终身学习的能力和专业岗位所需的必备技能,课堂教学评价应注重以学生学习能力和业务能力的双提升为基本导向,以学生是否具备深入分析常见专业问题的能力、是否具备通过材料寻找答

案的能力以及是否具备最终解决问题的能力来评价学生是否完全符合社会现实和时代发展的需求。这些都应该作为衡量职业教育教学成果的标尺。

（三）重视改革创新，形成德技并修的教育教学模式

自新中国成立以来，职业教育经历了从无到有、从乱到治的发展历程，在不断改革创新的过程中，逐步形成了具有中国特色的"德技兼修"的职业教育教学模式，这一模式发展成为与普通的中等教育、高度教育同等重要的一种新的教育教学模式。在我国颁布的"职教二十条"中，国家探索性地设计提出了"1+X证书"制度。这一新兴的育人制度将有利于立足于中国特色社会主义新时代的历史方位，将立德树人的育人根本目标和职业教育技能培养有机结合起来，最大限度地提升学生的职业核心素养，有效体现了中国特色社会主义职业教育发展模式的基本内涵。

（四）先试点再推广，渐进式推进改革发展

在改革开放以来的职业教育教学发展过程中，国家高度重视职业院校与地方特色相结合，鼓励各地区的职业教育以自身的实际特色为基础，进行个性化的教学模式的创新探索，鼓励高职院校因地制宜，充分有效地利用当地的地理环境、政策环境、产业环境、资源环境等有利要素，探索本土化、本地化的高职教育发展模式，从而以点带面，以试点的方式为国家职业教育发展提供有益经验和有益理论，通过先行试点，再全面推广的探索模式，实现教育模式和教育理念的多元化发展（郭文富、马树超，2019）。

三、我国职业教育教学方法改革的成就与经验

（一）从职业能力需求出发开展职业教育教学方法改革

专业建设和课程建设是职业院校教育教学改革的核心任务之一。经过数十年的不懈探索与大胆创新，职业院校的课程围绕能力目标建设已成为教育界的共识。"职教二十条"明确提出，"职业教育以服务发展为宗旨，以促进就业为导向；在人才培养方面更注重产教融合、校企合作，突出对实践技能的培养"，要"及时将新技术、新工艺、新规范纳入教学标准和教学内容，强化学生实习实训"。多年来，我们学习的国际经验也告诉我们，无论是教育教学方法还是课程内容、课程的实施条件，职业教育与普通中等教育、高等教育之间还是存

在着一定的差异。因此必须对职业教育教学的独特规律进行探索，而不能照搬照抄普通中高等教育。在建设职业教育课程的过程当中，首先我们必须要确定课程希望学生达到的能力目标要求，因为职业教育的核心问题就是课程的设计与再设计问题。在课程实施方面，职业教育的课程与普通中等教育、高等教育也有着很大的不同，职业教育的课程在实施时要以能力目标为主，特别是要以实践教学为主，这需要在实际环境中开展教育活动与学习活动（肖丽萍等，2019）。

近年来，我国的不少职业院校已经提出了提升学生职业核心素养和职业能力的教学目标，并在这一目标的明确导向下不断改进教育教学方法与教学手段，最终的目的是帮助学生在学校内就实现自我能力的最大化提升，以为步入社会做好准备，帮助学生在未来更好地适应行业、岗位的实际要求。

（二）教学主体变化有利于教育教学方法改革的推进

在职业教育的教育教学方法改革过程中，职业教育教师要以饱满的热情，不断创新和探索适合职业教育的教学方法，要注意激发职业教育学生的学习兴趣和学习热情，努力构筑起教育教学的情感基础。

在现代的职业教育理念中，职业教育教师的作用不再是简单地传授理论，而是教育引导学生，帮助学生发现问题、研究问题、组织知识、管理知识和提升技能，其最终指向的是学生的核心素养和综合能力。在教育教学中，教师既要注重学生学习的结果，又要注意学生学习的方法和整个学习过程；既要研究教学方法，又要注重对教学规律的探索与遵循。只有重视学生的学习方法，引导学生掌握科学的学习方法，养成良好的学习习惯，才能给学生带来巨大的收获，帮助学生实现个人的可持续发展。教师要坚持为学生提供独立自主的思考空间，坚持因材施教的基本原则，帮助学生树立起终身学习的意识，逐步培养起终身学习的能力。对高等职业教育而言，教学组织形式由"教师授课"向"实验实训室、实习车间、工厂实习实践"转变，在注重基本理论的同时注重实践锻炼，教学手段由"单一口头讲授"向"多媒体课件、网络化、现代教育技术"转变（朱娟娟，2012）。

除传授知识、培养技能外，高等职业教育教学的目的是要使学生的知识、能力和素质实现全方面发展和全方位提升。在学生主体参与的过程中，教师要放弃固有观念中的教师主体地位，而要以引导为主，要在与学生的平等相处中，以身作则，用自身的知识素养和人格魅力对学生进行更为有效的教育和引导，努力建构起有利于学生参与、有利于学生发展的良好的教学氛围。

（三）合理运用现代化教学手段

对于职业教育学生来说，其学习兴趣直接决定了学习投入和学习效果。而学生学习兴趣是否能提高，在一定程度上取决于教育者能否合理地应用现代化教学手段和教学方法。比如，多媒体授课并不一定适用于所有的课程，教师需要在深入思考后，把先进的教育教学新技术有机地融入传统的教育方法之中，而不是简单粗暴地用现代化教学手段替代传统教育手段。一些新的教育技术和教学手段能够很好地帮助学生接受实践教育，如人工智能、VR技术在教学过程中的应用，就能够很好地帮助职业教育学生尤其是理工科学生体会生产一线的实际情况，在虚拟现实的环境中更好地将课本上所学的理论应用于实践之中。

通过运用现代化的教育教学手段和先进的教育教学新技术，充分调动学生的主观能动性，提升学生的学习兴趣，变被动学为主动学，让学生真正成为课堂教学的主体，实现以学生为中心的现代教育，帮助学生更好地成长。

（四）突出实践教学的重要性，提高学生的实践能力

突出实践教学，是指教育教学方法的探索、改革和研究紧紧围绕学生实践能力的提高展开，一切有利于提高学生实践能力的教学方法都要不断进行改进和发展。当然，提高学生的实践能力并不排斥理论学习。只有突出实践教学，才能发现职业教育教学中存在的问题，不断启发思维，不断激发创新，培养出适应国家发展需求、市场发展需要的高素质技能型人才。

职业教育有必要提升实践教学的育人环境，使学生能够在真实的实践中增长专业知识，锻炼职业能力，提高综合素质。在这一方面，首先，学校要建立起科学系统的实践教学方法体系，紧紧围绕提高学生实践能力这条教育主线改革教学方法，探索分段性管理，保证各个阶段逐步达标，确保教学方法的全面整体提高。其次，要建立起规范化、常态化的实习实践场所。规范化、常态化的实习实践场所是实践教学的基础和保证，只有建立起规范化、常态化的实习实践场所，实践教学才能得到必要的物质保障，才能更好地开展。

（五）在教育实施上向"多元参与"转变

我国职业教育由于历史发展等原因，办学体制的单一化问题较为突出，这必然会造成教育教学参与主体单一，缺乏实施的动力。2002年，《国务院关于大力推进职业教育改革与发展的决定》提出，在办学体制上，要"形成政府主

导、依靠企业、充分发挥行业作用、社会力量积极参与的多元办学格局"，并相应地提出，在教育教学改革上要"加强职业学校与企业、行业等用人单位的联系，建立职业学校与劳动力市场密切联系的机制"。2014年，《国务院关于加快发展现代职业教育的决定》进一步明确"企业是重要办学主体"，提出要"引导社会力量参与教学过程，共同开发课程和教材等教育资源"。2015年，教育部印发《关于深化职业教育教学改革全面提高人才培养质量的若干意见》，对多元化参与教学改革做出了具体部署：一是推动校企共建校内外生产性实训基地、技术服务和产品开发中心、技能大师工作室、创业教育实践平台等，切实增强职业院校技术技能积累能力和学生就业创业能力；二是发挥集团化办学优势，以产业或专业（群）为纽带，推动专业人才培养与岗位需求衔接，人才培养链和产业链相融合；三是积极推动校企联合招生、联合培养、一体化育人的现代学徒制试点；四是教育部联合行业部门、行业协会定期发布行业人才需求预测，制定行业人才评价标准；五是职业院校要积极吸收行业专家进入学术委员会和专业建设指导机构，在专业设置评议、人才培养方案制订、专业建设、教师队伍建设、质量评价等方面主动接受行业指导；六是加强与职业技能鉴定机构、行业企业的合作，积极推行"双证书"制度，把职业岗位所需要的知识、技能和职业素养融入相关专业教学中，将相关课程考试考核与职业技能鉴定合并进行（刘娇等，2018）。

四、当前我国职业教育教学方法改革存在的问题及对策建议

（一）我国职业教育教学方法改革存在的问题

1. 职业教育教学方法理论研究体系不够完善

在近年来我国的教育教学方法改革过程中，职业教育方法改革的理论体系并不完善，还存在着许多问题。目前，在和行业、企业的实践对接中，职业教育与企业实际需求脱钩的情况依然存在。而职业教育内部也存在着各种各样的问题，如中高职依据文化理论课程成绩来划分学生的层次，而不是依据职业技能水平高低来划分学生层次；职业院校没有制定出适合企业、行业需求的培养标准和评价体系，在教学实操中对学生的专业技能和职业素养缺乏针对性的培养，这造成部分学生处于"毕业即失业"的尴尬境地。这部分职业教育学生不知道自己的职业定位和未来发展是怎样的，人生观和价值观也就无从谈起，立德树人的任务难以完成和落实。

与此同时，我们也应看到，我国职业教育典型教学方法的理论研究也存在着明显的不足，现有的研究大多就某一一单一方法展开具体性的微观研究，对职业教育教学方法缺乏系统的分类研究、比较研究和分析性研究，在强调职业教育教学方法多样性的同时，忽视了职业教育教学方法的系统性和互补性，这不利于建构完善的教育教学方法体系。

2. 职业教育教学方法结构体系不够健全

我国现代化的职业教育已经有了数十年的探索历程。在职业教育发展的过程中，职业教育教学方法改革从不同的方向进行了长时间的多样化的探索，但到目前为止，我们应该看到，我国职业教育教学方法的结构体系还不完善，主要表现在以下几个方面：

其一，教学方法的更新与创新不够及时。虽然我国已经下了很大的力气来考察学习国外的先进教育经验，并大力引进了国外先进的教学方法，但是，这些教学方法还没有很好地融入我国的职业教育教学方法体系之中，职业教育教学方法的内容和形式还比较陈旧。其二，职业教育教学方法的分类标准不够科学和系统。我国现有的职业教育教学方法的分类标准忽视了教学方法和教学目标之间固有的内在联系，过于看重教学外在的呈现方式，却并没有充分考虑到职业教育对象的差异性、特殊性和个体的发展需求。而事实却证明，教学方法的分类标准是否科学，会直接影响其整体结构能否发挥出应有的育人作用和教育功能。其三，在教学过程中没有建构起完整的实践育人体系。各个职业院校都在或多或少地试图改革已有的教学体制，但在很多问题上却没有成熟的改革方案和发展规划。比如在教学方面，很多职业院校认为，教育教学改革就是要减少文化课的课时，增加实践教学的授课课时，但在如何广泛应用产学研相结合的育人模式，如何打造满足社会、产业和企业需求的校企合作人才培养模式方面，很多职业院校都依然被动地等待着主管教育部门提供相对完善的教学改革模式，而缺乏自身主动的积极探索，对院校的发展方向、学科定位、育人理念等也不是很明确。

3. 课程体系与教材体系的不足制约了现代职业教育教学方法的实施

职业院校的教学方法会受到课程内容的制约，因此教学方法必须服务于既定的课程设置与相应的教学目标，而教育教学的价值取向则决定了课程的设置和教学目标的确定。从这个逻辑出发，职业教育的内在价值必然决定了教学方法的选择与使用。当前，我国职业教育课程和教材的开发还未能完全摆脱学科体系的限制，中等和高等职业教育仍然大量借用本科和专科普通教育的教材，这些教材的学术性、学科性较强，更适用于理论性教学、研究型教学，解决不了职业教育的教材与实训、职业教育学制有限与教材内容繁多之间的固有内在矛盾。目前，职业教育面临的最为突出的问题是课程组合模块的构建难度大，中等和高等职业院校的教材仍然是通过压缩本科院校的教材以供学生使用，中职和高职院校没有一套切实可行的课程设计和课程组合，这便导致学生在学习的过程中难以抓住学习重点，难以形成明确的发展目标。

4. 职业教育和普通教育分割不够清晰

协同教学、现场教学、开放教学这些教育教学的组织形式是比较适合现代职业教育教学方法的，但是由于一些历史原因，我国当前的职业教育教学的组织形式很大程度上依然套用了传统普通教育的教学模式，如采取班级教学的形式，以课堂教学为主要手段，这必然会导致职业教育在教学方法改革中出现一些问题。而从事实上来看，重学术研究、轻实践应用，重通识教育、轻职业教育的思想在我国教育领域和社会中仍然占据着主导地位，职业教育的社会地位还没能够达到普通教育的高度。职业教育应该具有独立的管理标准、法律法规和制度体系，但是这些内容在很大程度上都尚未得到统一和修订，质量评估标准和国际规范尚未完全纳入职业教育评估体系之中，职业教育教学在很大程度上被迫照搬普通教育的模式，或者采用普通教育的标准，这些都对职业教育教学改革造成了冲击，不利于职业教育实现长期的可持续发展。

5. 教学方法改革在职业教育教学改革中重视程度不够

近年来，我国在职业教育教学改革中取得了一系列突破性的进展，特别是在高等职业教育的专业设计、课程设置以及教材建设等方面都取得了较为突出的改革成绩。然而，相对于职业教育的专业设计、课程设置和教材建设所取得的突出成绩而言，职业教育教学方法改革显得进展缓慢，其集中表现就是难以形成具有全国性特征的统一行动。各个职业院校出于自身生存与自身发展的短期利益考虑，把大量的精力和财力投入职业教育的专业设计和课程建设，而忽视了对教学方法改革所必需的各类投入，这就造成了职业教育的教学方法改革长期以来很难取得突破性、实质性的进展，在我国整个职业教育体系之内难以形成规模性、整体性效应，当前所谓的一些教育教学方法改革，往往只是职业教育教师的小规模的探索性尝试，难以有效地实现大面积推广。

6. 现行升学制度有碍职业教育教学方法改革

我国的高等职业教育招生和普通高等教育招生一样，采取的是"高考制"，所以我国的高职招生同样是以文化课程、理论课程为主，而技能水平的考核只是附加的项目。而近年来，我国中等职业教育的就业困难造成了其升学率更加为人所关注，这在很大程度上制约了我国职业教育教学的改革。此外，受传统的"应试教育"思想的影响，为了提高升学率，考试怎么考，教师就怎么讲，考试考什么，教师就讲什么。虽然学生的学习成绩能够得到保证，但是其综合素质却没有得到全面提高，这是不利于职业教育学生的正常发展的。同时，由于中等职业院校的学生年龄偏小，其世界观、人生观和价值观还尚未完全形成，对其进行综合性的素质教育还是很有必要的。

在此宏观背景下，中等职业教育一旦对传统的教学方法和教学模式进行改革，如从以文化课程、理论课程教育为主转变成以职业素养培育和职业能力提升为核心，就很有可能会导致中职学生的文化课成绩下降，最终导致职业院校学生升学率降低，这对于学校的生存和学生的前途而言势必会造成极大的影响。基于此，职业学校很难彻底改革传统职业教育的教学方法，只能局部开展试验，逐渐渗透现代化职业教育教学理念。

7. 现有职业教育教师队伍水平有碍教学方法改革

我国现有的职业教育师资队伍建设有碍教育教学方法的改革，这集中表现在以下两个方面。其一，按照职业教育的要求，教师应该具有"双师"资格，但部分专业课教师达不到应有的水平，难以对学生开展有效的指导。在日常教学工作过程中，很多职业院校在课程内容设置上并没有以当前社会的实际需求为导向，而是沿用以前的内容，依然存在理论课过多、实操课较少等问题。这造成了教师结构单一、理论课教师实践能力不足、实践课教师理论水平较低等问题，现代职业教育教学方法难以在职业院校中全面实施。其二，另一个制约教育教学方法的改革的因素是教学中教师和学生的主体地位问题。我国职业教育在很大程度上依旧套用普通教育的模式，主要采用传统的课堂教学方法。而现代职业教育教学方法的核心理念是突出学生的主体地位，强调教师的引导地位，这要求在教育教学过程中，教师更多地起引导协调的作用。教学主体不明确势必导致职业教育在教学方法改革方面很难取得突破性、实质性的进展。

(二) 我国职业教育教学方法改革的对策和建议

1. 加强理论研究，进一步完善职业教育教学方法理论研究体系

形成一支结构稳定、水平高超的教育教学方法研究队伍，由其牵头对职业教育教学方法进行综合性研究和专题性探讨，是非常有必要的。通过从理论教

学到实践教学，从宏观改革到微观改革开展深入的理论研究，进一步对职业教育教学方法研究的理论体系进行整合与完善。根据社会、行业、企业对职业教育教学改革的现实要求，继续扩大研究的深度和广度，并及时对研究内容进行更新与创新，使教育教学方法改革的新成果能够在职业教育教学过程中得以充分体现和进一步的完善。研究需要充分利用我国传统的优秀的教学方法与理论，注意与从国外引进的先进的职业教育教学方法理论有机结合，从而进一步完善符合我国职业教育教学改革实际需要的教学方法理论体系。

加强理论与实践的交互，形成理论指导实践、实践反馈理论的良好循环，不断吸收国外的先进教育经验，结合中国特色社会主义的发展需求，创建现代化的职业教育教学方法理论，将其第一时间应用于教学实践之中。将教学实践遇到的问题和不足及时反馈给理论研究队伍，再将完善后的职业教育教学方法理论继续运用于一线教学之中，在实践中不断发现问题并加以改革创新，从而不断深入推进职业教育教学方法的改革与发展。

2. 三管齐下，完善职业教育教学方法结构体系

健全职业教育教学方法结构体系必须突出考虑以下几个方面的问题：

其一，及时更新教育教学方法。加强职业教育教学方法理论研究，把最新的理论研究成果应用到职业教育教学实践之中，并把国外先进的教学方法有机地融入传统的职业教育教学方法体系中，不断更新职业教育教学的内容和形式。

其二，科学分类职业教育教学方法。针对职业院校学生的特点，加强学生的实践能力培养与锻炼。理论知识的教学以必要性和充分性为原则，注重技术技能理论的传授，同时，实践教学方法应该占有更加突出和重要的位置。职业教育教学方法应注重多样性和互补性，针对不同专业的特点和学生的实际情况，改良目前的教育教学方法，真正做到因材施教、因人施策、分类培养。

其三，构建完善的实践育人体系。深入开展产学研结合、校企合作的人才培养模式，以适应社会、行业、企业对职业性技能型人才的巨大需求，搭建实践教育平台，充分凸显学生在课堂教学中的主体性地位和主体性作用，不断增强学生的参与意识和互动意识，鼓励学生参与项目实施的全过程，不断提高学生的实践能力和创新意识，促进学生的全面发展。

3. 课程、教材、教学方法改革齐头并进

教学方法会受到课程目标和教材内容的约束，课程目标和教材内容如不得到改变，教学方法改革是很难取得实际成效的。在课程建设方面，职业院校在

课程设置上必须以实践课程为核心，辅之以必要的理论课程，以提高学生的实际操作能力。职业院校还应加大实践平台的建设和投入，保证学生的实习实践机会。课程设置应确保学生升学、就业双通道畅通，给学生提供自由选择升学或者就业的机会。职业教育课程改革的根本目标在于面向市场、行业和企业培养适应三者需要的高水平技能型人才。在教材建设方面，国家层面应加速改进教材的开发、选择、更新和评价机制，组建负责编写、审核和出版职业教育教材的工作队伍。各省市层面需要加强对本区域职业教育教材编写的指导和管理，制定针对本区域的教材建设和选择制度，并鼓励编写具有地方特色的校本教材，巩固职业教育教学改革的成果。只有课程、教材、教学方法三者改革齐头并进，职业教育教学方法的改革才有可能取得突破性进展。

4. 改变传统的办学形式，创造适合新教学方法运用的教学环境

我国职业教育教学方法的改革必须从办学形式的改变上下功夫，不能再套用普通教育的教学模式，必须打破按照班级教学的传统形式，改变以课堂教学为主要手段的教学模式，使之适应现代职业教育协作教学、现场教学的教学方式，将开放教学等教育教学的组织形式引入进来。职业教育应尽快构建模块化课程，改变传统的教育模式，为学生创造丰富多彩的学习空间，引入多样化的学习方式，采取多种多样的职业教学形式，灵活运用各种教学方法。加快建立职业教育独立的管理标准、评价体系，特别是要重视实践教学和职业核心素养的培育，不断提高职业教育的社会地位，帮助职业教育教学尽快摆脱照搬普通中等教育、普通高等教育模式或者采用普通中等教育、普通高等教育标准的窘境。

各级教育行政主管部门、职业院校应该加大投入与开发，建设现代化实践实训基地、升级多媒体教学硬件，创造适合于现代化职业教育教学方法运用的教学环境，如将人工智能、VR技术等现代化技术手段引入教学过程，帮助学生在学校体验到生产一线的实操氛围，帮助学生熟悉生产过程和流程，强化对行业、职业、岗位的了解与把握，不断提升学生的职业核心素养，为将来投身职业岗位提前做好实践准备。

5. 充分重视职业教育教学方法改革

各级教育行政主管部门应尽早把教学方法改革同专业设置、课程建设、教材建设一同纳入职业教育教学改革的轨道，充分重视教育教学方法的改革，通过改变评价指标、指定政策倾斜等方法，解除职业院校的后顾之忧，鼓励职业院校将更多的精力和财力投入职业教育教学方法改革之中，只有这样才能改变

现有的教学方法改革只局限于任课教师的探索性尝试这一现状，开启自下而上的全国性的统一行动，让教学方法改革取得突破性进展，形成规模效应。

各级教育行政主管部门应制定适合于职业教育教育教学方法改革的制度文件，通过政策引领和制度规范帮助职业院校有序、合理地开展教育教学方法改革。同时积极搭建交流平台，促进优秀、先进的现代化职业教育教学方法在职业院校之间交流、融合、升华，这样才能有的放矢，加快职业教育教学方法改革。

6. 构建职业教育立交桥，改革原有升学制度

职业教育的升学制度与我国社会发展和教育进步密切相关。职业教育教学改革是技能型人才成长的关键，也是高等教育体制改革顺利实施、高等教育体制有效运行的关键。职业教育教学方法的改革必须以改革高等职业教育升学制度为基础，逐步与普通教育高考制度脱钩，真正实现开放制或者证书制。发达国家通常采用上述两种升学制度，实现宽进严出。例如，英国的开放大学和美国的社区大学基本上都实行了上述两种制度之一。在这种升学制度下，教师不再专注于向学生灌输理论文化知识以应付高考，学生可以从枯燥的理论学习中解放出来，拓展学习空间，提升核心素养，教师将更加重视选择先进的教学方法，专注于培养学生的专业技能和综合能力。

随着知识经济时代的到来，经济发展、科技进步和社会变革使得社会对人才的需求日益增加，对人才的素质和素养要求越来越高，对人才的层次和规格的要求越来越多样化。高等教育理论界一致认为，高等教育的普及不仅扩大了高等教育的规模，而且在很大程度上改变了高等教育制度。应用型本科教育应该是高等教育体系的一个重要组成部分。这就是我们的高等教育特别是大学本身逐步转向技术型和应用型本科发展的一个重要原因。职业教育立交桥的建设离不开应用型大学的建设和发展，应用型本科教育是一种培养经济发展所需的高水平专业技能人才的教育，主要培养生产一线的各类技术人员、管理人员以及服务于经济和社会发展的专业人员。应用型本科教育的发展有助于实现技能型人才的垂直发展，以高质量的人才培养为导向，保证职业教育升学制度改革的顺利进行。

7. 加强师资队伍建设，提高管理水平

为了深入改革职业院校的课程开发、教学设置和评价体系，职业院校需要对教师和管理人员进行自上而下的强化教学培训。为了进一步提高教学质量，教师必须具备良好的教学技能和过硬的授课能力。教学管理人员需要通过听

课、调查等方式，对教师教学进行督促，并对优秀教师进行表彰和宣传。

在加强师资队伍建设方面，可以从以下几个方面下功夫：①职业院校教师必须具有一定时间的行业、企业实际工作经验，在教学过程中还要定期深入行业、企业一线进行锻炼，真正保证其"双师"特性。只有教师的总体素质得到提高，新的教学方法才可以被自由地用于教学实践之中，从而提高教学的效率。②加强培训交流，提升专业素质。教师可以通过一定渠道加强与国内外大学的交流和学习，以获得最前沿的知识和技术。③在教学实践中，对理论课程教师加强实操能力的培养，对实践课程教师提升其理论水平，通过专家讲座、教学观摩、小组讨论等形式，加强教学方法和教学技能的交流和提升。④改革教师聘任选拔机制，提高新任教师的甄选标准。与企业加强交流，从企业一线聘请有丰富实践经验的熟练技术人员到学校任教。⑤聘请行业、企业知名技术专家担任实践教学指导教师，对学生和教师进行指导。⑥将师资培训制度化，不断提升教师培训的针对性和有效性，通过引进新的教学方法提高职业教育教师队伍的总体专业水平，不断提高职业教育的办学质量。

第十二章　国际交流合作

自改革开放以来，我国积极开展对外交流合作，有力地推动了职业教育事业的迅猛发展。受益于对发达国家职业教育事业发展经验的学习借鉴，以及与世界各国的交流合作，我国职业教育的人才培养模式愈发多样化，"双师型"教师队伍建设成效显著，已基本建成具有中国特色的现代职业教育体系（孟凡华等，2018）。

2013年，习近平总书记在出访中亚和东南亚国家时，先后倡议共同打造"丝绸之路经济带"与"21世纪海上丝绸之路"，形成"一带一路"倡议。现如今，"一带一路"倡议正推动着我国的深度对外交流合作，助推人类命运共同体的构建。2016年，教育部印发《推进共建"一带一路"教育行动》，既着重点明了教育使命，还对教育行动计划进行了勾勒。2019年颁布的《中国教育现代化2035》再次凸显扎实推进"一带一路"教育行动、构建教育国际交流合作新格局的重要性。在这样的背景下，促进职业教育国际交流合作是我国职业教育事业未来的重要发展方向。

一、我国职业教育国际交流合作探索历程

职业教育的国际交流合作，是指一个国家的职业教育面向世界、博采各国职业教育之长，并将本国的职业教育理念、国际化活动以及与他国开展的相互交流与合作融入职业院校的教学、科研和服务等功能中的趋势和过程（庞世俊、柳靖，2016）。历史实践经验表明，大力推动职业教育领域的对外交流与合作是促进中国职业教育事业快速发展的重要渠道。

通过对我国改革开放以来的相关政策文件进行全面梳理，并对我国职业教育的国际化探索历程进行整体回顾，可以将我国职业教育国际交流与合作的探索历程大致分为四个阶段，即起步、推进、提速和转型阶段。

（一）起步阶段（1978—1992 年）

在 1978 年以前，我国职业教育体制主要效仿苏联模式，即取消专科，重点发展中专和技校，同时将中专划到高等教育部，由高等教育部管理（朱永新、王继平，2015）。1978 年，党的十一届三中全会做出了实行改革开放的重大决策，助推了职业教育的对外开放与发展。在这一阶段，职业教育的国际化探索主要由政府主导，政府通过访问德国、法国、澳大利亚、美国等发达国家，学习借鉴其先进的职业教育办学经验及教育体系，迈出职业教育对外交流合作的重要一步。

1. 政策演进

1983 年，邓小平同志发出"教育要面向现代化、面向世界、面向未来"的号召，这一倡导为包括职业教育在内的教育对外开放定下了重要基调。1985 年 5 月 27 日，中共中央颁布《关于教育体制改革的决定》，倡导调整中等教育结构，大力发展职业技术教育。1991 年 10 月 17 日，《国务院关于大力发展职业技术教育的决定》着重强调了职业技术教育的战略地位和作用，并明确指出各类职业技术学校要积极培养国际劳动市场需要的各类从业人员。概而言之，从 1978 年到 1992 年，我国政府开始重视和大力发展职业教育，并开始以国际化视野审视职业教育发展问题。

2. 探索内容

（1）访问交流，借鉴职业教育体系

在职业教育国际化探索初期，中国主要通过出国访问、召开交流会、成立学习小组等方式，学习借鉴国外先进的职业教育办学经验及课程模式。

1980 年 4 月 30 日至 6 月 4 日，以袁宝华为团长的国家经委、中国企业管理协会代表团应邀赴欧洲访问，不仅学习了欧洲各国的先进经验，还深入了解了联邦德国职业教育的概况，代表团考察结束后提出推行"双元制"试点，国务院做出"同意试点"的批示（杨金土，2011），这拉开了我国学习德国职业教育事业发展经验的序幕。

1980 年 5 月 15 日至 6 月 20 日，教育部部长蒋南翔出国访问，全面了解联邦德国、法国和美国的教育体系，学习发达国家在职业教育发展过程中的成功经验。在此之后，教育部部长选派专家赴德国学习交流，探索中德两国在职业教育领域开展合作的可能性（杨金土，2011）。1981 年 8 月，联邦德国教科部部长比约尔恩·恩霍尔姆应邀来访，通过走访我国北京、西安、上海部分高等学校和上海机器制造学校,大致了解了我国职业教育的发展状况,并进一步提出合作意愿(杨金土,2011)。在中德双方的持续交流与促进下,中德两国的职业教育合作开始起步,拉开了中国职业教育开展国际交流合作的序幕。自此,中国又陆续与美国、丹麦、澳大利亚、瑞士、加拿大、巴西等国家频频开展访问交流活动,深入推进国际合作交流。

(2) 建立职业学校和培训中心

在改革开放初期,我国的职业教育以中等职业教育为主,高等职业教育仍处于摸索阶段。这一阶段的国际探索主要是借鉴国外的职业教育模式和课程模式,成立职业学校和培训中心(关晶,2008)。

1983年10月,中国与德国签订职业教育合作备忘录,双方就互派专业代表团、协助建立职业学校和培训中心达成意向性原则协议。1985年6月,中国第二汽车制造厂与联邦德国赛德尔基金会合作建立第二汽车制造厂职业技术教育中心(孙超,2015)。此后,中德两国又在职教领域开展了诸多卓有成效的合作,为我国职业院校的探索发展提供了有益借鉴。1985年,广东粮食局与美国小麦协会共同组建了"华美烘焙技术培训中心",中方负责教学,美方提供部分资金、教学设备并派专家担任咨询顾问(李蔺田,1994)。

(3) 引进资金,发展职业教育

在我国与世界各国及国际组织的合作项目中,有很大一部分项目属于外方的援助项目,即由外方提供一部分资金支持。项目资金的引进极大地改善了办学条件,助推了我国职业教育事业的发展。

1990年,我国与世界银行签署《中国职业技术教育项目贷款协定》。依据协定,世界银行先后向我国提供了8 000万贷款,同时我国也提供配套资金先后支撑了两期项目的开展。1991年,我国与加拿大合作开展"高中后职业技术教育合作项目",加拿大援助我国750万加币,协助我国发展高中后职业技术教育。

(4) 培训师资,提高教学水平

改革开放初期,我国自上而下,从中央、地方及学校多个层面选派优秀的职业教育教师出国交流学习,与此同时,聘请优秀的外籍教师来中国教学,多举措提升我国职业教育师资水平。

1982年4月19日,教育部转发经国务院批准的中德职业教育合作建议,接受德国协助我国建立职业学校、培训示范中心和德语中心的建议。1985年9月27日,甘肃省与美国俄克拉荷马州签订职业技术教育合作交流协议书,约定互派职业技术教育考察团进行学习交流,美方将协助甘肃建立职业教育中心，负责人员培训，派专家前来指导。

（二）推进阶段（1993—2002年）

1992年邓小平同志南方谈话以后，我国进一步树牢改革开放的发展目标，不断深化对外开放举措。1993年颁发的《中国教育改革和发展纲要》明确了扩大教育开放的目标，大力倡导推动教育国际化探索，鼓励学习借鉴世界各国在教育事业探索中的有益经验。此后出台了一系列与职业教育相关的政策法规，政策框架逐渐搭建成形。与此同时，一些民间机构开始参与国际化探索进程，进一步拓宽了国际交流与合作的渠道，并推动我国职业教育国际化发展由单向输入式向双向合作式过渡。

1. 政策演进

1995年，第八届全国人民代表大会第三次会议通过《中华人民共和国教育法》，规定国家实行职业教育制度，鼓励境外力量来我国办学或双方合作办学。1996年，《职业教育法》出台，鼓励境外力量资助支持我国的职业教育事业。随后，相应的配套政策法规文件陆续出台，进一步明确和拓展了我国职业教育事业进行国际化探索的方式与路径。1998年，多部委联合印发《关于实施〈职业教育法〉加快发展职业教育的若干意见》，着重指出要大力引进国外职业教育优秀教材，推动高等职业教育教材建设发展。

2. 探索内容

（1）中外合作办学

基于20世纪80年代初至90年代初职业教育国际化探索积累的经验，我国与世界各国的合作进一步加深，中外合作办学被提到重要位置。

1995年，国家教育委员会颁布的《中外合作办学暂行规定》明确鼓励职业教育进行合作办学。此后，职业教育合作办学的机构和项目数量迅速增长，合作国别及模式愈发丰富。2002年3月，中国与澳大利亚签署了《中华人民共和国政府和澳大利亚政府关于"中澳（重庆）职业教育与培训项目"谅解备忘录》。同年12月，中国与新西兰续签《关于教育与培训的合作谅解备忘录》，进一步强调鼓励两国专业教育机构、大学、中小学校和职业院校建立直接联系，在高等教育、中小学教育、职业教育与培训、现代远程教育和汉语教学的课程设置、教材编写、教学框架等方面加强交流与合作。

（2）开展职业资格证书合作项目

随着我国与世界各国及国际组织交流合作的深入，我国积极完善职业教育人才培养项目的认证机制，开始引入国际职业资格证书。

1994年，我国与英国合作举办"中英职业资格证书合作项目"，助推我国创建一个以职业能力标准为导向的职业技能鉴定体系（石伟平，2010）。在体系创建过程中，我国积极汲取英国创办国家职业资格证书质量保障体系的有益经验，出台相应支撑文件，选定试点单位，由试点单位负责督考制度的执行，并给考核合格者颁发资格证书（胡秀锦，2015）。1999年，我国又进一步与德国展开合作，共同创建"中德职业资格证书合作项目"，为七个职业领域制定职业标准，选定教学大纲及教材，并给通过考核者颁发证书。在我国与他国合作项目的推动下，我国的职业教育认证机制逐步与国际接轨。

(3) 初步输出中国职业教育模式

自20世纪90年代中后期以来，我国职业教育不再是单向引入国外先进经验，开始适度对外输出。但是在这一阶段，我国职业教育多是向亚洲和非洲国家输出，主要输出内容为课程模式、师资培训和留学生培养等，且输出的规模相对较小。

2001年，我国与埃塞俄比亚签订《埃塞俄比亚共和国教育部与中华人民共和国教育部关于职业技术教育合作的协议》，开启了我国对埃塞俄比亚职业教育的援助之路。自2002年8月以来，中国陆续选派职业教育教师赴非洲埃塞俄比亚任教，并于2003年在天津职业技术师范学院成立首家"教育部教育援外基地"，以承担开展来华和出国培训项目、选派援外教师、建立援外教师人才库等工作任务。

(三) 提速阶段（2003—2012年）

随着中国加入世界贸易组织，中国对外开放事业进入新阶段，国家颁布多项政策，鼓励职业教育进行国际化探索，推动职业教育发展进入提速期，职业教育国际化实践推进路径逐渐明晰。在这一阶段，我国的职业教育国际化探索不再单纯效仿西方发达国家的职业教育发展模式，而是开始主动谋划发展，进入提速阶段。

1. 政策演进

2002年，国务院颁布《关于大力推进职业教育改革与发展的决定》，鼓励引入国（境）外优质职业教育资源。2003年，《中华人民共和国中外合作办学条例》出台，积极倡导在高等教育和职业教育领域进行合作办学。2004年，国务院进一步印发《中华人民共和国中外合作办学条例实施办法》，为我国职业教育开展合作办学、进行国际化探索提供了重要依据。2005年，《关于大力

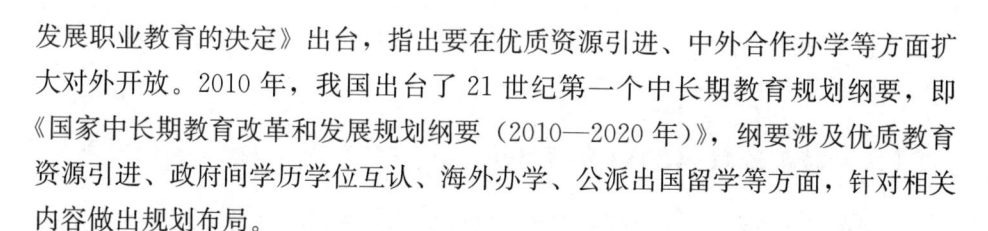

发展职业教育的决定》出台，指出要在优质资源引进、中外合作办学等方面扩大对外开放。2010年，我国出台了21世纪第一个中长期教育规划纲要，即《国家中长期教育改革和发展规划纲要（2010—2020年）》，纲要涉及优质教育资源引进、政府间学历学位互认、海外办学、公派出国留学等方面，针对相关内容做出规划布局。

2. 探索内容

（1）参加世界技能大赛

这一阶段，中国积极寻求向全世界展现中国技能人才的机会，于2010年加入世界技能组织，成为该组织的第53个成员。通过参加世界技能大赛，既可以向全世界展示中国技能人才的水平，又可以通过与其他同行从业者切磋交流，进一步提升技能水平。同时，世界技能大赛还可以通过技能推广、教育培训、职业发展、国际合作等方式，为行业、政府和培训机构架起桥梁，助推职业技能的国际化发展。

2011年10月，中国技能代表团第一次参加世界技能大赛，夺得1枚银牌和5项优胜奖，在世界的舞台上崭露头角。此后，又陆续参与了接下来的世界技能大赛，并在第44届世界技能大赛上获得15枚金牌，成为获得金牌最多的国家。此外，中国还获得了第46届世界技能大赛的承办权。中国用亮眼的比赛表现向世界展示了中国技能人才的实力，成为中国职业教育国际化探索的重要名片。

（2）构建人才培养标准及认证体系

随着经济全球一体化发展，各国在教育领域的联系越发密切，开发一套与世界接轨的人才培养标准及认证体系便显得尤为重要。

2012年，教育部印发了《关于借鉴国外先进经验 开展职业教育部分专业教学标准开发试点工作的通知》，号召上海和天津两市学习国外有益经验，鼓励其对部分专业的教学标准进行研发。上海尝试将国际行业技能标准嵌入专业课程，鼓励学校将国际行业标准嵌入课程教学，推动我国职业教育专业教学标准与其他国家的教学标准互通互认。在"十二五"期间，上海共研制出52个具备国际水准的专业教学标准，其中24个专业教学标准已投入使用，3 638名学生获得22类国外权威职业资格证书。

此外，一些高职院校积极鼓励教师走出国门，争取去国际组织中兼职的机会，争取参与相关国际标准规则的制订及高水平课程资源的研发。如广东建设职业技术学院通过梳理相关技术标准及职业标准，组建团队撰写教材，并提供相关工具设备，组织赞比亚教师考取建筑架子工、焊工等职业资格证，探索出一条"技术标准引领职业标准、职业标准引领职业教育标准"的职业教育国际化发展路径。

（四）转型阶段（2013年至今）

随着我国与世界交流的愈发密切，我国持续深化对外开放程度，进入了追求更高发展质量的新阶段。在这一时期，我国教育对外开放的基础及条件均发生了深刻变化，教育对外开放逐步形成全方位、多层次、宽领域的新格局，我国职业教育的国际化探索也随之迈向以转型升级、提质增效为主要特征的新阶段，资源输出成为国际交流合作的主要形式。

1. 政策演进

自党的十八大召开以来，国家各部门出台了多项政策指引职业教育的规范与发展，相关政策文件如表12-1所示。

表12-1　2013年至今我国职业教育国际化相关政策

颁布年份	颁布部门	文件名称	文件主要内容
2013年	教育部	《关于2013年深化教育领域综合改革的意见》	扩大教育对外开放的主要途径为"五个一"，职业教育国际化工作逐渐向机制化、项目化、高质量方向发展
2014年	国务院	《关于加快发展现代职业教育的决定》	将职业教育国际化融入办学模式当中
2014年	教育部等六部门联合印发	《现代职业教育体系建设规划（2014—2020年）》	加快培养适应我国企业走出去要求的技术技能人才
2015年	教育部	《关于深入推进职业教育集团化办公的意见》	要求职业教育服务国家"一带一路"倡议
2016年	中央办公厅	《关于做好新时期教育对外开放工作的若干意见》	加强与其他国家及组织的实质性合作，有效激发教育在"一带一路"建设中的重要作用
2017年	中央办公厅	《关于深化产教融合的若干意见》	开发符合国情、国际开放的校企合作培养人才和协同创新模式
2019年	国务院	《国家职业教育改革实施方案》	培训评价组织应对接职业标准，与国际先进标准接轨，按有关规定开发职业技能等级标准
2019年	国务院	《中国教育现代化2035》	推动我国同其他国家学历学位互认、标准互通、经验互鉴

续表12-1

颁布年份	颁布部门	文件名称	文件主要内容
2019年	教育部、财政部	《关于实施中国特色高水平高职学校和专业建设计划的意见》("双高计划")	在继续加强优质资源引进的基础上,制定并推出"以我为主"的国际标准,打造中国职教品牌,在"一带一路"及国际产能合作领域进行国际化技术技能人才培养及促进中外人文交流
2019年	中国高等教育学会	《高等学校境外办学指南(试行)(2019年版)》	教育部从多方面对高等学校境外办学提供实操层面的技术指导

2. 探索内容

(1) 职业教育伴随企业"走出去"

2015年,在职业教育国际化探索进入提质增效新阶段的背景下,国务院出台了《关于推进国际产能和装备制造合作的指导意见》,指出应加快职业教育"走出去"的速度,推动"一带一路"倡议的软实力发展。2015年12月25日,教育部办公厅下发《关于同意在有色金属行业开展职业教育"走出去"试点的函》,批复了我国第一个职业教育"走出去"试点项目,即以全国有色金属职业教育教学指导委员会为依托,由中国有色集团"走出去",到赞比亚发展职业教育。

目前,试点项目已经形成中国-赞比亚职业技术学院、中国有色集团赞比亚企业培训中心、国家开放大学海外学习中心、独立孔子课堂四位一体的办学模式,面向企业本土员工开展学历教育、工业汉语和职业技能培训。通过培养一批理解认同中国有色金属企业文化、掌握中国装备技术标准的技能人才,帮助有色金属海外企业增强经营能力和社会影响力。通过推动行业职业教育"走出去",利用我国职业教育标准、理念、模式以及高水平师资,培养一批懂汉语、通文化、精技能的心心相印的"一带一路"建设者,打造一支与企业"同呼吸、共命运"的高水平海外本土人才队伍,为企业在海外的可持续发展提供人力资源支撑,同时也为解决当地的就业问题做出贡献。

(2) 开设境外办学机构

开设境外办学机构是职业教育进行国际化探索、树立中国品牌的重要方式。在"一带一路"的发展背景下,我国职业教育通过开设"鲁班工坊"、海外分校、与企业合建培训中心等多种举措,协助中国企业进行国际化探索,通过为其他国家培养培训优秀的技术技能人才,扩大我国职业教育在国际市场的影响力。

近年来，北京信息技术学院等 30 余所高职院校在境外开设了 33 个海外分校，涵盖亚洲、非洲、北美洲、欧洲、大洋洲五大洲。在我国职业教育"走出去"的众多项目中，由天津教育委员会推动的"鲁班工坊"已成为我国职业教育国际化探索的成功典范。第一个"鲁班工坊"创建于 2016 年 3 月，是由天津渤海职业技术学院与泰国大城府大城学院一起打造的。"鲁班工坊"的开创为输出天津优秀职业教育发展经验提供了渠道。此后，我国又先后与英国、印度、印度尼西亚等国共同创建"鲁班工坊"。这些"鲁班工坊"采用多样化的形式在输入地进行职业技术教育培训，在推动我国企业的服务及产品对外输出的同时，还助推了输入地当地企业的转型升级，达到双赢的效果。

此外，高职院校联合国外院校及跨国公司，一起制定与国际接轨的专业标准及课程标准，已有 595 个专业教学标准、3 349 个课程标准被境外采纳。同时，职业院校瞄准外向型行业企业，在高速公路、道路桥梁、现代农业、信息通信等行业开展技术和培训服务，向世界推广具有中国知识产权的先进技术。数据显示，2018 年，专任教师赴国（境）外指导和开展培训时间超过 10 人日的高职院校达 401 所，专任教师在国（境）外组织担任职务的超过 1 400 人，在校生服务"走出去"企业参与境外实习时间超过 10 人日的达到 300 所。

二、我国职业教育国际交流合作的特征与成效

改革开放以来，在科教兴国和人才强国的战略引导下，我国持续深化教育改革开放，我国职业教育的国际化探索经历了从无到有、从零星到丰富的发展过程，取得显著成效：已在职业教育领域与 30 多个国家、10 多个国际组织建立了实质性合作关系，涵盖政策对话、人员互访、校际交流、人员培训、技术培训、课程开发、学校建设和科学研究等诸多领域。

（一）我国职业教育国际交流合作的特征

1. 交流合作内容从"引进来"到"走出去"

我国职业教育的国际化探索是一个循序渐进的过程，从最初单向的学习模仿、借鉴引进，到国外经验的本土化应用，再到中国职业教育经验的对外输出。

改革开放初期，我国职业教育更多的是模仿、借鉴国外先进的职业教育体系与办学经验，包括德国的"双元制"职业教育模式、世界劳工组织的 MES 模式、加拿大的 CBE 模式、北美的能力本位模式、澳大利亚的 TAFE 模式、

英国的 BTEC 模式（孟凡华等，2018）。在这些先进模式的引导下，我国职业教育事业快速入门。但随着我国职教事业的逐步推进，我们也意识到盲目的照抄照搬会出现"水土不服"的情况，我们应"取其精华、去其糟粕"，基于我国的现实状况对国外先进的办学经验进行本土化改造，逐步搭建一套符合中国国情的现代职业教育体系。

随着中国职业教育的快速发展以及"一带一路"倡议的提出，我国的职业教育开始对外输出。在"一带一路"的发展背景下，我国在沿线国家陆续开展了一批重大工程和国际产能合作项目，进一步为职业教育"走出去"夯实基础。2016 年起，我国在泰国、印度、印度尼西亚等地先后建成了八个"鲁班工坊"，"鲁班工坊"已成为我国职业教育走出去的闪亮名片。

2. 交流合作对象由政府间向多元化发展

在改革开放初期，职业教育国际交流与合作主要是由政府主导和推动的，各国政府间互相出访、考察与交流，进而签订合作协议，推动项目合作建设。但是，随着各国间交流合作程度的加深，职业教育国际化合作的主体逐渐丰富。职业教育的交流合作对象不再局限于政府，而是逐步扩展至与职业教育相关的团体或学校。在国际上，不同地区、不同职业院校或是不同职业教育团体之间互相展开交流合作，引入借鉴先进模式，联合办学或者互派师资访问学习。

第一，与不同国家的合作。在我国职业教育国际化探索的进程中，我国先后与德国、澳大利亚、加拿大等 30 多个国家建立起广泛的合作关系。其中，我国与德国在职业教育领域的合作起步最早、时间最长、项目最多。我国与德国在职业教育领域的合作始于 20 世纪 80 年代，已经从最初的技术培训和师资培训发展到专业课程和教材大纲联合研发等层次更高、形式更多样的合作模式。

第二，与国际组织的合作。改革开放以来，我国与世界银行、联合国教科文组织、国际劳工组织等诸多国际组织在职业教育领域建立起密切的合作关系。如我国政府曾于 1990 年同世界银行签订《中国职业技术教育项目贷款协定》，世界银行先后向我国提供 8 000 万元贷款，支持我国职业教育项目的开展，成效显著。

第三，学校之间的合作。随着教育对外开放的持续深化，我国部分学校积极走出去与国外的职业院校展开合作。比如，湖北啤酒学院与德国杜门斯啤酒酿造学院合作开设高职啤酒酿造专业国际班，并与德国慕尼黑工业大学和武汉轻工业大学签订合作协议，开设啤酒酿造专业本科国际班，学生在接受完基础教育并考核合格后便可以到德国慕尼黑大学继续深造。

第四,学生层次的合作。随着职业教育国际化探索的持续推进,开放办学持续深化,来华留学和培训的学生数量持续增长。相关数据显示,2019年,高职院校全日制来华留学生规模达1.7万人,是2016年的2.4倍;非全日制培训规模与2016年相比增长超过3倍。

3. 交流与合作模式由单一向多元化发展

改革开放初期,我国职业教育开展国际交流与合作的方式主要停留在单向的学习借鉴上,比如借鉴发达国家的职教办学模式、专业课程设置等。随着我国职业教育国际交流合作的推进,我国与世界各国及国际组织的合作内容越发丰富,合作形式越发多样。

第一,引进项目资金。在我国职业教育国际化探索的进程中,有很大一部分项目资金来自外方援助。项目资金的引进有效改善了我国职业教育的科研及办学条件,助推我国职业教育事业快速发展。比如,中国利用世界银行提供的贷款,成立了相关研究机构,以更好地促进职业教育领域的相关研究。此外,我国还接受了其他国家援助的先进资源设备,为本土学生搭建了实训平台。

第二,引进办学项目。在国家政策的有力推动下,政府和院校等层面通过合作办学、学生交换、师资互派、科研合作等多种途径,与全球30多个国家建立起广泛的合作关系。比如,我国的职业院校积极与澳大利亚、加拿大、英国等国家的相关机构开展合作办学;吸引国外优秀师资到校讲学授课,为国内学生开展专业技术技能或教育相关培训;鼓励职业教育教师走出国门,开展形式多样的学习交流活动。相关统计数据表明,2017年,在我国177所高职院校的专任教师中,有876位专任教师在国外组织中担任相关职务。

第三,输出中国职业教育模式。自20世纪90年代中后期以来,我国开始向亚非国家适度输出职业教育模式,包括课程、师资培训等。比如,我国与也门共和国、埃塞俄比亚等相对贫困的国家签订合作协议,为其职业教育发展提供支持与援助。

第四,其他方面的合作。比如,1999年,我国与德国合作,针对南京的下岗失业妇女开展再就业培训项目。德国协助我国为下岗失业妇女提供技能培训、职业咨询、就业安置、创业辅导等多方面的援助。此后,辽宁、江西等地也开展了类似的合作项目。

(二)我国职业教育国际交流合作的成效

自改革开放以来,我国在汲取西方发达国家及国际组织职业教育发展经验的基础上,开展了广泛的国际交流与合作,取得显著成效。

1. 教育理念得以更新

我国职业教育通过开展国际交流与合作,引入了"能力本位""需求导向""行业引领""学生中心"等理念,并将这些理念融入职业教育的教学与实践中。

以"能力本位"理念为例,这一理念是 20 世纪 60 年代在美国产生的一种职业教育思想。"能力本位"理念以职业能力为重心,重视岗位所需的操作能力,倡导将职业能力作为培养目标和评价标准。早期,这一理念在美国被用于职业教育的师资培训,后来扩散到加拿大,80 年代又传至欧洲、亚洲及澳大利亚等,对英国、澳大利亚、新西兰等国家的职业教育与培训体系构建产生了深远影响。90 年代初,"能力本位"思想进入我国。自此,我国职业教育以这一思想为引导,迈入"理论实践一体化"阶段。

2. 职业教育体系制度得以完善

我国通过学习借鉴双元制、MES 模式、CBE 模式、TAFE 模式等国外先进的办学模式,完善了我国行业参与职业教育的体系制度。

(1) 双元制在我国的实践

"双元制"始于德国,被誉为德国经济腾飞的秘密武器。20 世纪 70 年代末 80 年代初,我国积极引入德国"双元制"培养模式。"双元制"模式能够以用户为导向,解决大量非学术型青年成长与发展的问题,为我国这样一个人力资源大国提供了一种非常有效的人才培养思路(赵学瑶、卢双盈,2015)。而且,"双元制"可以使企业和学校发挥出其各自优势,形成有效互补,进而促进就业(姜大源,2013)。但是,"双元制"在我国没能真正发展起来。尽管如此,其教育理念、课程建设、办学形式、政策法规等方面对我国职业教育发展所产生的潜在影响不容抹杀。

(2) MES 模式在我国的实践

MES 模式是"Modules of Employable Skill"的缩写,可以翻译为"劳动技能模块化课程"。MES 模式基于系统论、信息论和控制论,将职业技术培训看作独立的系统,从工作需要出发,以就业技能为核心,针对具体技能进行课程开发。这种模块化课程开发方案是由国际劳工组织制定的,他们认为一份技能型工作可以按照其工作步骤拆分成不同的模块,将所有模块叠加起来便可以完成相应工作。MES 模式进入我国的时间可以追溯到 1987 年。当时,国家教委大力推崇"双元制",在东北和华东多个城市积极开展试点;而国家劳动部则主张引进 MES 模块化课程,并在上海、天津等地进行试点。20 世纪 90 年代初,在国家劳动部和天津高级职业技术培训中心的积极宣传与大力推广下,我国众多行业部门都在一定程度上实践了 MES 模式。但是到 90 年代末,由于宣传、指导、执行、管理等多方面原因,MES 模式的应用慢慢变少。总体而言,MES 模式为我国职业教育培训理念的发展提供了新思路,为我国职业教育课程开发拓展了思路,对我国职业教育的发展起到了一定程度的积极作用。

(3) CBE 模式在我国的实践

CBE 模式是"Competence-based Education"的缩写,可以翻译为"能力本位教育课程"。20 世纪六七十年代起源于北美地区,以加拿大为典型代表。80 年代末 90 年代初,国家教委与加拿大国际开发署就引进加拿大 CBE/DACUM 模式达成合作意向,共同开展了"中加高中后职业技术教育项目"。在 CBE 模式的影响下,人们对能力内涵进行了广泛讨论,确立了以能力本位为价值观、以职业分析为基础的职业教育课程模式,不仅改善了我国职业院校的专业课程结构,还推动了"双师型"教师队伍建设。

(4) TAFE 模式在我国的实践

TAFE 模式是"Technical and Further Education"的缩写,可以翻译为"职业与继续教育",20 世纪 70 年代产生于澳大利亚。最初,TAFE 模式是通过我国与澳大利亚个别院校合作办学的形式引进来的,后来随着双方合作的深入推进,TAFE 模式在我国的推广应用由个别院校的分散式合作上升为政府、地区或行业间的整体合作。TAFE 模式的引进使我国的职业教育理念得以更新,在一定程度上活跃了我国的高等职业教育市场,强化了高等职业院校的质量意识与竞争意识,进而推动了我国职业教育的有效运转。

3. 课程与教学改革得以推进

我国在职业教育的国际化探索中,通过引入德国以工作过程为导向的学习领域课程模式、澳大利亚的"培训包"、英国功能分析方法等课程开发方法与工具,促进了我国职业教育的课程与教学改革。

(1) 学习领域课程模式

学习领域课程模式是一种基于工作过程的职业教育课程理念和设计方法,20 世纪 90 年代产生于德国。学习领域课程模式以培养学生构建工作能力为目标,以实际工作过程中的知识为主要内容。学习领域由学习目标、学习内容和学习时间三部分组成,每一个学习领域都针对一项典型的职业工作任务。一般而言,一个职业教育的专业课程由 10~20 个学习领域构成(姜大源,2003)。

自我国 2006 年启动高等职业教育示范校建设以来，学习领域课程模式被广泛用于国内课程改革的实践中，对我国职业教育课程改革产生了重要影响（魏明，2018）。

(2)"培训包"

"培训包"起源于澳大利亚，是澳大利亚职业教育专业课程开发的指导性材料。"培训包"涵盖资格证书、入门要求和课程包等内容。注册培训机构以"培训包"为指导，根据自身情况购买相应的资质课程，根据课程进行招生，并为通过考核者颁发相应证书或文凭（李玉静，2011）。以"培训包"为依据的课程开发具备诸多优势，如可确保职业教育的课程内容适应行业发展要求，避免学习者对已掌握的知识和技术的重复学习。澳大利亚的"培训包"因其多方面优势成为诸多国家和地区学习借鉴的对象，为我国职业教育课程改革提供了重要参考。

4. 教师能力得以提升

在中国职业教育进行国际化探索的过程中，大量职业教育教师和校长借助各类合作项目接受了海外培训。与此同时，我国也邀请了部分专家为国内的教师进行培训。通过这一系列的培训，职业教育教师和校长学习到了国外最前沿的理念与方法，教育教学能力得以提升。教师能力的提升又会作用于教学过程，有助于提升学生的业务能力，促进学生的就业与发展。

三、当前我国职业教育国际交流合作存在的局限及对策建议

在"一带一路"倡议和中国企业"走出去"等重大战略持续推进的背景下，我国职业教育的国际化程度日益提高，国际化需求日益增长。与此同时，随着经济全球化进程的持续加速，全球劳动力市场竞争日益加剧，有效提升我国技术技能人才在国际市场的竞争力成为我国职业教育的重要使命。在这一背景下，加速我国职业教育国际交流合作，在国际舞台上争夺更多的话语权，便显得尤为重要。

职业教育国际交流合作是一项复杂的系统性工程，不仅需要政府的合理引导，还需要职业院校的配合以及社会各界力量的积极参与。只有充分厘清我国职业教育与世界对话时面临的困境，才能制定行之有效的对策，推动我国职业教育走得更远。

(一) 我国职业教育国际交流合作存在的局限

1. 政府层面的局限性

第一，缺乏更系统的战略规划。随着经济全球化进程的加快，技术技能人才的跨国流动速度会越来越快，这对职业教育事业的发展提出了更高要求。然而，当前我国职业教育的发展水平距发达国家仍有较大差距，尽管我国政府已出台了一系列政策来支撑职业教育的国际化发展，但这些法规的引导作用有限。如教育部颁布的《推进共建"一带一路"教育行动》，未能就职业教育的具体行动方案做出规划布局。此外，目前职业教育发展规划政策的制定者主要为教育部，缺乏其他部委的合力支撑（蔡安成等，2018）。

第二，缺乏更完善的体制机制。一方面，我国尚未形成纵向贯通、横向融通的现代职业教育体系。目前虽已形成包括中等职业学校、高职专科学校、本科层次职业学校的职业教育体系，但是人才培养标准、课程体系等尚未实现良好衔接。同时，职业教育与普通教育融通的系统机制尚未建立。另一方面，我国尚未形成统一的、获得国际认可的职业认证标准以及职业资格框架体系，未能彻底实现职业资格与学历的互认互通。此外，对职业院校教育质量的评价缺乏统一标准，无法有效引导职业院校提升教育质量。

第三，政策与资金扶持力度不够。在职业教育的国际化探索过程中，政府的主导作用至关重要。美国、德国等发达国家非常擅长用法律手段及相应的制度机制来保障职业教育事业的发展。相较而言，我国虽已出台一些政策，但与之匹配的实施细则尚不完善。此外，我国职业教育的国际化探索缺乏稳定的资金保障，而且缺少专项资金支撑。目前职业院校去境外办学主要靠院校本身出资，缺乏与"孔子学院"类似的专项资金支撑。

2. 职业院校层面的局限性

第一，缺乏足够的政治认识。在日益残酷的国际竞争环境中，不少职业院校依旧缺乏大局意识，不能充分认识到职业教育国际化的重要性，不能科学审视当前国际劳动人才市场的竞争状况。一些职业院校对于合作办学有畏难情绪，在服务国家"一带一路"倡议上的使命感不够。

第二，缺乏更有效的经验和知识指导。职业教育国际交流合作是一项复杂的系统性工程，职业院校需要了解意向合作机构所在国家的法律法规、政治制度、文化宗教、职业资格认证等多方面知识。但目前我国职业院校缺乏更有效的信息获取与交流平台，难以获得政府部门或相关机构的指导服务。此外，职业院校在"走出去"的过程中还可能面临信息不对称的情况,即职业院校不知道有哪些企业或机构有合作意向,相关企业或机构也不清楚有哪些职业院校可以为他们提供帮助(高明,2020)。

第三,缺乏过硬的竞争力。职业院校由于自身实力不足、生源质量较差、科研实力不强等,难以与本科层次高校进行资源竞争,很难取得国外院校的合作意向。此外,部分职业院校在教学资源配置与教学管理上还要受到地方政府的干预,难以真正做到开放式发展(张小军、刘慧敏,2020)。

第四,缺乏更专业的师资队伍。当前,职业院校从业人员整体水平还不够高,缺乏先进的办学理念。同时,职业院校的专业教师在"走出去"时,可能面临语言障碍,也缺乏在境外工作生活的教育教学经验。

3. 主体联动层面的局限性

第一,未能形成有效联动的职教集团。其一,民间的组织力量没能充分参与职业教育的国际化探索,职业院校与相关企业缺乏深度合作,未能将职业教育资源的价值发挥到最大。其二,各职业院校之间缺乏沟通平台,未能进行有效的资源共享,从而制约了国际合作效率的提升。其三,我国职业教育的国际宣传力度不够,未能让世界各国充分领略到我国职业教育发展的真实水准,我国职业教育资源输出规模有限。

第二,缺乏因地制宜的区域性教育国际交流合作布局。我国职业教育资源分布不均衡,不同地区间职业院校的自身实力与教育资源存在差异。位处落后地区的职业院校往往缺乏足够的竞争力赢得合作,若不能对职业教育资源进行区域性规划布局,不同区域间的发展差异会越发明显。

第三,缺乏"传帮带"的经验分享机制。在我国东部地区,部分职业院校发展较快,是国际化探索进程中的"先行兵",但其成功的经验未能进行足够的宣传推广,未能让广大职业院校学习借鉴。

(二)我国职业教育国际交流合作的对策建议

1. 政府层面的对策建议

第一,制定职业教育国际化战略。为了更好地推动职业教育国际交流合作,要加强战略规划,做好顶层设计,为职业教育未来的发展提供政策性和方向性指引。首先,职业教育发展战略的制定应根植于国家发展战略,将职业教育国际化探索的行动方案纳入"一带一路"建设的总体规划。其次,不仅要从国家层面做好统筹规划,号召各部委加强团结协作,还应该制订区域性战略规划，促进各区域的职业教育协调发展，增强我国各职业院校进行国际化探索的信心。

第二，健全职业教育体制机制。其一，尽快构建适合中国国情的纵向贯通、横向融通的现代职业教育体系。应大力发展本科层次职业教育，优先引导办学质量优异、学科特色明显的高职院校开展本科层次教育。其二，以国际先进经验为参照，构建一套与世界接轨的职业认证标准，推动我国职业院校与国际上高水平职业院校的互认互通，包括学分互认、学历互认、课程互通等。其三，搭建具有中国特色的职业资格框架体系。以"一带一路"建设为契机，借助我国职业院校的海外办学，推动相应职业资格证书的国际化应用。

第三，加大政策、资金等配套支持。其一，基于中国国情及实践需要，完善法律法规，加强配套体制建设。如修订中外合作办学条例实施办法，放宽对外方学校的标准要求，扩大合作学校范围。其二，提供多样化培训指导，支持职业院校开展国际化探索。充分发挥政府、行业和社会等多元主体的培训指导作用，为职业院校提供"一带一路"沿线国家的政治、法律、宗教、职业资格认证等方面的咨询服务（任君庆，2017），为职业院校的教师开展语言、生活安全和教育教学等方面的专业培训。其三，设立专项补助资金，鼓励职业院校及师生开展国际交流合作。鼓励地方政府对职业院校的重要国际化项目进行资金扶持，包括合作办学、教师出国访问、国际学术会议举办等。鼓励地方政府对职业院校在国际化探索过程中取得的优秀成果，如制定的职业标准、编写的专业课程教材等进行奖励。扩大留学资助群体，资助更多的优秀高职毕业生出国深造、优秀高职教师出国深造、优秀留学生来华学习等。

2. 职业院校层面的对策

第一，提高政治认识，树立开放办学的理念。职业院校应树立起服务"一带一路"建设的责任意识，谋划并参与职业教育的国际化探索。职业院校应积极借鉴发达国家在职业教育领域的有益经验，科学审视当前国际劳动市场的供需现状，及时根据行业需求调整学科专业设置、培养目标及课程体系，积极与国外院校或机构寻求合作共赢的机会。

第二，加强内涵建设，提升自身竞争力。其一，完善体制机制建设。以国际化发展为契机，建立健全院校国际化办学全链条的管理制度，针对不同的合作项目设置专项管理办法，提升院校管理效率（郑亚莉等，2020）。其二，提升师资国际化水平。从"引进来"与"走出去"两方面强化师资队伍建设，如引进海外优秀人才、选派优秀教师出国进修深造等。其三，提升技术技能人才培养质量。开设国际化课程，开拓学生国际视野；积极开展校企合作，为学生提供实训平台，从理论与实践两方面强化学生技术技能水平。

第三，参与国际标准制定，输出中国模式。其一，职业院校应以专业群建设为载体，加强与发达国家职业院校或机构的切磋交流，参与研发具有国际化水平的专业标准与课程体系，提升我国职业教育的国际影响力。其二，大胆尝试中国职业教育模式的输出。借鉴"鲁班工坊"的成功输出经验，积极寻找为发展中国家提供职业教育援助的渠道与模式，打造中国职业教育新名片。鼓励办学实力雄厚的职业院校开展境外办学，推动我国职业教育走向世界。

第四，加强宣传引导，拓宽合作路径。职业院校应发挥品牌专业优势，积极参与世界技能大赛，加强宣传推广，使更多的人了解中国职业教育。推动一批优质职业院校率先发展，鼓励职业院校主动探索境外培训渠道，大力开拓境外合作项目，主动挖掘"走出去"企业的需求，依托专业特色与优质师资伴随企业"走出去"，满足"走出去"企业的发展诉求，服务国家"一带一路"建设。

3. 主体联动层面的对策

第一，撬动民间组织的力量，加强政府与职业院校间的联动。其一，搭建信息共享平台，为我国的职业院校和企业与境外职业院校或机构之间牵线搭桥，提升合作概率，降低办学风险。该平台主要负责搜集并发布与职业教育相关的信息，包括各国职业教育政策法规、合作交流动态，以及各国职业院校国际化探索的成功案例。其二，借助民间力量，提供专业化的培训服务。民间组织可以成立相应的培训机构，提供小语种、生活安全等多方面的技能培训，协助职业院校从业人员提升专业素养。此外，民间机构还可以提供与项目合作相关的辅助服务，如信息咨询、材料送审等（张小军、刘慧敏，2020）。

第二，发挥职教集团优势，提升国际交流合作效率。其一，将职教集团内部的优质资源进行整合，吸引境外职业院校和企业等优质合伙伙伴的加入，促进职教集团越发强大。其二，职教集团内部实行资源共享，包括学术讲座、课程教材、学生、师资等多方面资源的共享。其三，优质的职教集团可以在适当的时机进军海外，在境外成立职业教育研究机构，扩大影响力，并加大留学生的招收规模。

第三，实施区域性职业教育国际化探索规划与布局。我国的职业教育资源分布不均衡，各地区间存在一定的差异。因此，应因地制宜，针对各区域的职业教育发展状况进行不同的规划设计。只有以区域为单位才能更好地统筹整合资源，提高国际交流合作效率。其一，根据各地区产业结构转型升级的需要，制订相应的人才培养规划，有针对性地引进相关国际合作项目。其二，对同一区域内的各职业院校的教育资源进行整合,实行资源共享,有效提升职业教育国际合作的效率与质量。

第四,先行职业院校对弱势职业院校实行"传帮带"。其一,在弱势职业院校自身实力不足的情况下,可以借助先行职业院校已经搭建起来的国际交流合作平台,开展师资培训、课程建设与学生交换项目,推动弱势职业院校快速发展,缩小与先行职业院校的差距。其二,在政策允许的条件下,教育主管部门可以通过职业资格与学分互认互通机制,允许一部分弱势职业院校的学生到先行职业院校进行交换培养,使更多的学生可以享受到优质教育资源。其三,从弱势职业院校中选派一部分教师到先行职业院校进行短期交流,从课程建设、学生培养等多方面汲取有益经验。

主要参考文献

白汉刚,苏敏,2012. 中国职业教育体系的演化历程[J]. 中国职业技术教育(18).

鲍尔斯,金蒂斯,1990. 美国:经济生活与教育改革[M]. 王佩雄,等译. 上海:上海教育出版社.

鲍洁,高林,赵楠,2010. 高职课程开发中职业分析方法研究与实践[J]. 职教论坛(27).

本刊特别采访组,1999. 我们做了件力所不及的事情——关于"二十年回眸与见证"的话题[J]. 职业技术教育(23).

蔡安成,张明,许世杰,2018. 职业教育服务"一带一路"倡议的困境和路径[J]. 中国高校科技(12).

蔡泽寰,2004. 借鉴英国的现代学徒制度培养高技能人才[J]. 高等理科教育(5).

曹晔,2012. 我国现代职业教育体系建设历程与发展趋势[J]. 职教论坛(25).

曹晔,2018. 关于新时代产教融合的几点思考[J]. 教育与职业(18).

曹晔,2019. 职业教育"双师型"教师队伍建设:基于治理体系的思考——《深化新时代职业教育"双师型"教师队伍建设改革实施方案》等系列文件解读[J]. 职教发展研究(3).

曹晔,等,2016. 当代中国中等职业教育[M]. 天津:南开大学出版社.

陈建国,2016. 引进英国现代学徒制服务新型专业镇发展[J]. 中国职业技术教育(31).

陈鹏,庞学光,2015. 大职教观视野下现代职业教育体系的构建[J]. 教育研究(6).

陈启强,2008. 论我国高等职业教育中的校企合作[D]. 成都:四川师范大学.

成洁,2015. 试论现代学徒制试点要素及学校实践模型的构建[J]. 职教论坛

（21）.

崔海魂，柳靖，2019. 规律与镜鉴：发达国家职业教育问题史［M］. 北京：北京大学出版社.

崔秋立，王倩，李兴军，2020. 改造与兴建：新中国初期技工教育发展研究［J］. 中国职业技术教育（30）.

丁大建，2004. 高技能人才的短缺与价值评价错位［J］. 中国高教研究（5）.

杜成宪，丁钢，2004. 20世纪中国教育的现代化研究［M］. 上海：上海教育出版社.

杜怡萍，2014. 高等职业教育专业设置的问题与对策［J］. 教育与职业（3）.

傅君君，2007. 浅谈职业院校"订单式"培养模式［J］. 商业时代（4）.

高春庚，冯高峰，2012. 高职教育工学结合人才培养模式存在的问题及对策［J］. 济源职业技术学院学报，11（2）.

高靓，2019-09-27. 锻造大国工匠 奠基中国制造——新中国70年职业教育改革发展历程［N］. 中国教育报（1）.

高林，鲍洁，2009. 高等职业教育专业课程体系改革与创新［M］. 北京：人民邮电出版社.

高林，鲍洁，2009. 职业竞争力导向的"工作过程-支撑平台系统化课程"模式探索［J］. 职教论坛（30）.

高林，鲍洁，马立红，2008. 我国高等职业教育发展中的三次课程改革与发展趋势［J］. 江苏技术师范学院学报（职教通讯）（10）.

高林，鲍洁，王莉方，2008. 基于工作过程的课程设计方法及实施条件分析［J］. 职业技术教育（13）.

高明，2020. 职业院校服务"一带一路"建设的现状、障碍和对策［J］. 现代教育管理（10）.

高奇，1994. 中国教育史研究：现代分卷［M］. 上海：华东师范大学出版社.

葛道凯，2018. 从矛盾变化看新时代教育改革发展的基本走向［J］. 教育研究（12）.

龚怡祖，1999. 论大学人才培养模式［M］. 南京：江苏教育出版社.

古光甫，邹吉权，2020. 新中国70年职业教育产教融合政策变迁逻辑与发展理路［J］. 成人教育（8）.

顾园，唐迎春，2008. "订单式"人才培养模式在高等职业教育中的应用［J］. 辽宁教育行政学院学报（4）.

顾志祥，2020. 产教融合型企业建设的政策演进与路径优化［J］. 教育与职业

(14).

关晶，2008. 改革开放三十年我国职业教育国际交流与合作的回顾及展望[J]. 江苏技术师范学院学报（职教通讯）(7).

关晶，2010. 西方学徒制的历史演变及思考[J]. 华东师范大学学报（教育科学版）(1).

郭文富，马树超，2019. 新中国成立70年来职业教育发展的历史阶段特征与经验[J]. 教育与职业（19）.

何东昌，1998. 中华人民共和国重要教育文献（1949—1975）[M]. 海口：海南出版社.

何文明，2020-04-29. 让职业教育尽快成长为"类型教育"[N]. 中国建设报（5）.

和震，2009. 我国职业教育政策三十年回顾[J]. 教育发展研究（3）.

和震，2014. 建立现代职业教育治理体系推动产教融合制度创新[J]. 中国职业技术教育（21）.

胡万山，2020. 中国应用型本科教育发展70年：历程、经验及展望[J]. 黑龙江高教研究（7）.

胡秀锦，2015. 职业教育国际化办学的实践与探索——基于上海的分析[J]. 职业技术教育（18）.

黄斌，2020. 职业教育作为类型教育的内涵、特征及其培育[J]. 中国职业技术教育（1）.

黄金火，冯建军，2009. 高职教育"三位一体订单式"人才培养模式的效果与问题探析[J]. 中国农业银行武汉培训学院学报（2）.

黄侃，凌云，2008. 建国以来职业教育价值观演变浅析[J]. 重庆职业技术学院学报（1）.

黄丽平，赵宝林，吉玉兰，等，2015. 校企深度合作，提升中药制药技术专业服务产业发展能力[J]. 现代中药研究与实践（6）.

黄倩，2017. "产教融合"人才培养模式探析[J]. 中国高校科技（9）.

姜蓓佳，冯子宜，2020. 企业参与职业教育人才培养的现状与问题：基于88家企业286份《企业参与职业教育年报》的分析[J]. 职业技术教育（21）.

姜大源，2003. "学习领域"课程：概念，特征与问题——关于德国职业学校课程重大改革的思考[J]. 外国教育研究（1）.

姜大源，2006. 职业教育教学思想的设计说[J]. 中国职业技术教育（16）.

姜大源，2008. 职业教育：类型与层次辨[J]. 中国职业技术教育（1）.

姜大源，2013. 德国"双元制"职业教育再解读［J］. 中国职业技术教育（33）.

姜大源，2015. 论中国高等职业教育对世界教育的独特贡献［J］. 中国职业技术教育（36）.

姜大源，2019-03-12. 为什么强调职教是一种教育类型［N］. 光明日报（13）.

姜大源，2019. 论高职扩招给职业教育带来的大变局与新占位［J］. 中国职业技术教育（10）.

姜丽萍，2001. 中等职业学校专业设置现状与趋势［J］. 教育科学研究（6）.

蒋莉，2004. 能力本位职业教育思潮［J］. 职教论坛（22）.

蒋乃平，2002. "宽基础、活模块"课程结构研究［J］. 中国职业技术教育（3）.

蒋义，2010. 我国职业教育对经济增长和产业发展贡献研究［D］. 北京：财政部财政科学研究所.

焦玉君，周立新，2016. 政校行企多元联动创新现代学徒制人才培养模式［J］. 中国职业技术教育（31）.

匡瑛，2018. 当前我国职业教育必须正视的几大痛点与可能出路［J］. 教育与职业（15）.

匡瑛，石伟平，2018. 走向现代化：改革开放40年我国职业教育发展之路［J］. 教育与经济（4）.

蓝洁，2015. 回顾与前瞻：职业教育人才培养模式研究综述［J］. 职教论坛（23）.

李大寨，2012. 我国职业教育教师培养培训模式研究［D］. 咸阳：西北农林科技大学.

李德方，2019. 省域职业教育校企合作研究：基于江苏实践的考察［M］. 苏州：苏州大学出版社.

李进，2013. 新中国高等职业教育发展纪实［M］. 上海：上海教育出版社.

李蔺田，1994. 中国职业技术教育史［M］. 北京：高等教育出版社.

李论，陈遇春，刘彬让，2007. 基于"专升本"制度对完善职业教育体系的思考［J］. 职教论坛（7）.

李鹏，石伟平，2020. 中国职业教育类型化改革的政策理想与行动路径——《国家职业教育改革实施方案》的内容分析与实施展望［J］. 高校教育管理（1）.

李新生，2006. 校企合作和工学结合在高职教育中的作用［J］. 中国冶金教育（4）.

李新生，2016. 卓越产业人才：高等职业教育人才培养目标的新视角［J］. 职业技术教育（19）.

李兴洲，2010. 建国 60 年职业教育基本理论研究及其贡献［J］. 河北师范大学学报（教育科学版）（1）.

李玉静，2011. 国际职教课程改革新趋势——基于对德国、欧盟、澳大利亚的比较与分析［J］. 职业技术教育（1）.

李玉静，岳金凤，房巍，等，2018. 夯实现代职业教育的发展基础——改革开放以来中职教育发展历程、贡献与展望［J］. 职业技术教育（12）.

李政，2017. 职业教育现代学徒制的价值审视——基于技术技能人才知识结构变迁的分析［J］. 华东师范大学学报（教育科学版）（1）.

李政，2018. 职业教育的产教融合：障碍及其消解［J］. 中国高教研究（9）.

刘宝民，2016-07-12. 职业教育尤须注重培育工匠精神［N］. 工人日报（7）.

刘春生，张宇，2004. 关于完善高等职业教育体系的研究［J］. 职业技术教育，25（1）.

刘菲，2012. 浅谈高职教育"订单式"人才培养模式［J］. 中小企业管理与科技（下旬刊）（6）.

刘红，2012. 职教十年：中国特色职业教育发展之路——《中国职业教育发展报告（2002-2012）》发布［J］. 中国职业技术教育（31）.

刘娇，王哲，房巍，等，2018. 铺设中国特色现代职业教育的跑道——改革开放 40 年职业教育课程改革与教材建设［J］. 职业技术教育（36）.

刘瑾，陈静，王轶辰，等，2019-03-13. 让职业教育"叫好又叫座"［N］. 经济日报（12）.

刘精明，张丽，2018. 教育的职场价值与教育不平等——中专与普通高中之教育机会不平等变化的对比研究［J］. 清华大学教育研究（1）.

刘明浚，1993. 大学教育环境论要［M］. 北京：航空工业出版社.

刘其晴，2018. 职业教育产教融合的几个关键问题［J］. 四川职业技术学院学报（4）.

刘淑云，祁占勇，2018. 改革开放 40 年来我国职业教育管理体制改革探析［J］. 职业技术教育，39（13）.

刘松林，2009. 高职人才培养模式研究——基于第一批国家示范性高职院校建设方案的分析［J］. 教育发展研究（1）.

刘文华，徐国庆，2014. 职业教育国家专业教学标准开发工作的组织问题研究［J］. 职教论坛（34）.

刘岩，冯静，于珊，2019. 新形势下高校三全育人机制与平台建设的必要性［J］. 改革与开放（8）.

刘兆宏，郑莉，2007. 基于项目建构的职教师资培训设计［J］. 计算机教育（21）.

楼世洲，2019. 新中国成立 70 年来职业教育思想的回顾与思考［J］. 教育与职业（19）.

卢晓，吴全全，闫智勇，2021. 职业教育类型化发展的内涵解析、逻辑生成与对策建构［J］. 教育与职业（1）.

陆素菊，寺田盛纪，2019. 在经济性与教育性之间：职业教育的基本定位与未来走向——陆素菊与寺田盛纪关于职业教育发展中日比较的对话［J］. 华东师范大学学报（教育科学版）（2）.

路宝利，缪红娟，2019. 职业教育"类型教育"诠解：质的规定性及其超越［J］. 职业技术教育（10）.

罗时华，2013. 我国高等职业教育创新型人才培养模式构建的思考［J］. 华中师范大学学报（人文社会科学版）（4）.

马丹，2020. 高职院校产教融合视域下专业设置与调整方案［J］. 继续教育研究（1）.

马庆发，2014. 职业教育发展的若干深层次问题［J］. 江苏教育（4）.

马树超，2004. 完善职业教育体系条件保障的思考［J］. 职业技术教育（1）.

马树超，郭文富，2018. 高职教育深化产教融合的经验、问题与对策［J］. 中国高教研究（4）.

孟凡华，周晶，董衍美，2018. 由热眼向洋到走向世界——改革开放 40 年来职业教育国际交流与合作的历程、特征及展望［J］. 职业技术教育（21）.

聂伟，2019. 改革开放 40 年我国职业教育体系的建立和完善［J］. 职教论坛（6）.

聂伟，2020-11-24. 培训：新时代职教改革发展的新引擎［N］. 中国教育报（9）.

欧阳河，2009. 职业教育体系论［J］. 中国职业技术教育（30）.

欧阳河，2010. 中国特色职业教育体系建设［J］. 中国职业技术教育（3）.

潘懋元，2005. 建立高等职业教育独立体系刍议［J］. 教育研究（5）.

潘秋萍，耿敏，赵明丽，2020. 新时代职业教育"双师型"教师队伍培育体系研究［J］. 郑州铁路职业技术学院学报（3）.

庞世俊，柳靖，2016. 职业教育国际化的内涵与模式［J］. 职教论坛（25）.

齐爱平，2016. 职业教育基本问题研究［M］. 北京：知识产权出版社.

任君庆，2017. 职业教育协同服务"一带一路"的策略：内育与外培［J］. 教育发展研究（17）.

单丁，1998. 课程流派研究［M］. 济南：山东教育出版社.

邵峰，2014. 关于高等职业教育人才培养模式的思考［J］. 黑龙江教育（高教研究与评估版）（3）.

石军伟，2019-12-15. 以深化产教融合促高质量发展［N］. 湖北日报（7）.

石伟平，2010. 职业教育的国际交流与合作［J］. 中国职业技术教育（9）.

石伟平，匡瑛，等，2018. 职业教育［M］. 北京：科学出版社.

石中英，2019."培养什么人"问题的 70 年探索［J］. 中国教育学刊（1）.

石中英，张夏青，2008. 30 年教育改革的中国经验［J］. 北京师范大学学报（社会科学版）（5）.

宋楠，2004. 职业教育管理体制创新研究［D］. 长沙：湖南师范大学.

苏敏，2010. 关于建立健全我国现代职业教育体系的思考［J］. 职教论坛（13）.

孙百鸣，2020. 高职院校人才培养战略定位论证及专业结构优化调整论证的探索与实践［J］. 哈尔滨职业技术学院学报（5）.

孙超，2015. 我国高职院校国际交流与合作的回顾及总结［J］. 教育现代化（12）.

孙诚，宗诚，2020. 新时代职业教育教材：时代背景、内涵要求与实施路径［J］. 中国职业技术教育（8）.

孙翠香，2018. 改革开放 40 年我国职业教育政策体系述评［J］. 职教论坛（2）.

孙琳，徐桂庭，2015. 我国中等职业教育教学改革发展的脉络与变迁——基于教学政策文件的分析［J］. 职教论坛（3）.

孙善学，2013-04-06. 现代职业教育体系顶层设计中的几个重要问题［N］. 光明日报（10）.

谈松华，1996. 中国现代教育体系中的职业教育——兼述现代职业教育制度［J］. 教育研究（11）.

唐正玲，2015. 职业教育国家专业教学标准开发技术方案研究［D］. 上海：华东师范大学.

滕青，2011. 职业教育专业对接产业结构发展的探讨［J］. 江苏教育（职业教育版）（2）.

田志磊，赵晓堃，张东辉，2018. 改革开放四十年职业教育财政回顾与展望［J］. 教育经济评论（6）.

万轶，沙鑫美，徐伟，2020. 民办高校深化产教融合改革探索［J］. 湖北农机化（1）.

汪丁丁，1997."学术·中心"何处寻？［J］. 读书（7）.

王保宇，2018. 深化产教融合：协同主体及影响因素［J］. 职业技术教育（18）.

王炳照，2005. 中国职业技术教育问题的历史反思［J］. 教育学报（2）.

王凤基，2010. 对我国高职课程体系改革的分析与思考［J］. 高教探索（4）.

王慧，2018. 产教融合：农村职业教育发展方向［J］. 教育研究（7）.

王继平，2017.《迈向世界舞台的中国职业教育——教育部职成司司长王继平在国际职业技术教育大会上的主旨演讲》节选［J］. 教育科学论坛（Z2）.

王坤，谢长法，2013. 中等职业教育课程改革研究综述［J］. 成人教育（9）.

王良，梁卿，2007. 中央第二代领导集体的职业教育思想及历史贡献［J］. 职业技术教育，28（34）.

王启龙，马树超，2018. 我国职业院校教材建设的成效、挑战与对策［J］. 职教论坛（12）.

王蓉，2015. 如何建立兼顾公平与效率的教育财政体制机制？［J］. 人民教育（23）.

王蓉，田志磊，2018-07-05. 迎接教育财政3.0时代［N］. 中国教育报（6）.

王书柏，胡祎，2020. 改革开放以来我国职业培训政策的演化历程与嬗变逻辑［J］. 教育与职业（19）.

王喜娟，2009. 教育转型视野中美国综合高中的生机与危机［J］. 外国教育研究（6）.

王喜雪，2012. 英国现代学徒制与我国工学结合的比较研究——基于政策分析的视角［J］. 外国教育研究（9）.

王兴，2020. 职业教育类型发展：现实必然、价值取向与强化路径［J］. 中国职业技术教育（16）

王星，2014. 技能形成的社会建构：中国工厂师徒制变迁历程的社会学分析［M］. 北京：社会科学文献出版社.

王亚峰，2010. 中西方近现代职业教育发展理念的差异［J］. 经济研究导刊（12）.

王燕萍，陈树耀，2010. 职业教育中"订单式"人才培养模式初探［J］. 中国成人教育（18）.

王湛，2017-07-14. 我国大中小学教材建设步入新的历史阶段——三位专家谈国家教材委员会成立［N］. 中国教育报（7）.

韦莉莉，2019."三全育人"在职业教育领域实施的理念与路径［J］. 职业技术教育（35）.

魏明，2018. 改革开放40年我国职业教育课程改革历程审视［J］. 中国职业技术教育（28）.

魏士强，2020. 深化"三全育人"改革　落实立德树人根本任务［J］. 中国高等教育（10）.

温家宝，2005-11-14. 大力发展中国特色的职业教育［N］. 人民日报（2）.

文育林，1983. 改革人才培养模式，按学科设置专业［J］. 高等教育研究（2）.

翁伟斌，2019. 职业教育产教融合平台建设的现实诉求和推进策略［J］. 内蒙古社会科学（汉文版），40（4）.

吴静，杜侦，2014. 英国职业教育学徒制变迁及其启示［J］. 职教论坛（6）.

吴满芳，2017. 中职教育专业设置与产业升级关系探究［J］. 职教论坛（5）.

项贤明，2015. 教育改革30年 内涵改革尚未成功［J］. 青年教师（7）.

肖靖，2019. 从产教结合到产教融合：40年职业教育的政策变迁［J］. 中国高校科技（8）.

肖丽萍，王文槿，王晓燕，2019. 新形势下职业院校的课程建设和教学改革——世界银行中国职业教育改革项目的经验分享［J］. 中国职业技术教育（33）.

肖龙，2019. 黄炎培大职业教育主义思想的形成、特点与启示［J］. 职教通讯（3）.

谢凤静，2016. 高职技术技能型人才培养模式的研究综述［J］. 信息化建设（7）.

谢俐，2020. 补短板 激活力 强内涵 增效益 努力办好公平有质量的职业教育［J］. 中国职业技术教育（27）.

辛夏夏，曾姗，闫志利，2018. 北京市中职学校专业设置与产业结构的适应性分析［J］. 河南科技学院学报（社会科学版）（12）.

辛越优，2016. PPP模式促进西部地区职业教育发展的实践与策略［J］. 中国职业技术教育（6）.

修南，2019. 企业深化产教融合的现状、困境与对策：以吉林省为例［J］. 职业教育研究（6）.

徐国庆，2001. 论综合高中的异化［J］. 职教通讯（7）.

徐国庆，2005. 工作结构与职业教育课程结构［J］. 教育发展研究（15）.

徐国庆，2016. 智能化时代职业教育人才培养模式的根本转型［J］. 教育研究（3）.

徐国庆，2017. 国家专业教学标准与学校人才培养方案［J］. 职教论坛（30）.

徐国庆，2018. 从分等到分类——职业教育改革发展之路［M］. 上海：华东师范大学出版社.

徐国庆，2020. 确立职业教育的类型属性是现代职业教育体系建设的根本需要［J］. 华东师范大学学报（教育科学版）（1）.

徐涵，2006. 关于我国现代职业教育体系的构想 [J]. 职教论坛（15）.

徐涵，2017. 新世纪以来中国职业教育课程改革：成就、问题及建议 [J]. 现代教育管理（4）.

徐涵，2018. 新世纪以来我国职业教育课程政策的发展 [J]. 职业教育研究（2）.

徐莉亚，2016. 职业教育专业设置与产业结构适应性分析 [J]. 教育与职业（3）.

训，1956. 劳动部举行技工培训紧急会议决定增加培训任务百分之四十 [J]. 中国劳动（3）.

闫广芬，李文文，2019. 新中国成立 70 年来职业教育人才培养目标的"中国特色"[J]. 中国职业技术教育（36）.

杨金土，2004. 职业教育兴衰与新旧教育思想更替——百年职业教育回顾 [J]. 教育发展研究（2）.

杨金土，2011. 30 年重大变革——中国 1979－2008 年职业教育要事概录 [M]. 北京：教育科学出版社.

杨钋，2020. 技能形成与区域创新：职业教育校企合作的功能分析 [M]. 北京：社会科学文献出版社.

杨育英，徐国庆，2017. 改革开放 40 年职业教育课程的改革与发展 [J]. 当代职业教育（6）.

叶澜，2004. 中国教育学发展世纪问题的审视 [J]. 教育研究（7）.

易元祥，沈红，2005. 构建高等职业教育类型体系的探讨 [J]. 当代教育论坛（7）.

于磊，徐凤姣，2009. 职业教育教学方法改革的对策思考 [J]. 新西部（下半月）（6）.

于志晶，刘海，陈衍，等，2014. 中国职教梦——全国职业教育工作会议精神解读 [J]. 职业技术教育（21）.

余祖光，2009. 职业教育校企合作的机制研究 [J]. 中国职业技术教育（4）.

俞启定，2019. 新中国成立以来职业教育定位及规模发展演进的回顾 [J]. 浙江师范大学学报（社会科学版）（5）.

岳昌君，周丽萍，2017. 中国高校毕业生就业趋势分析：2003—2017 年 [J]. 北京大学教育评论（4）.

曾天山，等，2013. 中国教育改革进展报告 [M]. 北京：教育科学出版社.

查吉德，2013. 改革开放 30 年来职业教育培养目标的政策分析 [J]. 中国职业技术教育（3）.

张宝昌，余亮斌，李晓锋，2021. "1+X"证书制度下的"三教"改革 [J].

现代教育科学（1）.

张炳耀，2009. 职业技术师范院校发展的回顾与启示［J］. 职业技术教育（19）.

张光跃，2006. 高职院校"校企合作"互利性的动力机制与合作模式探索［J］. 高等职业教育（天津职业大学学报）（6）.

张洪华，2018. 中国职教师资培养的探索与创新（1978－2018年）［J］. 职业技术教育（28）.

张建平，2019. 新时代高职产教融合的理论溯源、实践壁垒与破解路径［J］. 职业技术教育（7）.

张健，2020. 类型视野下对职业教育特性与发展的再审思［J］. 教育与职业（14）.

张健，陈利华，2013. 产学研联盟中的协同化及创新绩效：以杭州市为例［J］. 中国高教研究（6）.

张俊英，2010. 学校与企业：校企互动双向介入的理论与实践［M］. 北京：中国人民大学出版社.

张祺午，2009. 职教师资队伍建设30年［J］. 职业技术教育（15）.

张祺午，李玉静，2011. "十二五"，体系年——教育部召开现代职业教育体系建设国家专项规划编制座谈会［J］. 职业技术教育（30）.

张秋玲，2011. 高职教育教学方法的历史变革及其特征（1980—2010）［J］. 中国电力教育（25）.

张社字，2007. 建国后我国职业教育发展动力的历史分析［J］. 教育与职业（11）.

张小军，刘慧敏，2020. "一带一路"倡议下高职院校国际交流合作面临的困境与出路［J］. 教育与职业（5）.

张琰飞，朱海英，2018. 论职业教育扶贫与产业开发协同机制［J］. 继续教育研究（8）.

张翌鸣，张园园，2015. 论职业教育的开放及跨界属性［J］. 职教论坛（16）.

张耘，2015. 高等职业教育专业设置的路径探索［J］. 宁波教育学院学报（1）.

赵红芬，2018. 我国职业教育教师资格认证制度研究［D］. 天津：天津大学.

赵学瑶，卢双盈，2015. 德国"双元制"培养模式在我国职业教育中应用的再思考［J］. 职业技术教育（10）.

赵永胜，2020. 职业教育产教融合校企合作成效问题研究［J］. 成人教育（1）.

郑富芝，2020. 尺寸教材 悠悠国事——全面落实教材建设国家事权［J］. 人民教育（3）.

郑亚莉，刘仿强，魏吉，2020. "双高计划"背景下高职院校国际化水平提升的路径研究［J］. 职教论坛（10）.

中共中央文献研究室，1992. 建国以来重要文献选编（第1册）［M］. 北京：中央文献出版社.

中国大百科全书总编辑委员会，2002. 中国大百科全书：教育［M］. 北京：中国大百科全书出版社.

中国高等教育学会，2008. 改革开放30年中国高等教育发展经验专题研究［M］. 北京：教育科学出版社.

中国新闻出版研究院，2013. 中华人民共和国出版史料［M］. 北京：中国书籍出版社.

周建松，2019. 落实《实施方案》系统推进高职教育高质量发展［J］. 中国职业技术教育（7）.

周建松，陈正江，2019. 改革开放以来我国高等职业教育发展政策的演进［J］. 教育学术月刊（12）.

周建松，唐林伟，2013. 高职教育人才培养目标的历史演变与科学定位——兼论培养高适应性职业化专业人才［J］. 中国高教研究（2）.

朱厚望，2015-11-26. 将高职院校建成技术技能积累的资源集聚地［N］. 中国教育报（9）.

朱娟娟，2012. 浅谈高等职业教育教学方法改革［J］. 山西经济管理干部学院学报（4）.

朱新生，2000. 中等职业学校专业设置制约因素分析［J］. 教育发展研究（11）.

朱永新，2016. 中国教育改革大系：职业教育卷［M］. 武汉：湖北教育出版社.

左晓琴，2012. 高职教育工学结合人才培养模式的创新［J］. 教育与职业（9）.

后　记

2017年10月18日，中国共产党第十九次全国代表大会召开，习近平总书记在报告中指出"中国特色社会主义进入了新时代"。这一重大判断明确了中国发展新的历史方位。我国职业教育经历了1904年"癸卯学制"后110多年的发展，当前进入了一个全新的发展时期。在产业转型升级和经济结构调整不断加快，各行各业对技术技能人才的需求不断提高的背景下，在十九届五中全会明确的"建设高质量教育体系"政策导向和重点要求指引下，对我国职业教育取得的重大历史性成就、存在问题及发展趋势做理性的、全面的梳理和分析，有助于直面我国职业教育的发展机遇，谋划具有中国特色的职业教育新征程。

站在新的历史起点，回首70多年的沧桑巨变，中国的职业教育取得了历史性的辉煌成就。规模、结构、质量、效益均取得了显著提升，现代职业教育体系实现了从"层次"向"类型"的蜕变，科学人才观基础上的技术技能从业者地位从"工人"跃升为"人才"，为大力快速发展职业教育奠定了重要的思想基础。

随着我国职业教育改革发展逐步进入"深水期"，办学规模的增长已到达了极致，实现发展模式转型同时提升教育教学质量成为当前职业教育改革发展的关键。完善职业教育和培训体系、构建国家资格框架、搭建产教融合的合理路径等仍需持续推进。随着产业的转型升级、工作场所技术革新速度的逐步加快和智能时代的到来，职业教育进一步深化改革面临着空前的机遇和挑战。职业教育必须直面痛点难点，应对机遇挑战，确立全新定位，完善现代职业教育体系，建立长效机制保障内涵建设，聚焦深化产教融合，建设具有现代精神、现代能力、高素质的职业教育教师队伍，创新搭建职业学习课堂，推进职业教育国际化进程，全面提升中国特色职业教育的竞争力和影响力，走出一条具有中国特色的职业教育现代化发展道路。

本课题是中国教育科学研究院公益金项目之一，课题组总结了1949年至2019年中国职业教育的发展历程，凝练了我国职业教育在现实国情基础上，坚持"中国特色"、以"世界一流"为目标所取得的重大成就，给出了职业教育现代化的"中国方案"。

在本书付梓之际，我们谨向辛勤笔耕、精心撰写稿件的作者们表示亲切的问候和真诚的谢意。感谢高等职业教育领域专家、高职院校管理者、行业企业专家的不吝指点，他们多次给我们出谋划策，确定了本书的写作思路与框架结构；他们把握了本书基本观点和论据的准确性，阅读书稿并提出修改意见，使我们的研究在正确的道路上前进。

本书的写作框架由孙诚研究员所带领的课题组以及邀请的相关专家共同设计，前言由中国教育科学研究院王敬杰执笔，第一章由兰州大学王娟娟执笔，第二章由中国教育科学研究院陈柳执笔，第三章由兰州大学车如山执笔，第四章由北京大学杨钋执笔，第五章由兰州大学卢彩晨执笔，第六章由北京联合大学邱红执笔，第七章由北京联合大学王小梅执笔，第八章由北京联合大学王莉方执笔，第九章由兰州大学车如山执笔，第十章由北京联合大学王廷梅执笔，第十一章由北京联合大学谢鑫执笔，第十二章由中国教育科学研究院王春燕执笔，后记由中国教育科学研究院宗诚执笔。王敬杰负责统稿、修订和审校工作，全书由孙诚定稿。

70多年以来我国职业教育发展业绩辉煌，本书仅为初步梳理，内容难免有疏漏之处，所作论述也较为肤浅，希望职教界前辈和同仁给予批评指正。

编写组

2021 年 10 月 18 日